DESCRIPTIONS *DES ARTS* ET MÉTIERS.

DESCRIPTIONS *DES ARTS* ET MÉTIERS,

FAITES OU APPROUVÉES

PAR MESSIEURS

DE L'ACADÉMIE ROYALE DES SCIENCES.

AVEC FIGURES EN TAILLE-DOUCE.

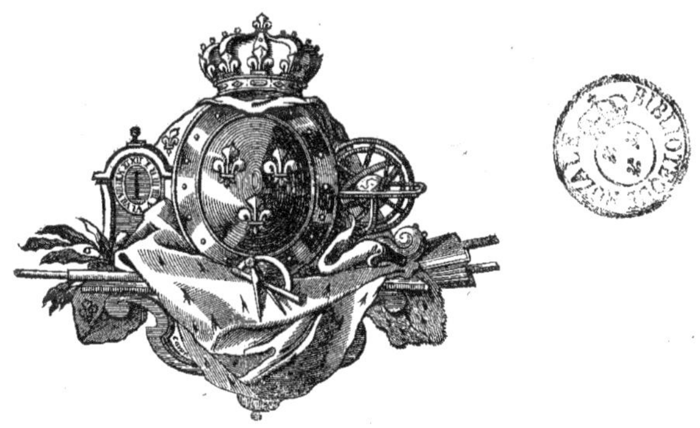

A PARIS,

Chez { SAILLANT & NYON, rue S. Jean de Beauvais;
DESAINT, rue du Foin Saint Jacques.

M. DCC. LXI.

Avec Approbation & Privilége du Roi.

ART
DE LA DRAPERIE,

PRINCIPALEMENT

POUR CE QUI REGARDE LES DRAPS FINS.

Par M. DUHAMEL DU MONCEAU.

M. DCC. LXV.

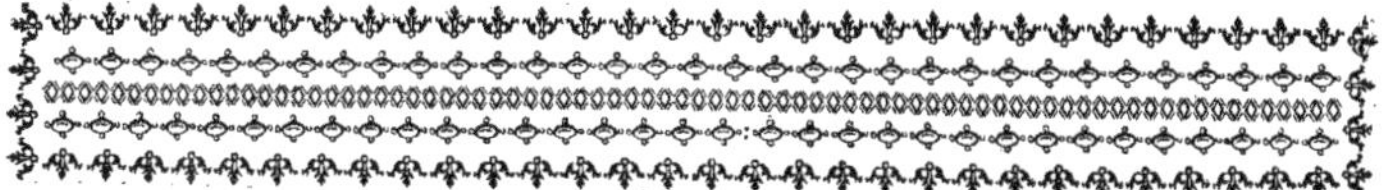

L'ART DE LA DRAPERIE,

PRINCIPALEMENT POUR CE QUI REGARDE LES DRAPS FINS.

Par M. DUHAMEL DU MONCEAU.

INTRODUCTION.

Il ſort bien des eſpeces de Draps des Manufactures (*) répandues dans les différentes Provinces du Royaume. Les Fabriquants de draps en font de plus ou moins fins, de plus ou moins communs, ſuivant les laines qu'ils emploient ; car chaque fabrique travaille ordinairement une eſpece particuliere de draps. Les draps de Julienne & les plus belles fabriques de Sedan, tant en écarlate qu'en autres couleurs fines, & en noir, conviennent aux gens riches. Il en eſt de même pour la fineſſe & les mélanges des draps de Van-Robais & des Andelis. Les Louviers conviennent aux gens aiſés. Les Elbeufs aux Ouvriers. Châteauroux fournit des draps pour les gens de livrée. Carcaſſonne, Nîmes, des draps fins & légers, pour le commerce du Levant. A Romorantin, Iſſoudun, Lodeve, on fabrique des draps pour l'habillement des troupes : il y a encore des draps plus communs qui ſervent pour le vêtement des Payſans & des gens de fatigue. Ainſi les différentes fabriques fourniſſent des draps plus ou moins chers, & propres aux perſonnes de toute condition.

On juge bien que toutes ces fabriques n'emploient pas les mêmes laines, & qu'on ne les travaille pas de la même façon : les uns, après les avoir dégraiſſé, les font filer en blanc, & les autres ne les font filer qu'après les avoir teintes & mêlangées de différentes couleurs : on teint auſſi quelquefois en

(*) J'éviterai de m'étendre ici ſur les avantages du Commerce & des Manufactures ; ces objets me meneroient trop loin, & ils ont été bien diſcutés dans quantité de Traités ; je me bornerai à faire remarquer qu'on doit entendre par *Manufacture*, une réunion de quantité d'Ouvriers qui font les uns une choſe, les autres une autre, & qui concourent tous à exécuter un même travail. Un Armurier de Paris ne fait point une manufacture ; mais la réunion des Ouvriers Armuriers qui ſont auprès de Sedan & à Saint-Etienne font une manufacture d'armes.

écheveau les laines filées en blanc, & d'autres fois on ne les teint qu'après que les draps ont été tissus.

Les Gobelins & Sedan filent ordinairement en blanc. Abbeville, Louviers, Elbeuf, &c, font filer les laines, soit après qu'elles ont été teintes & mélangées, soit même avant. A Rheims & ailleurs, on fait filer en blanc, & on teint les écheveaux avant de les livrer aux Tisseurs.

Une exposition scrupuleusement détaillée de toutes les opérations de chacune de ces différentes fabriques, offre un champ trop étendu pour que nous osions l'entreprendre : nous nous sommes particuliérement attachés à traiter en détail de la fabrique des draps fins ; mais comme le fond de la fabrique est le même pour toutes les especes de draps, & comme les différences ne roulent principalement que sur les différentes qualités de laine qu'on proportionne à chaque espece de draps, & aussi sur quelques circonstances qui regardent les apprêts ; il s'ensuit que quiconque sera instruit de la fabrique des beaux draps, connoîtra bientôt celle des draps plus communs. Cependant nous ne négligerons pas de dire quelque chose de ceux-ci, quand l'occasion s'en présentera ; & afin que le Public n'ait, s'il se peut, rien à desirer, même sur les draps communs, nous recevrons avec plaisir les instructions qu'on voudra bien nous donner, & nous nous engageons de les transmettre au Public, lorsque nous aurons occasion de traiter de la fabrique de quelques autres étoffes de laine : car quoique nous ayons essayé de ne rien dire que d'exact, nous sommes bien éloignés de croire qu'il ne nous soit échappé aucune faute ; nous ne ferons aucune difficulté d'avouer celles qu'on nous fera appercevoir, & même de nommer les personnes à qui nous aurons obligation de les avoir relevées.

Voici l'ordre que je me propose de suivre dans cet ouvrage : je traiterai successivement : 1°, du choix des laines & de leurs différentes qualités : 2°, des différentes opérations, depuis le dégraissage jusqu'au tissage : 3°, du foulage : 4°, des autres apprêts qui concernent les Tondeurs, ce qui certainement est de la derniere conséquence, soit pour le lainage, soit pour la tonture (*).

(*) J'ai trouvé dans le dépôt de l'Académie plusieurs desseins relatifs à l'art du Drapier, mais sans explication de figures, ni aucun discours. Quand je me suis chargé de décrire cet Art, je connoissois assez bien la fabrique des gros draps, mais j'ignorois celle des draps fins. M. DE JULIENNE a bien voulu me mettre en état de prendre les connoissances qui me manquoient, en me faisant voir toutes les opérations de sa belle fabrique des Gobelins, & en recommandant à ses Contre-maîtres de me fournir toutes les connoissances que je desirerois à cet égard.

M. Paul DROUIN, Fabriquant à Sedan, m'a confié un très-bon Mémoire sur son Art ; ce Mémoire m'a été fort utile, & je me fais un plaisir de lui en témoigner ici ma reconnoissance. M. CHARDRON, Fabriquant de la même Ville, m'a prêté des secours à peu-près pareils ; & après que mon Mémoire a été achevé, je l'ai fait passer sous les yeux de M. ROUSSEAU ; je l'ai encore envoyé à Louviers ; avec de pareils secours, j'ai lieu de présumer que l'ouvrage que je présente au Public, ne contiendra que des choses vraies, & que j'y aurai omis peu de procédés importants.

Des Laines.

LA PERFECTION des draps dépend principalement du choix des laines ; car il n'y a point d'apprêt qui puiſſe en corriger la défectuoſité. Les laines les plus fines pouvant être filées fort fin, elles fourniſſent plus que les groſſes, & leur douceur fait que les draps ont un maniement plus ſatisfaiſant, & qu'il eſt, en terme de fabrique, *plus amoureux* ; il eſt donc néceſſaire que les Fabriquants faſſent une étude réfléchie de la connoiſſance des différentes eſpeces de laines & de leurs qualités.

On ſait qu'on nomme *Toiſon*, la dépouille entiere des moutons, c'eſt-à-dire, la laine que la tonte a enlevée ſur toutes les parties du corps des moutons, béliers, brebis & agneaux.

On emploie pour les draps des laines étrangeres, & celles du Royaume.

L'Eſpagne ſeule en fournit plus de ſoixante mille balles, dont il entre plus de la moitié en France ([a]). Suivant leurs différentes qualités, elles ſont propres à différentes manufactures : chaque balle peſe environ 250 à 300 livres, poids de marc. L'uſage eſt en Caſtille de tondre les moutons dans le mois de Mai ou au commencement de Juin : on les tranſporte aux lavoirs de Ségovie qui paſſent pour les meilleurs de tout le Royaume, à cauſe de la qualité des eaux ; & on les trie avant que de les laver ; car ceux qui font le commerce des laines dans le pays, les achetent en toiſon.

On diſtingue dans une toiſon trois ſortes de laines ; la premiere qui eſt appellée *Prime*, eſt celle depuis le deſſus du dos juſqu'à la moitié des côtes, & celle du deſſus du cou. J'ai oui dire que la laine la plus fine eſt celle qui ſe trouve entre les cuiſſes, attendu qu'elle eſt nourrie par la ſueur ou *ſuin* de l'animal ; je ne donne point ceci pour certain, mais ſi le fait eſt tel, cette partie n'en fournit gueres. La deuxieme appellée *Seconde*, ſe tire du bas des côtes, des cuiſſes & de la queue ; la troiſieme appellée *Tierce*, eſt priſe du ventre & du deſſous du cou. Ce triage étant fait, on lave ſéparément chaque eſpece, dans le mois d'Août ; on emballe auſſi ſéparément chaque ſorte, & on met ſur les balles une marque particuliere, ſavoir, pour les primes un *R*, qui ſignifie *refin* ou *refleuret* ; pour les ſecondes une *F*, qui ſignifie *fin* ; & pour les tierces une *S*, qui ſignifie *ſeconde*, quoiqu'à dire vrai, ce ſoit la troiſieme ſorte. L'aſſortiment eſt ordinairement de 80 balles ([b]) de primes, quinze balles de ſecondes, cinq balles de tierces ; total, cent balles. Ou plutôt l'aſſortiment eſt formé de deux tiers de *R*, & un tiers de baſſes ſortes ; car c'eſt ainſi qu'on a coutume de nommer les *F* & les *S*, &

([a]) Les Manufactures de France, d'Angleterre, de Hollande, de Veniſe, tirent des laines d'Eſpagne pour leurs plus beaux draps.

([b]) Ce que nous nommons *Balle*, s'appelle *Ballin* dans pluſieurs manufactures.

dans ce tiers, il doit y avoir un tiers de *S*, & deux tiers de *F*; en ſorte que ſur une partie de 99 balles, il y en a 66 *R*, 22 *F*, & 11 *S*, total, 99.

On tranſporte ces laines à Bilbao, depuis le mois de Septembre juſqu'à la fin de l'année par balles de moyenne groſſeur, qui peſent 200 à 210 livres; on ne leur donne que ce poids, afin que les mulets puiſſent en porter deux dans les montagnes qu'ils ſont obligés de traverſer. L'uſage eſt de refaire les balles à Bilbao pour en former de plus groſſes, qui peſent depuis 225 juſqu'à 250 livres, poids de marc; & alors elles ſont en état d'être tranſportées plus facilement dans différents Etats de l'Europe.

L'Eſpagne eſt le ſeul endroit d'où l'on tire les laines pour les manufactures de draps fins: les plus belles ſont celles du Royaume de Caſtille, d'Arragon; celles de la Navarre ſont plus groſſieres même que pluſieurs de France.

Les prairies de Saragoſſe dans l'Arragon, celles de Ségovie & de la Province de Léon, fourniſſent les laines les plus eſtimées; on les nomme *Ségonces & Léoniſſes* ou *Ségovies Léoneſes*. Dans ces deux Royaumes, on diſtingue entre les laines les plus belles, la pile des Chartreux, ou *Polac*, & celle de l'Eſcurial des Jéronymites; enſuite celle du College Impérial des Jéſuites ([a]); les piles de la Styrie, de la Quadra & de l'Infantado ſont auſſi très-recherchées.

On donne aux laines des noms pour les faire diſtinguer dans le commerce.

Les plus belles s'appellent *Primes*, en y ajoutant le nom du lieu d'où elles viennent; ainſi on dit *Prime Ségovie*, *Prime de l'Eſcurial*, *Prime Léoniſſe* ou *de Léon* ([b]), pour déſigner que c'eſt la plus belle qui ſe tire de ces endroits; c'eſt auſſi dans ce ſens que l'on dit, qu'on n'emploie dans telle fabrique que *de la Prime Eſcuriale*, dans d'autres, que *de la Prime de Ségovie*, de même pour d'autres fabriques *des ſecondes & des tierces*, &c.

Les ſecondes de toutes les laines ſont belles à proportion de la beauté des primes qu'on en a tirées, & les tierces à proportion des ſecondes. C'eſt donc avec la prime Ségovie qu'on fabrique les draps les plus fins; comme elle eſt la plus fine, elle eſt auſſi la plus courte. Quelques perſonnes verſées dans cet Art, penſent qu'il ſeroit à propos, quand on veut fabriquer

([a]) Suivant les mémoires ſur la manufacture des draps, les premieres piles ſont les Ségovies Léoneſes, qu'on nomme de *l'Infantado de l'Aſtrée*, des trois Couvents de l'Eſcurial, de Polac, de Quadraloupe, des Ducs de Hueſcar, Mondexar & de la Torré, des Comtes & Marquis Valparaïſo, Piſſadilla, Santiago, Loriana, des Dona Antoina de Vilario d'Alcantara, Maria Calaſſia de Torrés, Dona Sanilles Texada, Dom Bernardin Mendés Joſephe ſieur de Vittoria. Ces piles peuvent fournir chaque année 95200 d'arobes; le poids de l'arobe eſt de 25 livres. Les laines d'Arragon, de Valence, d'Andalouſie haute & baſſe, de Murcie, de l'Eſtramadour, de Gandie, Caſtille & Navarre, ſont de qualités très-inférieures.

([b]) On prétend que le Royaume de Léon ne fournit pas de plus belles laines que le reſte de l'Eſpagne, mais que les troupeaux de Caſtille qui vont en hiver paître dans les montagnes de Léon, y acquierent une fineſſe de laine bien ſupérieure à celle des troupeaux qui reſtent en Caſtille: celles-ci ne ſont que Ségovianes; elles valent par cent, depuis 120 juſqu'à 130 réaux de moins que celles des troupeaux qui ont été dans le Royaume de Léon: la laine de ces derniers moutons, ſe nomme *Ségovie Léoniſſe*, ou ſeulement *Ségovie*.

des

des draps de prime de Ségovie, tant en chaîne qu'en trame, de séparer la plus longue pour en faire la chaîne, & de réserver la plus courte pour être employée en trame, les chaînes en seroient meilleures. Pour faire cette séparation, il faudroit, avant de pendre la laine pour la faire sécher, la bien battre dans les mains; la plus courte tomberoit en partie sous la longue; celle-ci se mettroit sur les perches, & on étendroit la courte sur le plancher.

Comme la seconde Ségovie est tirée des toisons de Ségovie, elle est inférieure à la premiere en finesse; on l'emploie néanmoins dans les draps de premiere qualité de cinq quarts, & dans ceux de quatre tiers, seconde qualité, pour noir.

Ce qu'on nomme dans le commerce *Prime Ségovienne*, est inférieur à la Ségovie; mais comme cette laine est longue, ou en terme de fabrique, *haute*, & qu'*elle a du nerf*, c'est la meilleure qu'on puisse employer pour le fil de chaîne; c'est pourquoi on en fait usage dans les draps de cinq quarts, premiere qualité, & de trois quarts, seconde qualité.

La seconde Ségovienne étant tirée de la prime, est plus courte, & plus ronde & moins parfaite que la prime: on l'emploie dans les draps communs.

Il y a encore une laine qu'on nomme *Sorie* & *Albarazin* forte plus commune: on emploie l'une & l'autre, tant prime que seconde, dans les draps de *basse taille*, ou plus communs; celles de Navarre sont encore plus communes. Comme toutes ces especes se séparent en prime, seconde & tierce, on peut employer les trois sortes Ségovie pour les draps fins, ainsi que la prime Ségovienne; mais la seconde & tierce Ségovienne, ainsi que les trois sortes *Sorie*, ne s'emploient que pour des draps plus communs.

Les Marchands de Bilbao envoient toutes les années un grand nombre de balles à des Commissionnaires ou des Négociants d'Orléans & de Rouen, qui les tirent en droiture pour les fournir aux Fabriquants: outre les lettres *R, F & S*, on met encore sur les balles des caracteres qui indiquent les lieux, & même les piles qui les ont fournies; la *Grille*, le *Cadran*, &c.

Choix de la Laine d'Espagne, & l'opération du dégraissage dans le pays.

Lorsque le Fabriquant veut connoître la qualité de la laine dont il se propose de faire l'achat, il doit examiner l'échantillon que lui présente le Marchand, pour en connoître le nerf ou le corps; c'est-à-dire, la force & la finesse, & voir, si en la maniant, elle a de la douceur, si elle n'est pas trop chargée de suin ou mélangée de différentes sortes de laines, ce qu'on nomme *fourbandrée*, *marinée*, ou *échauffée en magasin*.

On peut donc dire qu'en général, la bonté des laines ſe connoît à l'inſpection, à l'odeur & au ſon. A l'inſpection ; on voit aiſément ſi elle eſt fine, ſoyeuſe, longue & non galeuſe, forte dans ſa fineſſe, ſi elle provient d'un même troupeau, ſans aucun mélange de laine d'un troupeau inférieur ou d'agnelins, on nomme *Cavalieres* celles qui ne ſont point mélangées ; ſi elle eſt bien triée, & s'il n'y a point de ſaletés ; elles doivent être bien nettoyées de paille, filaſſe, crotins, &c ; ſi elles étoient trop chargées de ſuin, elles produiroient beaucoup de déchet. On eſtime celles qui ont un œil un peu roux. Il ne faut pas que les filaments ſoient collés les uns aux autres ; & plus la laine ſe gonfle au ſortir de la balle, meilleure elle eſt. A l'odeur : ſi elle eſt nouvelle ou mélangée de laines anciennes : ſi elle ſent le ſuin, on la juge nouvelle ; ſi elle a une odeur de graiſſe ou de relant, on la ſuppoſe mélangée de laines de pluſieurs années, c'eſt ce qu'on nomme *Laines de dîmes*, parce que les Curés les raſſemblent de pluſieurs années, pour en mettre en vente une certaine quantité à la fois : les laines de dîmes ne conviennent que pour la fabrique des draps noirs ou des draps mélangés. Ceci peut ſouffrir de la difficulté ; car des Connoiſſeurs dans ce genre de commerce, prétendent qu'une bonne laine peut être conſervée en gras pluſieurs années ſans perdre de ſa qualité ; cependant les cavalieres ſont toujours plus eſtimées que les mélangées.

Le *ſuin* ou *ſuain* eſt un gras ou huileux adhérant à la laine, qui provient de la tranſpiration du mouton, tant dans le Parc que dans la Bergerie. Lorſque les moutons ſont toujours renfermés dans les bergeries, le ſuin qui devient trop adhérant à la laine, diminue de ſa qualité par le déchet qu'il occaſionne.

On connoît encore à l'ouie ſi la laine eſt vieille ou nouvelle : pour cela on en prend une petite poignée, on l'approche de l'oreille, & la froiſſant entre le pouce & l'index de chaque main, on tire cette laine comme ſi l'on vouloit l'alonger, & on lui donne une ſecouſſe ; ſi elle rend un ſon aigre, elle eſt ſeche & creuſe, ce qui arrive aux laines anciennes ; ſi elle rend un ſon moëlleux, elle eſt de l'année. Enfin la laine doit être douce au toucher, & néanmoins forte ou avoir du nerf. On eſtime celle qui bouffe & ſe renfle au ſortir de la balle.

Si l'on choiſit de préférence les laines nouvelles, c'eſt, parce qu'étant fort douces, elles ſe tirent plus en long, & donnent plus de fil fin ; au lieu que les laines anciennes étant plus ſeches, le fil en doit être plus gros ; ſi l'on vouloit lui donner le même degré de fineſſe, il ſe romproit, ou, comme l'on dit, il éclateroit dans les outils de la filature. On doit encore examiner avec ſoin ſi les laines de brebis & de moutons ne ſont pas fourrées de celles d'agneaux, qu'on appelle *Laine d'agnelin.* Ces laines, ainſi que celles des bêtes mortes de maladie, n'ayant pas aſſez de force pour résister au foulon, tombent dans le lainage; c'est ce que l'on appelle *vuider au chardon*, & la corde se découvre. On connoît ces laines défectueuses après le dégraissage & le lavage : elles sont plus blanches & paroissent mieux dégraissées que les autres; mais elles sont droites, sans frisures, & elles se rompent facilement.

Le vrai moyen de connoître la qualité d'une laine par l'échantillon, est donc de le faire *dégraisser*, *laver*, *sécher*, *battre* & *pluser*; ces différentes opérations servent à connoître ce qu'on en peut espérer quand on la fera travailler, & à juger du bon & mauvais rapport qu'elle pourra faire; car il y en a qui donnent beaucoup de déchet; & quoique des laines qui déchoient beaucoup, puissent d'ailleurs être de bonne qualité, il y a toujours de la perte pour le Fabriquant qui ne gagne jamais à employer des laines inférieures.

Il faut que les laines soient seches, & convenir d'un *bon de poids* pour la tarre de l'emballage.

Les laines de Portugal sont à peu-près de la même qualité que celles d'Espagne; cependant on prétend qu'elles ont le défaut de beaucoup rentrer au foulon sur la longueur & peu sur la largeur; je ne comprends pas que cela puisse être quand on emploie la même laine pour la chaîne & pour la trame : je crois donc qu'elles foulent plus que celles d'Espagne, parce qu'elles ont moins de corps & de nerf, mais qu'elles rentrent & sur la largeur & sur la longueur.

Il y a de bonne laine en Angleterre, principalement celle de Cantorbéry; mais comme il est défendu d'en sortir de ce Royaume, il en vient peu en France. On en distingue de deux sortes; l'une douce & courte qu'on carde pour les draps, & les François ne cherchent pas à s'en procurer; l'autre extrêmement longue, forte & bien nourrie, mais seche & élastique, se peigne & se conserve pour le fil de chaîne de différentes étoffes rases, telles que les étamines, les camelots, les calemandes qui se font à Rheims, à Amiens, Lille, &c. On ne connoît gueres dans nos fabriques les laines de Hollande & de Flandre; ces Provinces n'en produisent pas suffisamment pour leurs manufactures; d'ailleurs, celles de Hollande, dont la sortie est défendue, sont fort cheres, quoique d'une qualité fort inférieure à celles d'Angleterre.

Comme on est dans l'usage, en Angleterre & en Hollande, de laver les moutons avant de les tondre, elles donnent moins de déchet lorsqu'on les lave au panier après la tonte de l'animal. Nous ne nous étendrons pas davantage sur la laine d'Angleterre, parce que, comme nous l'avons dit, par la difficulté de la tirer, on n'en emploie point ou presque point dans nos fabriques de draps.

La Suede & le Danemarck fournissent de très-bonnes laines; mais elles ne ſont pas comparables à celles d'Eſpagne & de Portugal. Enfin on tire par la voie de Marſeille des laines de Conſtantinople, de Smyrne & d'Alexandrie, dont on emploie une aſſez grande quantité dans le Languedoc (*). Comme il y a beaucoup de manufactures qui emploient les laines de France, il n'eſt pas hors de propos d'en dire quelque choſe.

Les meilleures ſont celles du Berry, du côté d'Iſſoudun, qu'on nomme *de la plaine de Vatan :* elles valent 10 à 11 pour cent de plus que celles des environs de Bourges : on en fait les achats aux foires de la Saint-Jean & de la Madeleine. On donne 104 toiſons pour cent ; & chaque toiſon peſe une livre & demie juſqu'à trois quarts : c'eſt à Iſſoudun même qu'on les trie & qu'on les lave au panier : dans cette derniere opération, les laines diminuent de plus de moitié quand on les lave à fond ; mais comme ordinairement elles ne ſont qu'à demi-lavées, les Fabriquants ſont obligés de les laver une ſeconde fois. Les laines d'Auxois en Bourgogne & celles des environs d'Abbeville ſont aſſez bonnes.

Il y a différentes qualités de laines en Languedoc : celle de Béziers eſt une des plus eſtimées ; elle approche beaucoup de celle de Portugal, & eſt plus fine que celle d'Iſſoudun, qui eſt à peu-près de même qualité que celle des environs de Bourges.

Celle du Diocèſe de Lodève qu'on appelle *Ruſſe*, celle nommée *Longue Rouviere*, & celle de Montagne, du Diocèſe d'Agde, ſont très-communes, particuliérement les longues Rouvieres. Les laines de Corbiere & de Narbonne, qu'on nomme *Clape*, ſont de la même qualité que celle de Béziers, appellée *Quarente*. Toutes ces laines ſe vendent en ſurge ou ſuin au poids de table de 14 onces.

Les laines de la plaine de Salanque en Rouſſillon ſont eſtimées.

Les laines de Sologne ne ſont pas ſi fines que celle de Berry : les meilleures ſont au-delà d'Orléans, du côté de Vanne, Ides, Viglain, Vilmurlain & les environs : on les vend aux foires de Château-Vieux le jour de Saint Barnabé & de Saint Géroux : les toiſons peſent depuis une livre juſqu'à deux. Comme il n'y a point en Sologne d'eau propre au lavage, on les

(*) Tavernier dit, Tom. I, p. 130, qu'il a apporté de Perſe à Paris une laine ſi parfaite, qu'on n'y en avoit jamais vu de ſi fine. Comme on deſiroit de ſavoir préciſément d'où on la tiroit, ſe trouvant à ſon troiſieme voyage à Iſpahan ſur la fin de l'année 1647, il rencontra un Gaure ou ancien Perſan, de ceux qui adoroient le feu, qui lui en montra un échantillon, & lui apprit que la plus grande partie de ces laines ſe trouvoit dans la Province de Kerman, qui eſt l'ancienne Caramanie, & que la meilleure ſe tiroit des montagnes voiſines de la Ville, qui porte le même nom que la Province ; que les moutons de ces cantons-là ont cela de particulier, que lorſqu'ils ont mangé de l'herbe nouvelle, depuis Janvier juſqu'en Mai, la toiſon entiere s'enleve comme d'elle-même, & laiſſe les bêtes entiérement nues, de ſorte qu'on n'a pas beſoin de les tondre ; qu'ils battent cette laine dont il ne reſte que ce qui eſt le plus fin ; que quand on ſe propoſe de les tranſporter, avant de les emballer, on les aſperge d'eau ſalée, ce qui empêche que les vers ne s'y mettent & qu'elles ne ſe corrompent.

On ne teint point ces laines ; elles ſont preſque toutes d'un brun clair ou d'un gris cendré agréable : il y en a peu de blanches. Quand elles ſont blanches, elles ſont fort cheres, parce qu'elles ſervent à faire les ceintures & les voiles dont les Mouftis ſe couvrent la tête pendant leurs prieres ; & que dans tout autre temps ils portent en forme d'écharpes.

les transporte à Orléans pour les laver dans la Loire. Il y a une sorte de laine des deux côtés de la Loire au-dessous d'Orléans, qu'on nomme *Laine du Val*, qui est beaucoup plus belle que celle de Beausse.

Les meilleures laines de Beausse sont au-delà de la forêt d'Orléans, du côté de *Villeneuve-aux-Loges*. Celles du côté d'Estampes leur sont inférieures, toutes ces laines se vendent en suin; chaque toison pese depuis deux jusqu'à quatre livres. On vend ensemble les toisons des agneaux & celles des moutons & brebis.

La laine de Champagne est tendre & creuse; elle est ordinairement fort sale, particuliérement au colet de l'animal, ce qui vient de la négligence de ceux qui les élevent.

Les laines de la Hogue, qui est la partie la plus septentrionale de la Normandie, sont aussi fines que celles de Berry: les Fabriquants de Cherbourg & de Valogne les achetent aux foires en suin & par toison. Ce sont eux qui les dégraissent: elles diminuent à cette opération de plus de moitié.

Les laines du Cotantin ne sont pas si fines que celles dont nous venons de parler; celles du Bessin sont encore plus communes; toutes ces laines se vendent en surge ou suin, à la toison.

Les laines des Ardennes sont des plus communes; celles d'au-delà de Bouillon le sont encore plus. Ces différentes especes de laines s'emploient à Doncheri, Poix & dans d'autres petites Manufactures qui ne sont connues que dans les environs; & suivant leur qualité, on en fait des draps plus ou moins communs, ou des étoffes de laine de différentes sortes. Ce n'est pas qu'on n'emploie quelquefois de la laine d'Espagne à Doncheri, mais c'est en petite quantité.

Il faut ajouter, à ce que nous venons de dire sur la qualité des laines, que toutes les années, les laines d'un même endroit ne sont pas toujours de la même qualité; de même que les pâturages ne produisent pas toutes les années du fourrage de bonne qualité: les laines se sentent aussi de l'intempérie des saisons. Ce n'est pas ici le lieu d'exposer les précautions que les Bergers doivent prendre pour ménager la qualité de la laine de leurs troupeaux: le Drapier n'a aucune inspection sur eux; mais il doit faire un bon choix entre celles qu'on met en vente, & les préparer le mieux qu'il est possible.

Premier lavage des Laines.

Par ce qu'on a dit plus haut, on a vu que dans certains pays on lave soigneusement les moutons avant de les tondre, & cette précaution qui est très-bonne, dispense presque de laver les toisons coupées: dans d'autres endroits où l'on peut jouir d'eau claire & courante, on lave les toisons aussitôt après la tonte: pour cela, après avoir séparé les laines primes, secondes

& tierces, si ce sont des laines d'Espagne, ou des hautes laines & basses, si ce sont des laines du Royaume; on les écharpit dans les mains, & on ouvre les floccons, en les tirant en large & non pas en long, pour ne point briser les filaments laineux. Ensuite on les met dans des paniers assujettis avec des pieux dans une eau claire & courante; des hommes qui se mettent dans l'eau jusqu'à la ceinture, écharpissent encore les floccons avec leurs mains, & ils agitent les laines dans l'eau pour en emporter toute la crasse avec une partie du suin. Quand ces laines sont bien lavées, on les étend au soleil pour les faire sécher: on verra dans la suite qu'il seroit mieux de les laisser sécher à l'ombre. La plupart des Fermiers vendent leurs laines en toison, & telles qu'elles sortent de dessus l'animal; c'est ce qu'on nomme *Laine en surge* ou *en suin*. Les Marchands qui les achetent en cet état, les trient & les font laver avec plus ou moins d'attention; mais toujours faut-il revenir à les laver encore & à les dégraisser dans la manufacture, comme nous l'expliquerons dans la suite.

Les eaux douces qui dissolvent bien le savon, sont plus propres pour ce lavage que les eaux crues qui n'attaquent point le suin. Les eaux tiedes sont aussi préférables aux eaux très-froides: peut-être, pour cette raison, seroit-il mieux de commencer par les laver à l'eau tiede dans des cuveaux, avant de les laver à la riviere.

On remarquera qu'il ne s'agit ici que du premier lavage qu'on donne ordinairement aux laines avant de les fournir aux Fabricants; car dans les fabriques, on ne dégraisse & on ne lave les laines du pays, que quand on les teint avant d'être filées, parce qu'elles le sont suffisamment pour être filées, & il en coûte moins d'huile pour parvenir à la filature. Ceci se peut pratiquer pour le ménage, le suin tenant lieu d'huile; mais dans les bonnes fabriques, on dégraisse à fond, attendu que le suin qui resteroit concentré dans le drap est toujours nuisible, sur-tout à l'égard de ceux qui sont fabriqués en blanc, & qui doivent être mis en couleurs fines, comme écarlate & autres, car par la suite le suin noirciroit & terniroit les couleurs.

Remarques sur les Laines qu'on se propose de teindre, & sur les inconvénients d'y laisser du Suin.

1°, Si l'on se propose de faire des draps teints en laine, il faut toujours prendre la laine qui a le plus de corps & qui est la plus nerveuse, pour qu'elle soit en état de soutenir la chaleur du bain de la teinture, & l'action des différentes drogues & des sels qui entrent dans les couleurs que l'on veut faire prendre à la laine; car si l'on n'avoit pas soin de choisir pour mettre en teinture la laine dont les brins ont de la consistance, en un mot, si l'on employoit une laine basse, il est d'expérience qu'elle ne pourroit recevoir les différents apprêts qui sont indispensables pour prendre parfaitement la teinture, & donner un œil uni à la couleur. On prétend que pour avoir une laine qui prenne uniformément la teinture, il faut qu'elle soit d'une même espece, &, pour ainsi dire, d'un même troupeau; mais comme on sait que cela n'est point possible, il suffit que la laine soit de même qualité; l'attention du Teinturier fait le reste; car les Teinturiers peuvent beaucoup ménager les laines en ne leur donnant pas un bain trop chaud, & en les tenant proportionnellement plus ou moins long-temps dans le bain.

2°, Il faut que la laine soit bien brassée dans la chaudiere, car celle qui est à la superficie de la chaudiere, prend moins de teinture que celle qui est au bouillon, & celle qui est au fond en prend encore davantage; enfin si l'on évente la laine en la faisant sortir de la chaudiere pour la tenir un instant à l'air, elle se charge bien plus de couleur que celle qui est restée pendant tout le temps du bain dans la chaudiere, sans en sortir.

3°, Quoique dans les grandes Manufactures on soit dans l'usage de teindre les laines & les draps, nous ne parlerons point ici de la maniere de les teindre, parce que lateinture des laines doit faire un Art particulier; nous nous contenterons de faire remarquer que, quoique le gras qui pourroit rester dans la laine n'empêche pas la solidité de la plupart des couleurs, principalement du noir & du bleu, les bons Fabricants soutiennent qu'il faut dégraisser soigneusement & à fond les laines avant de les mettre à la teinture, parce que le gras ternit la vivacité des couleurs. Les Teinturiers ne l'expérimentent que trop, sur-tout quand il est question de teindre des draps blancs mal dégraissés; ils se trouvent mal unis, en forme de placard, sur-tout aux couleurs fines, même en bleu, la corde ne se teignant point à fond, ce qui s'appelle, en terme de teinture, *n'être point tranché*. Le suin empêche que la laine ne se carde parfaitement; & le foulon n'emporte que très-difficilement le fond de graisse qui reste dans une laine mal lavée & imparfaitement dégraissée. On regarde comme impossible, que le foulon puisse emporter la graisse qui est concentrée jusques dans l'intérieur de la chaîne ou *Corde* en terme de fabrique. Cela doit s'entendre du suin; car l'huile d'olive qui n'adhere que peu à la laine, est nécessaire pour le cardage, & ne nuit jamais autant que le suin. Cependant toute graisse, tant du suin qui doit totalement partir au dégraissage en laine, que de l'huile mise après coup pour la *drousser*, & par conséquent la carder & filer, & enfin faire le drap en toile, doit être totalement enlevée au dégraissage en toile, si l'on veut avoir une couleur vive. On verra que l'huile est nécessaire pour faire le drap; mais ensuite il faut qu'elle en sorte entiérement.

Pluser en suin.

QUAND, dans les fabriques, on veut faire laver une laine, soit étrangere, ſoit de différentes Provinces du Royaume, on la livre à des Ouvrieres pour la *pluſer en ſuin*, c'eſt-à-dire, l'éplucher : elles en tirent le chanvre & les autres ſaletés ou corps étrangers qui peuvent s'y trouver ; cette premiere opération eſt très-importante, puiſque ſans ce *pluſage*, les draps ſeroient remplis de *poutilles* qui ne prendroient aucune teinture ; & comme ces ſubſtances étrangeres blanchiſſent comme la laine au dégraiſſage, on a d'autant plus de peine à les trouver que la laine eſt mieux dégraiſſée ; d'ailleurs, cette opération fait qu'elle s'ouvre mieux dans la chaudiere.

Pour bien faire le pluſage, on dépouille les balles ſans couper les ficelles avec leſquelles elles ſont couſues, afin que les brins de chanvre ne ſe mêlent point avec la laine. L'emballage étant ôté, on nettoie attentivement toute la ſuperficie de la balle, enſuite on fait prendre la laine aux Pluſeuſes, par petites poignées, afin qu'elles trouvent plus aiſément les corps étrangers qui peuvent être mêlés avec la laine. On fera bien auſſi de pluſer les laines du Royaume, après qu'elles auront été lavées.

Mélange des Laines.

C'EST après cette opération, je veux dire, ce premier pluſage, que l'on peut mêler enſemble des laines de différentes ſortes pour en faire des draps de qualité inférieure ; parce que les autres opérations, telles que le dégraiſſage, le lavage & le battage, mêlent plus parfaitement ces différentes ſortes de laines, & en font une eſpece de laine uniforme. Pour faire ce mélange, on étend la laine pluſée en gras, dans une grande place ; & après en avoir fait une couche, on étend pardeſſus les laines qu'on veut mélanger avec elle.

Du Lavage & du Dégraiſſage.

QUOIQUE ce ſoit preſque par-tout l'uſage de laver les laines avant de les livrer aux Fabricants, on ne peut ſe diſpenſer, comme il a déja été dit, de recommencer cette opération dans les fabriques, au moins à l'égard des laines d'Eſpagne & des laines fines du Royaume, pour ôter un reſte de ſuin qu'on leur a laiſſé, & qu'il étoit même utile de ne pas ôter, lorſqu'on n'étoit pas dans le cas de travailler promptement les laines, ſoit pour leur conſerver une certaine ſoupleſſe, ſoit pour les garantir des inſectes ; mais avant de travailler les laines, il faut leur ôter ce reſte de ſuin ; & pour prouver ſenſiblement que ce dégraiſſage & ce lavage ſont néceſſaires, il ſuffit de faire attention que les laines qui ont ſouffert cette opération, deviennent blanches de rouſſeâtres qu'elles étoient.

Lors donc que la laine a été bien pluſée en ſuin, on la dégraiſſe.

Il y a deux manieres de faire cette opération : l'une convient particuliérement

ment aux laines qui ont déja été lavées ; l'autre eſt principalement en uſage pour les laines qui ont été achetées *en ſurge*, & qui ont tout leur ſuin.

Cette derniere façon s'exécute, en mettant dans une futaille ou une cuve 30 à 40 livres de laine, de maniere qu'elle y ſoit à l'aiſe; on remplit la futaille ou cuve d'eau chaude à un degré de chaleur qui permette d'y tenir la main ; trop chaude, elle recuiroit le ſuin; trop froide, elle ne pourroit le détacher ; on remue ſans ceſſe la laine avec un bâton, pendant un quart-d'heure; après l'avoir laiſſé repoſer environ une demi-heure, on la retire & on la met dans des mannes qui ſont plongées dans une eau courante, où on l'agite avec une eſpece de rateau ; on répete cette même opération, juſqu'à ce qu'on ait dégraiſſé toute la laine qu'on ſe propoſe de travailler ; &, chaque fois qu'on retire la laine de la futaille pour la mettre dans la manne, on jette l'eau qui ſe trouve trop chargée d'impuretés.

Ce travail ſe fait depuis la Saint-Jean juſqu'aux fraîcheurs de l'Automne. Si on étoit obligé de le faire en Hiver, il faudroit couvrir la cuve pour y conſerver la chaleur, parce qu'elle eſt néceſſaire pour ouvrir les pores de la laine & emporter la graiſſe.

Cette méthode eſt bonne pour les laines qui ont tout leur ſuin ; mais il y a des laines mal lavées par les Marchands, & d'autres dont le ſuin eſt trop adhérant pour être entiérement emporté par le procédé que nous venons de décrire ; en ce dernier cas, il faut attendrir le ſuin qui s'eſt deſſéché ſur la laine ; & pour cela on conſerve l'eau où l'on a dégraiſſé de la laine en ſuin, on la fait chauffer à y pouvoir tenir la main, & on la verſe ſur la laine qui n'a pas été parfaitement dégraiſſée : cette eau impreignée de graiſſe, attendrit le ſuin deſſéché, & le met en état d'être emporté au lavage à la riviere; & l'on continue cette manœuvre tant qu'il y a de la laine à dégraiſſer.

Quand la laine qu'on veut dégraiſſer pour une ſeconde fois, eſt plus fine que celle en ſuin qui a engraiſſé l'eau, il faut paſſer l'eau graſſe par un tamis pour ôter la laine plus commune, & empêcher qu'elle ne ſe mêle avec celle qui eſt plus fine.

La méthode que nous venons de décrire, eſt encore très-bonne pour dégraiſſer des laines qui ont été manquées à l'urine : on en parlera dans un inſtant.

Quand la laine en ſuin a été bien lavée, elle diminue de 50 à 60 pour cent ; cependant, au dégraiſſage qui ſe fait dans les fabriques, elle diminue encore de plus d'un quart, enſorte que de 100 livres de laine telle qu'elle ſort de deſſus l'animal, on n'en retire, hors de toute graiſſe, que 32 livres, un peu plus ou un peu moins.

L'autre méthode eſt de dégraiſſer à l'urine ; mais avant de parler de ce dégraiſſage, il eſt bon de faire attention que les graiſſes ne ſe diſſolvent pas dans l'eau, mais bien par les ſubſtances alkalines ; ainſi pour retirer la graiſſe de la laine, on emploie de l'urine dont les ſels qui ſe volatiliſent & s'alkaliſent aiſément, diſſolvent la graiſſe dans le bain chaud où il ſe forme une ſorte de ſavon (a); c'eſt pourquoi quand on a retiré la laine, l'eau du bain eſt blanche comme ſi l'on y avoit diſſous du ſavon ordinaire; auſſi ſeroit-il poſſible de dégraiſſer la laine avec de l'eau de ſavon; mais ce dégrais plus diſpendieux que l'urine, diminue beaucoup de la douceur de la laine. Je paſſe à l'opération.

Lorſque la laine a été lavée par les Marchands, on la donne dans la fabrique au Dégraiſſeur qui la met dans un bain compoſé d'eau & d'urine; ſavoir, ſur ſept ſeaux de liqueur, on met un ſeau d'urine (b). Les pratiques ſur ce point ne ſont pas uniformes, & elles ne peuvent pas l'être, parce qu'il faut augmenter la doſe de l'urine quand les laines ſont vieilles, & lorſque le ſuin y eſt fort adhérant. On fait chauffer le bain dans une grande chaudiere juſqu'à n'y pouvoir tenir la main qu'avec peine; on y *abat*, c'eſt-à-dire, on y plonge 10 ou 12 livres de laine à la fois ſeulement; on l'y laiſſe un quart-d'heure ou plus, & on la remue ſans diſcontinuer avec un gros bâton en la promenant ſur la ſuperficie du bain, d'où même on la ſort de temps en temps pour la replonger ſur le champ, afin que le bain pénetre également dans toutes les parties de la laine; on la retire quand elle eſt ouverte, & qu'elle blanchit ſur le bâton. Quelques-uns la mettent dans un filet pour la plonger dans le bain; mais alors il eſt difficile de la remuer auſſi parfaitement que quand on ſuit la précédente méthode.

Pour connoître ſi la laine eſt bien dégraiſſée, on en prend une poignée qu'on preſſe dans la main pour en exprimer l'eau; il faut qu'en ouvrant la main, elle ſe gonfle beaucoup.

Si le bain étoit trop chaud, il pourroit endurcir le ſuin; s'il ne l'étoit pas aſſez, il ne le diſſoudroit pas: le degré de chaleur convenable eſt, comme nous l'avons dit, qu'on y puiſſe tenir la main avec peine.

On ne renouvelle jamais ces bains; on ne fait qu'y ajouter de temps en temps de l'eau & de l'urine pour remplacer celle que la laine a conſommée.

Lorſqu'on eſt obligé de nettoyer la chaudiere pour ôter les ordures qui ſont ſorties de la laine, ce qui arrive rarement, on tranſvaſe le bain, & on remet cette liqueur dans la même chaudiere après qu'elle a été nettoyée; mais ce ſecond bain n'eſt pas auſſi bon que le premier, peut-être à cauſe du ſuin qui y eſt diſſout; on ſe contente donc d'emporter, de temps en temps, une eſpece de crême qui s'éleve à la ſuperficie du bain quand il y a repoſé quelque temps. Il faut que le Dégraiſſeur ait ſoin de ménager ce bain ſuivant les eſpeces de laine: quand il s'apperçoit que le ſuin ou la graiſſe a de la peine

(a) Quelques Fabriquants préferent l'urine un peu vieille; & comme elle eſt alkaliſée, elle paroît plus propre à diſſoudre les graiſſes & peut-être trop; d'autres Fabriquants prétendent qu'elle énerve la laine, & pour cette raiſon, ils n'emploient que de l'urine récente.

(b) Quelques-uns mettent trois quarts d'eau & un quart d'urine, en augmentant celle-ci, à meſure qu'on s'apperçoit que le ſuin eſt plus difficile à enlever.

à se détacher, il peut y ajouter un demi-seau d'urine, mais toujours avec ménagement.

Il est aussi du devoir de cet Ouvrier de prendre garde que son bain ne se corrompe, ce qui arrive quelquefois dans les temps d'orage, ou par d'autres causes; car dans ce cas il n'y a d'autre parti à prendre que de jetter le bain, & d'en faire un nouveau; mais il faudroit que le bain fût bien corrompu si le tartre blanc battu ne le réparoit point, en y en mettant un quart de boisseau plus ou moins, selon la grandeur de la chaudiere.

On peut dégraisser très-bien les laines en se servant d'eau chargée de suin, au lieu d'urine: j'en ai déja dit quelque chose, mais j'en parlerai encore plus amplement dans la suite.

Quand la laine est dégraissée, on la *leve* ou on la tire du bain pour la mettre égoutter pendant un demi-quart-d'heure dans des mannequins à jour, ou sur une civiere placée au-dessus de la chaudiere; & pendant qu'elle est encore médiocrement chaude, on la porte à la riviere pour y être lavée.

C'est pour ne point laisser perdre toute la chaleur, qu'on a soin que la dégraisserie soit à la portée d'un ruisseau ou d'une riviere, parce que quand la laine se trouve bien dégraissée, on la remet entre les mains du Laveur de laine, qui a son lavoir sur l'eau. Aussi-tôt que la laine a été dégraissée, elle est, comme je l'ai dit, remise au Laveur pour qu'il la lave sur le champ, & pendant qu'elle est encore chaude; c'est pourquoi on ne doit pas permettre au Dégraisseur d'en avoir trop d'avance: après que le Laveur a emporté la laine qui a été dégraissée, le Dégraisseur en prépare, comme nous l'avons dit, une autre quantité de 10, 12 ou 15 livres, ayant soin qu'il y ait suffisamment de vuide dans sa chaudiere, pour qu'il puisse remuer continuellement la laine.

L'attention du Laveur est de bien remuer la laine dans l'eau, l'élevant à quelque distance au-dessus du bain, & la rabattant avec effort, afin qu'elle ne conserve rien de l'odeur que l'urine du bain a pu lui avoir fait contracter. Cette opération ne réussit pas également bien dans toutes les saisons ni dans toutes sortes d'eau: l'usage fait remarquer que la fonte des neiges rend l'eau trop crue; les grandes pluies en Eté la salissent par la grande quantité de sable ou de vase qu'elles entraînent. Quelques-uns prétendent que dans les grandes chaleurs l'eau manque d'activité; mais je n'admets point ce fait; car il paroît que l'eau tiede est plus propre à dissoudre le suin déja attendri par l'urine, que l'eau froide. Depuis le mois de Mai jusqu'au mois de Septembre, on ne lave plus les laines à la riviere; le mieux est de les laver, autant qu'il est possible, dans des sources dont l'eau n'est sujette, ni à être troublée par les pluies, ni à être trop froide en hiver. Mais comme on n'en a pas toujours à sa portée, il seroit à desirer qu'on pût choisir une saison favorable pour parvenir à la perfection d'un bon lavage, parce que cette opération eſt eſſentielle ; car la laine mal dégraiſſée, ne s'ouvre pas ſous les coups de baguette ; elle conſerve des ſaletés, elle ne ſe file jamais ſi bien ; enfin il eſt impoſſible que le foulon puiſſe purger la graiſſe qui ſe trouve dans un drap fait avec des laines mal dégraiſſées. Quoiqu'il ſemble que les eaux douces qui diſſolvent bien le ſavon, ſoient plus propres à enlever le ſuin que les eaux crues & dures, néanmoins on a remarqué dans la fabrique de M. de Julienne, que le lavage réuſſit mieux dans la riviere des Gobelins, que quand on étoit obligé de laver les laines dans la Seine ; mais il eſt probable que cette différence vient de ce que les laines qu'on portoit à la Seine, s'étoient réfroidies : nous avons dit ci-deſſus, qu'il étoit important que les Laveurs reçuſſent les laines fort chaudes, & immédiatement au ſortir du dégraiſſage.

Ceci bien entendu, on lave la laine par parties de 10, 12 à 15 livres dans de grands paniers à claire-voie, beaucoup plus longs que larges, qui ſont traverſés par une eau coulante ; deux hommes agitent la laine avec des rateaux de bois juſqu'à ce que le ſuin ſoit tout-à-fait ſorti, & que la laine ait entiérement perdu l'odeur de l'urine dans laquelle on l'a dégraiſſée.

Le ſuin étant diſſout par l'urine, rend d'abord l'eau trouble & blanchâtre; mais quand la laine en eſt entiérement dégorgée, l'eau ſort des paniers très-claire. Comme la laine eſt alors parfaitement dégraiſſée, on la retire des paniers, & on la met égoutter ſur une plate-forme de pierre qui eſt à côté du lavoir, ou dans des cages.

Afin que la laine ſoit bien lavée, il faut la changer d'eau au moins trois fois ; ce qui ſe fait, ſoit en la tranſportant d'un panier dans un autre, ſoit en ſoulevant le panier, & le faiſant ſortir de l'eau avec le rateau : à chaque fois qu'on change l'eau, il faut que le Laveur donne 30 ou 36 coups de rateau : l'eau doit être coulante pour emporter ce qu'elle détache de la laine; mais un courant trop rapide, entraîneroit la laine ſur un des côtés du panier, & empêcheroit l'effet du rateau.

A Sedan, on laiſſe les cages ou grands paniers remplis de laine qui viennent du lavoir, en égoût pendant quelque temps, afin de lui laiſſer perdre la plus grande partie de ſon eau.

A Elbeuf où l'on teint preſque toutes les laines avant de les filer, on les porte au Teinturier au ſortir du lavoir.

Inconvénients qui arrivent au Dégraiſſage.

Les laines mal dégraiſſées font beaucoup de tort aux Fabriquants : elles coûtent plus de façon à cauſe de leur peſanteur qui vient de ce qu'elles ne s'ouvrent pas au battage ; la poudre & les pailles ne s'en ſéparent pas à la baguette ni au pluſage, à cauſe qu'elles ſont poiſſeuſes. Elles ne peuvent

pas

pas se filer aussi long que celles qui auroient été bien dégraissées, elles éclatent dans les outils; & si le fil qui en provient, est mis en chaîne, comme cette chaîne est fortement tendue sur le métier, les fils cassent à chaque instant, il reste des vuides dans le drap, en terme de fabrique *des traces*, ou *fils courants*, dont nous parlerons ailleurs; ces laines se rancissent promptement; & les draps qui en sont fabriqués, ont toujours un œil gras & sombre, à moins qu'au foulage on ne force de terre & de savon.

Il se trouve des laines vieilles ou mal conservées, qui ont perdu une partie de leur gras naturel : quelque précaution qu'on prenne, on ne peut parvenir à les dégraisser à fond; elles se mettent en cordelettes, & conservent une graisse poissante qui empêche qu'on ne puisse les ouvrir & les travailler; elles prennent tout ce qu'il y a d'actif dans le bain, qui ne peut ensuite servir à dégraisser d'autres laines. Pour tirer partie de ces laines défectueuses, on pourroit les tenir un peu de temps dans de l'eau imprégnée de suin, & en mêler une seizieme ou dix-septieme partie avec d'autres laines nouvelles de même qualité, puis tenter le dégraissage qui a été proposé plus haut.

Il se trouve des laines dont la graisse est fort tenace; alors, selon la tenacité du suin, il faut plus ou moins de chaleur, & plus ou moins d'urine; c'est au Dégraisseur à se régler par les essais qu'il doit avoir faits sur des échantillons.

Il faut sur-tout qu'il prenne garde d'échauder sa laine, qui, ayant perdu tout son ressort, n'auroit plus de corps. Ce défaut peut être produit, ou par la faute de l'Ouvrier qui auroit employé une lessive trop chaude & trop forte, ou par la qualité de la laine qui est aisément attaquée par cette lessive: je m'explique. Il est certain qu'on peut dissoudre toutes les especes de laines par un fort alkali; ainsi un bain trop fort d'urine vieille, peut altérer les laines, & les altérer d'autant plus que les filaments laineux seront plus tendres; il suit delà qu'il faut que le bain soit assez fort pour dissoudre le suin, mais non pas assez pour attaquer la substance des filaments laineux : c'est pour éviter ce défaut, que les bons Fabriquants ne veulent pas employer de laine vieille.

On connoît qu'une laine est bien dégraissée & bien lavée; 1°, quand elle est bien blanche, mais ouverte & douce au toucher; car elle peut être blanche en la forçant d'urine, le Dégraisseur voulant abréger son opération; mais dans ce cas cette laine sera blanche sans être douce; 2°, quand elle ne poisse pas la main; 3°, quand elle n'a conservé aucune odeur du bain.

Quand une laine a été mal dégraissée, on s'en prend souvent au Laveur qui l'a travaillée en dernier lieu; l'accusation est fondée quand elle conserve une odeur d'urine, car c'est une preuve qu'il n'a pas assez battu & *repaumé* sa laine; mais quelque soin qu'il prenne, il ne parviendra jamais à la dégraisser, si la graisse n'a pas été dissoute dans le bain; & alors, c'est la faute du Dégraisseur.

Lorsqu'on ne peut pas jouir pendant tout le courant de l'année d'eau de ſource pour laver, on eſſaye de beaucoup laver quand les eaux y ſont propres, & lorſque le temps eſt favorable pour ſécher ; alors les Fabriquants font des proviſions de laines lavées : mais ces laines de proviſion ne peuvent être conſervées qu'en tas ; & pour peu qu'elles aient été manquées au dégraiſſage, elles s'echauffent, elles deviennent poiſſantes & difficiles à travailler : on fera donc mieux de ne laver qu'à fur & à meſure, quand on pourra profiter de l'eau d'une ſource ou d'un ruiſſeau dont l'eau ſoit pure.

Quand la laine a été lavée, on la laiſſe égoutter dans des cages ou corbeilles à claire-voie pendant plus ou moins de temps ; en Eté, vingt-quatre heures ſuffiſent; mais en Hiver, il faut la laiſſer égoutter pendant trois jours, & quelquefois plus, à moins, comme nous l'avons dit, que ce ne ſoit des laines deſtinées à être teintes ; car en ce cas on les remet toutes humides au Teinturier.

Du Séchage.

La premiere opération après le lavage eſt le *ſéchage.* Il faut ſécher la laine à l'ombre ; le ſoleil la rendroit dure. Il convient auſſi de la remuer ſouvent, de crainte qu'elle ne fermente & qu'elle ne s'échauffe : pour cela on prend la laine dans les cages ou grandes mannes à jour, dans leſquelles les Laveurs l'ont apportée dans les greniers pour la faire égoutter : les greniers deſtinés à cela, doivent être bien expoſés à l'air. L'Ouvrier, (*Pl. I. fig.* 1) prend dans la cage *A* une poignée de laine qu'il bat dans ſes mains ; enſuite il étend cette laine ſur les grandes perches ou gaulettes *C C*, (*Fig.* 1), placées en travers dans les greniers ; lorſque la laine eſt trop courte pour être miſe aux perches, on l'étend ſur le plancher *.

Lorſque la laine a ſéché ſuffiſamment d'un côté, on la jette à bas pour la retourner, la battre de nouveau dans les mains, & la remettre ſur les perches, ce qu'on répete juſqu'à ce qu'elle ſoit entiérement ſéchée.

Il y a des Ouvriers qui, pour accélérer le deſſéchage, expoſent les laines au ſoleil ; cette pratique eſt plus sûre, que ſi on la faiſoit ſécher au feu ; mais communément on peut s'en diſpenſer, parce que la laine étendue ſur les perches ne s'altere pas, quelque temps qu'elle ſoit à ſécher.

Remarques ſur le lavage des Laines du Royaume.

Il suit de ce que nous avons dit ſur le lavage & le dégraiſſage des laines, qu'on peut nettoyer aſſez bien les laines en ſe contentant de les laver en Eté, c'eſt-à-dire, pendant les mois de Juin, Juillet & Août, dans une eau courante, pourvu qu'on ait l'attention d'écharpir les laines avec les mains, d'ouvrir les *matons* en les tirant en large, de froiſſer la laine dans les mains, comme quand on lave le linge.

* Pour ſécher les laines au ſortir de la teinture, l'uſage eſt d'établir des gaulettes en paliſſade, ſur leſquelles on étend la laine, qu'on a ſoin de faire retourner, pour que tout ſeche également.

On ſe borne à ce lavage pour les laines baſſes du Royaume. Comme on ne les emploie que pour des étoffes très-communes, leur bas prix ne permettroit pas de leur donner des préparations plus recherchées. Quelques uns même ſoutiennent que ces laines communes ſeroient altérées, ſi on leur donnoit les dégraiſſages qu'on emploie pour les laines fines : je me garderai d'aſſurer que cette prétention eſt fondée.

Un lavage & un dégraiſſage un peu plus recherché, eſt de les paſſer d'abord dans de l'eau chaude, de les y ouvrir, & de les traiter comme nous l'avons expliqué, puis de les laver dans des mannes à la riviere : ce lavage eſt d'uſage pour les *hautes laines* du Royaume ; telles ſont celles du Berry, dite *Plaine de Vatan* ; celles dites *Clapes*, qui viennent du Diocèſe de Narbonne ; celles du Rouſſillon, de la plaine de Salanque ; ſauf, pour achever d'emporter la graiſſe de ces laines, d'y apporter des attentions particulieres pour les dégraiſſer dans les foulonneries. Ce n'eſt pas que quelques Fabriquants plus attentifs, ne traitent ces hautes laines du Royaume, comme celles d'Eſpagne.

La troiſieme façon de laver & de dégraiſſer les laines, eſt de les paſſer à l'urine ou au ſuin : c'eſt la plus diſpendieuſe, celle qui cauſe plus de déchet & qui exige plus d'huile à l'*enſimage* ; mais auſſi c'eſt la plus parfaite. C'eſt pour cette raiſon qu'on l'emploie pour les laines d'Eſpagne. Cependant quelques-uns prétendent qu'on peut faire un très-bon dégraiſſage, en prenant toutes les précautions requiſes pour paſſer les laines dans l'eau chaude avant de les laver à la riviere. On m'a aſſuré que des Fabricants ſuivoient cette méthode, même pour les *Primes* d'Eſpagne.

Remarques ſur les Laines qu'on veut teindre avant de les filer.

Si l'on ſe propoſe de faire teindre ces laines, il eſt bon de leur conſerver un peu d'humidité, ce qui les rend en état de prendre beaucoup mieux toute la vivacité des couleurs, qu'elles ne feroient ſi on les laiſſoit ſécher entiérement : quelques-uns les portent à la teinture au ſortir du lavoir, comme nous l'avons dit ; ces laines étant ſéchées, ſe battent & ſe pluſent après qu'elles ont été teintes.

Battage & Drouſſage : Paſſer dans le Loup.

L'instrument qu'on nomme un *Loup* à la manufacture des Gobelins, eſt une eſpece de corps de buffet *A* (*Pl. II. fig.* 1). La partie *B* de devant s'ouvre ainſi que celle de derriere *C*, n'étant fermée que par quelques volets *D*, *E* (*Fig.* 2), qui tiennent au corps d'armoire par des couplets. La partie inférieure *F G* (*Fig.* 2), forme un coffre. Cette eſpece de buffet eſt traverſé par un axe *H I*, (*Fig.* 2) terminé par une manivelle *K*,

(*Fig.* 1, 2, 3 & 4), qui est en dehors : à cet axe *HI*, sont attachées des ailes *L* (*mêmes figures*), au bord desquelles sont attachées de longues dents de fer *M* (*Fig.* 2 & 5); & dans le dedans de la machine, à peu-près à la hauteur de l'axe, est établie une espece de grillage de barreaux de bois *N*, (*Fig.* 2, 3 & 5), de forme circulaire, sur lequel tombe la laine mise dans le loup.

On remplit de laine séchée la partie *N* (*Fig.* 5); ensuite les volets *DE* étant fermés, on fait tourner avec vîtesse le moulinet *L*; la laine s'accroche dans les dents *M*; elle s'en détache, & est reprise par les dents d'une autre traverse; ce qui secoue tellement la laine, qu'il s'en sépare une assez grande quantité de saletés qui sont jettées par le vent des ailes vers les parois de la caisse, d'où elles tombent par la grille *N*, au fond de la caisse où nous en avons trouvé une plus grande quantité que nous ne nous l'étions imaginé : cette machine que j'ai vu établie à la Manufacture des Gobelins est fort bonne. De temps en temps on ouvre le volet *DE*; & en tournant le volant en sens contraire, la laine est jettée hors la machine, où on la ramasse pour la battre, comme nous allons l'expliquer.

Quand la laine est bien séchée & qu'elle a été démêlée dans le loup, les Batteurs *B* (*Pl. I. fig.* 2), Ouvriers préposés pour battre la laine, viennent la prendre dans les greniers au sortir du loup; ils la portent sur une claie *C* (*Pl. I. fig.* 2, 3 & 4), faite avec des baguettes ou avec des cordes tendues, assujetties sur un chassis de menuiserie, que l'on place sur un pied de table (*Fig.* 5), garni de voliche, comme on le voit (*Fig.* 2 & 4), afin que ce qui tombe sous la claie, ne se mêle pas avec la bonne laine : il est assez indifférent que les claies soient de cordes ou de baguettes. Dans quelques Fabriques, avant de battre la laine, on la donne à de jeunes gens *E*, (*Pl. I. fig.* 6), qui en ôtent la poix avec laquelle les moutons avoient été marqués, ou le crottin*. La poix est un déchet qu'on pourroit éviter, si l'on employoit, pour marquer les moutons, des drogues moins tenaces. Un ou deux Ouvriers, &c, prennent la laine de ces enfants, & ils la battent pour faire tomber les saletés, comme sable, poussiere ou laine morte. La laine morte paroît noirâtre, grenue à peu-près en forme de petites lentilles, & comme galeuses; cette opération contribue encore à ouvrir la laine, la faire gonfler & la rendre plus légere.

Le Batteur *D* (*Fig.* 2), ayant détiré la laine en gros sur le large, en met sur la claie deux ou trois livres, & il a l'attention de ne battre que sur le chassis de menuiserie, c'est-à-dire, qu'il doit observer que ses baguettes ne frappent point la laine à plomb de toute leur longueur, mais seulement par leur ressort; car comme le battage sert non-seulement à faire tomber les saletés, mais encore à ouvrir le corps de la laine, si les baguettes tomboient à plomb

* Il seroit encore mieux de faire le *plusage* qu'on nomme *égaler*, avant le dégraissage.

plomb sur la laine, au lieu de l'ouvrir, elles la resserreroient davantage, ou, comme ils disent, elles la *feutreroient.*

Cette opération qui par elle-même paroît de peu de conséquence, est néanmoins très-essentielle ; car une laine bien battue est douce & aisée à employer, elle s'ouvre convenablement, & facilite beaucoup le plusage en maigre qui suit le battage.

Inconvénients qui peuvent résulter du Battage.

Si la laine n'a pas été bien battue, ce sont les Pluseuses qui en souffrent principalement, parce que leur travail en devient plus considérable.

Les Batteurs tiennent une baguette de chaque main : quoiqu'on n'ait représenté dans la figure qu'un seul Batteur, il y en a presque toujours deux l'un vis-à-vis de l'autre.

On bat absolument de la même maniere les laines blanches & les laines teintes.

Du Plusage en maigre.

Nous avons dit que dans quelques Fabriques, on faisoit pluser grossiérement la laine par de jeunes garçons avant de la battre ; mais dans toutes les Fabriques, on pluse plus exactement en maigre après que la laine a été battue. Pour cela, plusieurs femmes ou filles rassemblées dans un même endroit, s'occupent de cette opération, qui est nommée *Plusage en maigre*, pour la distinguer du *Plusage en suin*, qui se fait avant le dégraissage. On leur porte la laine battue dans de grandes corbeilles faites pour cette opération : elles sont assises autour de ces corbeilles, & elles ont chacune sur leurs genoux, une claie ou volette plus longue que large, sur laquelle elles mettent la laine par petites poignées pour l'écharpir ou l'ouvrir sur le large sans la rompre : ainsi, s'il se rencontre un flocon, elles ne tirent pas les filaments suivant leur longueur; mais en les tirant de travers, elles les désunissent, ce qui fait un bon effet ; car plus la laine est *veule* & ouverte, mieux elle reçoit l'huile ; on en tire avec soin les plus petites ordures : ces Ouvrieres ôtent aussi les brins des laines grossieres qui s'y trouvent mêlés. Il est nécessaire qu'elles redoublent leur attention quand ces laines sont destinées à faire des draps écarlates, c'est-à-dire, en blanc pour écarlate ; car quand même le brin de laine seroit fin, pour peu qu'il fût d'un blanc différent, il faudroit l'ôter, autrement cette laine causeroit des barres dans le drap mis en teinture *.

* Tout ce que je dis ici de ce qui se pratique à Louviers, je le rapporte d'après M. Louis Pieton, Fabricant de Louviers, qui a bien voulu m'aider de ses lumieres.

DIGRESSION *sur la différence qu'il y a entre une Laine peignée & une Laine cardée.*

AVANT de filer la laine, il est nécessaire de la peigner ou de la carder. Ce sont deux travaux différents qui ont aussi deux objets distincts : le premier regarde les Sergetteries, le second, les Draperies.

On peigne la laine pour en tirer l'*étain* dont on fait les étamines, les serges & autres étoffes à deux étains : comme le mérite de ces étoffes consiste à montrer une belle corde & bien unie, il faut un fil qui ait ces deux qualités. On fait encore d'autres petites étoffes qui ne doivent pas montrer la corde, & qui cependant doivent être légeres, telles que les Marocs, Dauphines & autres : la chaîne de celles-ci est de laine peignée, & la trame de laine cardée & filée au grand tour.

Par le travail du peigne, la laine n'est pas brisée, elle est seulement démêlée ; les poils en sont rangés & couchés de leur longueur les uns près des autres, dans les intervalles des dents du peigne. La perfection de cette opération est que la laine qui fait l'étain, soit bien séparée d'une laine courte, grossiere & *jareuse*, appellée *Peignon*, qui reste dans les dents du peigne : ces peignons, avec d'autres laines, s'emploient dans la trame des étoffes les plus grossieres.

Les barres de l'étain doivent être bien nettoyées des petits *matons* restés de la laine morte. On peigne deux fois l'étain blanc pour le bien affiner ; & trois fois quand ce sont des couleurs mêlées, pour les fondre ensemble & les nettoyer parfaitemement.

La préparation qu'on donne ainsi à la laine, procure le moyen d'avoir un fil très-fin, très-lisse & très-uni ; & comme elle est filée au petit rouet ou au fuseau, le tors qu'elle y reçoit, & la quantité des fils dont les chaînes de ces étoffes sont remplies, sont suffisants pour les faire durer, sans qu'elles aient besoin d'être feutrées par le foulon.

Il n'en est pas de même de la laine destinée à faire des draps, dont le principal mérite consiste dans un feutre bien lié & qui puisse être perfectionné par les derniers apprêts, sans découvrir la corde. Pour avoir ce feutre, il faut que la laine soit un peu brisée, à quoi la carde est plus propre que le peigne, parce que les dents en sont plus serrées & en bien plus grand nombre. Ce léger brisage multiplie les poils de la laine, rend les fils plus hérissés & plus velus, & par conséquent plus disposés à se lier & à se condenser les uns avec les autres par l'opération du Foulon ; c'est en quoi consiste la perfection du feutre, qui est l'objet qu'on se propose, en faisant carder la laine. Il est aisé de conclure delà que le cardage à la grande & à la petite carde, sont les opérations les plus importantes de la Fabrique de draps. En effet, une laine bien cardée se file mieux, & cause moins de déchet; le drap ſe tiſſe mieux; le foulage eſt plus facile, plus parfait, & les apprêts ſont plus beaux.

Des Cardes.

POUR qu'une laine ſoit bien cardée, il faut avoir de bonnes cardes. Il y en a de pluſieurs ſortes, diſtinguées par le nombre de leurs dents & la groſſeur du fil de fer dont elles ſont faites. Cette groſſeur eſt graduée depuis le numéro 1 juſqu'au n° 7, qui eſt le plus fin. On donne différents noms à ces cardes, ou *Drouſſettes*, comme on les appelle dans pluſieurs Manufactures.

Suivant les différents travaux qu'on donne à la laine, elles doivent être plus ou moins garnies de dents, faites avec du fil de fer plus gros ou plus fin, relativement à leur deſtination. Les premieres qui s'appellent *Plaquereſſes*, ſont moins garnies de dents: celles du ſecond travail en ont plus, & le fil de fer eſt plus fin que celui des premieres; elles ſe nomment *Etoquereſſes*: celles du troiſieme travail, *Repaſſereſſes*; & comme elles ſervent à affiner la laine, le nombre des dents en eſt encore plus grand & le fil de fer plus fin. On conçoit la raiſon de ces différences: il eſt ſenſible qu'une laine qui n'a pas été travaillée étant dans toute ſa force, les cardes qu'on emploie à ce premier travail doivent avoir moins de rangs de dents, & le fer en doit être plus fort que celui des cardes qui font le ſecond travail, la laine ayant alors plus de diſpoſition à ſe carder. Il en eſt de même d'une laine fine par comparaiſon à une plus commune.

Les cardes étant un outil de grande conſéquence, il eſt bon d'entrer dans quelques détails ſur la maniere dont elles doivent être faites pour rendre un bon ſervice (a).

Comme les cardes de Hollande paſſent pour être mieux conſtruites que celles de France, ce ſont leurs proportions qu'on ſuivra dans ce détail (b).

Le fût des grandes cardes ou *Drouſſettes* (*Pl. III. fig.* 4), doit avoir dix à onze pouces de longueur ſur ſix pouces de largeur; le talon ou poignée de ces fûts a trois quarts de pouce d'épaiſſeur, & un quart de pouce au bas ou à la pince: il eſt important que les fûts ſoient faits de bois ſec & pris dans la demi-largeur d'une planche, pour qu'ils ſe tourmentent moins.

Le côté ſur lequel le cuir eſt attaché, doit être un peu convexe ou bombé,

(a) Par exemple, pour *plaquer* les laines communes, on emploie du fil n°s 2 & 3; & pour *plaquer* les laines fines, on fait les cardes avec du fil, n° 3 ou 4; pour *étoquer* les laines fines, ou pour repaſſer les communes, les cardes ſont garnies de fil, n° 5; & pour repaſſer les laines fines, de fil, n°s 6 & 7. Le nombre des dents varie ſuivant la groſſeur du fil qu'on emploie & la fineſſe de la laine qu'on a à travailler: pour plaquer, depuis quarante dents à chaque rang juſqu'à cinquante, & pour repaſſer, depuis cinquante juſqu'à ſoixante: le nombre des rangs eſt depuis ſoixante juſqu'à quatre-vingt. Il faut que le Cardier ſe conforme à l'intention du Fabricant, car tout ceci n'eſt qu'une ſuppoſition.

(b) On en fait à Sedan qui valent mieux que les Hollandoiſes; elles ſont montées ſur une peau ou cuir qui s'applique ſur une planche, qu'on nomme le *Fût*: le manche eſt du côté du talon.

du talon à la pince. La raiſon de cet arrondiſſement qu'on remarque aux cardes de Hollande, eſt qu'un fût un peu convexe du côté où le cuir eſt attaché, ne peut devenir creux de ce côté : par ce moyen le cuir dans lequel les dents ſont paſſées, reſte toujours tendu, les dents ne peuvent changer de ſituation; au lieu que le fût des cardes de France étant plat, la moindre humidité le rend creux en dedans, c'eſt-à-dire, du côté où le cuir eſt attaché, qui ſe lâche alors, c'eſt-à-dire, en terme de Fabrique, qui ſe *bouffe*, & par conſéquent n'étant plus exactement tendu, la carde ne peut plus ſervir : en ce cas, pour ne point perdre la carde, l'Ouvrier démonte les bords de ce cuir tenu par des broquettes, il le tend plus ferme, moyennant quoi la carde peut encore rendre quelque ſervice.

Les Cardiers ne devroient employer, pour paſſer les dents des cardes, que des peaux de veau bien tannées, d'une force proportionnée aux eſpeces de cardes auxquelles on les deſtine, & jamais des peaux de mouton, nommées *baſanes*, parce qu'elles ſont trop foibles & ne réſiſtent pas au travail. Celles de veau ont plus de force; elles donnent un jeu & un reſſort à la carde qui rend les fils nageants, ce qui eſt très-avantageux pour bien démêler la laine.

Les Cardiers à qui les peaux de mouton coûtent moins, ſuppléent à la force qui leur manque, en y collant des feuilles de papier les unes ſur les autres, ce qui ne vaut rien, parce que ces cardes n'ayant d'autre ſolidité que celle que ce papier leur donne, cette ſolidité ſe détruit au travail par l'huile dont elles ſont toujours imbibées, de ſorte qu'elles ne durent pas longtemps.

Le crochet des dents de toutes les grandes cardes, doit être placé à un tiers de la pointe de la dent; les deux autres tiers font la longueur de la jambe. On a coutume dans pluſieurs Manufactures, de faire le crochet de la dent à une égale diſtance du pied & de la pointe, ce qui eſt un défaut; parce que le crochet ſe trouvant au milieu, on n'y peut mettre que peu de bourre, & par conſéquent il y entre plus de laine qui ne ſe démêle pas ſi bien; d'ailleurs, un long crochet ſe redreſſe au moindre effort, & alors il n'eſt plus en état de carder la laine, il ne fait que la rouler.

Il n'en eſt pas de même quand le crochet eſt près de la pointe de la dent, parce qu'étant plus court, il ſe releve plus difficilement, & la carde rend plus de ſervice; un crochet court a plus de force & carde mieux la laine; enfin, plus le crochet eſt près de la pointe de la dent, plus la jambe eſt longue, plus il faut mettre de bourre dans la carde, & moins on y peut mettre de laine, qui ſe carde alors bien mieux, & les couleurs du mélange ſe fondent plus parfaitement les unes avec les autres.

A l'égard des petites cardes, on les diſtingue en cardes pour la chaîne, & en cardes pour la trame. Leur longueur eſt de dix pouces : celles pour la chaîne ont deux pouces & demi de largeur ; celles pour la trame trois pouces ; leurs fûts sont plats des deux côtés.

La raison de cette différence de largeur dans les cardes, est que la chaîne devant être filée plus fine que la trame, il faut que les *volets* ou *ploquettes* dont les fileuses de chaîne ont besoin, soient plus déliés, & qu'il y ait moins de laine qu'à ceux de la trame ; par conséquent ces cardes doivent être moins larges.

Quant au crochet de ces petites cardes, il doit être à peu-près au milieu de la dent, attendu que ces cardes étant faites pour travailler sur les genoux, elles seroient trop difficiles à conduire, si le crochet étoit aussi court que celui des grandes cardes ou droussettes, dont l'une est attachée sur un chevalet, pendant que le Drousseur conduit l'autre à deux mains ; d'ailleurs, comme elles sont à proportion garnies d'un plus grand nombre de dents que les grandes cardes, lorsque la laine a déja été travaillée par ces dernieres, les inconvénients des longs crochets ne sont pas à craindre.

Les Cardiers doivent avoir grande attention à ce que l'instrument qui sert à doubler les dents, soit fait de façon qu'on n'en puisse doubler qu'un rang à la fois, & non plusieurs, comme ils font quelquefois pour aller plus vîte, attendu qu'en doublant plusieurs rangs de file à la fois, celui de dessous est moins large que celui de dessus, ce qui rend les dents d'une longueur inégale : par la même raison, on ne doit crocher qu'une ou deux dents à la fois.

Toutes les cardes doivent être bien *habillées à la pierre*, pour faire sauter toutes les dents de fer aigre & cassant, de même que celles qui sont fendues par la pointe, qu'il faut remplacer par d'autres. Ce travail sert encore à aiguiser la pointe & à en ôter le morfil que les ciseaux ont fait en les coupant ; enfin il faut rétablir les crochets des dents qui ont pu se redresser en faisant la carde.

C'est un défaut, tant aux droussettes qu'aux cardes, d'avoir quelques files qui excedent les autres de hauteur ; on les appelle des *Cavaliers* ; ce défaut empêche toutes les dents de *cadencer* également.

Les cardes, soit grandes, dites *Droussettes*, soit les petites, dites *Cardes*, ne doivent être ouvertes ni fermées ; c'est-à-dire, que les dents doivent être à une égale distance les unes des autres. Pour cet effet, il faut séparer les lignes avec le *Refendoir* pour les bien espacer ; il faut aussi redresser les dents qui se sont écartées de leur ligne, avec le *Dressoir*, afin que le tout soit bien rangé & d'une égale hauteur.

On appelle *Cardes ouvertes* ou *fermées*, quand, de deux en deux lignes, les dents se touchent ou laissent entr'elles de grands espaces vuides, dans lesquels la laine reste sans être travaillée, ou, comme l'on dit, *tranchante*. Les laines travaillées dans toutes leurs parties font l'ouvrage le plus transparent : cette attention eſt, ſur-tout, importante pour les draps mélangés ; ainſi les cardes pour les laines des draps mêlés doivent être plus parfaites que celles pour les draps blancs. Ce défaut qui eſt ordinaire aux cardes communes, ne ſe trouve point dans celles de Hollande. Les Anglois font encore mieux leurs cardes à repaſſer ; les dents y ſont poſées en échiquier, & par ce moyen il n'y a aucun poil dans la laine qui ne ſoit travaillé ; ce qui rend leurs draps gris-de-fer, beaucoup mieux mélangés que les draps communs de France.

Beaucoup de Fabricants ſe ſervent de cardes, façon de Hollande ; comme elles ſont un peu plus larges que les autres, il ſeroit dangereux de les donner indiſtinctement à toutes ſortes d'Ouvriers ; car s'ils les chargeoient trop, la laine ne ſeroit pas également fendue, & il ſe formeroit, ce qu'on nomme des *Talons* : ce terme ſera expliqué.

On ſe ſert en Normandie de trois ſortes de grandes cardes pour les draps de couleur qui ſont beaucoup mélangés. Nous avons dit que les premieres ſont nommées *Plaquereſſes* ; elles ont dix à onze pouces de longueur ſur ſix de largeur : les ſecondes, dites *Etoquereſſes*, ont huit pouces & demi de long ſur cinq de large, & ſont compoſées de ſoixante rangs de pointes doubles ſur leur longueur, d'un fil plus fin que celui des Plaquereſſes ; elles ont trente-ſix rangs de pointes ſimples ſur leur largeur : les dernieres qu'on appelle *Repaſſereſſes*, ſont de même largeur que celles à *étoquer* ; mais elles ont ſoixante-dix rangs de pointes doubles de fil encore plus fin. Avec la Plaquereſſe on fait 45 à 50 cardées à la livre ; avec l'Etoquereſſe on en fait 75 à 80, & avec la Repaſſereſſe cent à cent dix.

Pour les laines des draps ſans mélange, on ne fait uſage que de deux cardes, qui ſont les Plaquereſſes & les Repaſſereſſes ; dans ce cas il eſt bon de donner quatre tours de placage.

Dans quelques Manufactures où l'on ne fait que des draps blancs communs, on ne ſe ſert ſouvent que d'une ſeule ſorte de grandes cardes, & une de petites, ce qui ne diviſe pas aſſez la laine pour être bien filée.

A Carcaſſonne, on paſſe la laine, avant de la graiſſer, ſur une ſorte de *Drouſſette*, qu'on nomme *Scardaſſe* : l'intention eſt d'ouvrir la laine ; mais il y a à craindre que, par cette opération, on ne la rompe ; cependant les Anglois ſuivent cette pratique ; mais on dit que leurs *Scardaſſes* ſont beaucoup plus douces que celles de Carcaſſonne.

Pour les draps de grand mélange, tels que les gris-de-fer, les gris argentés de toutes les nuances, de toutes les couleurs, où le mélange eſt tranché en rouge vif, en aurore, &c, toutes les laines qui ſont teintes dans les couleurs qui doivent former ces mélanges, ſont travaillées à peu-près comme en France, ſur trois différentes cardes de plus en plus fines ; mais enſuite on les travaille encore avec des cardes très-fines, faites avec du fil de fer ſi fin & ſi ſerré, que les mélanges ſe fondent admirablement bien : c'eſt particuliérement à cette eſpece de carde, que les Anglois ſont redevables de la perfection de leurs draperies en couleurs mélangées.

On ne ſe ſert point trop long-temps de ces cardes : quand elles ſont à moitié uſées, on les raccommode pour ſervir à des laines plus communes.

En général, les cardes des Anglois ſont plus parfaites que la plupart des nôtres : ils emploient des peaux de veau d'un an qu'ils font tanner exprès; & ces peaux qui ſont fortes, ſont ſeulement clouées tout autour de la monture, ſans y être collées, ce qui donne un reſſort très-avantageux; car la laine, au lieu de ſe rompre, ſe démêle, & les dents reviennent d'elles-mêmes à leur place.

Les dents, pour les petites cardes, ſont très-ſerrées, rangées en diagonale, & d'un fil très-fin.

Pour faire les meilleures cardes d'Angleterre, on tire d'Oxfort le fil groſſiérement trait; on le décape dans une eau aigre pour l'éclaircir; on le paſſe à la filiere pour lui donner le degré de fineſſe convenable : on en fait de dix à douze groſſeurs différentes, & chacune eſt affectée à une eſpece de carde : ces fils ſont doux & ne rompent point, & néanmoins ils ſont élaſtiques; ils ne ſe fendent point en deux, comme cela arrive aux cardes faites ſans précaution.

Toutes ces attentions augmentent néceſſairement le prix de ces cardes; mais auſſi elles ſont d'un très-bon ſervice. Nous avons en France des Cardiers qui les exécutent très-bien; ils les font payer plus cher que d'autres, & avec raiſon.

Un Maître Serrurier de Paris, nommé *Chopitet*, a inventé une machine fort ingénieuſe pour percer les cardes avec une préciſion & une régularité parfaite.

Nous n'avons parlé ici des cardes, qu'autant qu'il convient pour l'inſtruction des Drapiers; car nous nous propoſons de donner un mémoire particulier ſur l'Art du *Cardier*.

Graiſſer ou enſimer & drouſſer *la Laine.*

LORSQUE les laines ont été exactement *pluſées*, on les paſſe à la groſſe carde ou drouſſette; & pour faciliter cette opération, on graiſſe la laine, c'eſt-à-dire, qu'on l'imbibe d'une certaine quantité d'huile qui la rend ſoyeuſe, douce & aiſée à carder, parce qu'alors elle peut être tirée ſans ſe rompre; on emploie ordinairement, pour quatre livres de laine, une livre d'huile d'olive; quelques-uns prétendent que quatorze onces ſuffiſent quand la laine eſt plus commune; & qu'une trop grande quantité d'huile la feroit tourner en *poux*, c'eſt-à-dire, qu'il s'y formeroit de petits nœuds; d'autres mettent une livre d'huile ſur 8 livres de laine quand on la deſtine pour la chaîne, & le double, pour la laine qu'on deſtine à faire la trame; parce que, diſent-ils, la chaîne doit être filée un peu torſe; & que devant être collée, elle ne pourroit prendre assez de colle si elle étoit trop chargée d'huile, & qu'il n'en est pas de même de la trame qui doit être filée plus gros, moins torse, & rester mollette ou veule.

Ces raisons ne sont point admises dans toutes les Fabriques: il y en a qui prétendent que si on charge d'un peu plus d'huile un fil, ce doit être pour la chaîne, parce qu'il faut tirer au fin ; mais ils pensent que, sauf l'opposition de l'Ouvrier quand il est question de changer sa pratique ordinaire, rien n'est plus facile à filer que la trame, qui ne demande, en terme de Fabrique, que d'être *endormie*, c'est-à-dire, extrêmement douce. C'est donc mal-à-propos qu'on doubleroit la dose d'huile à la laine destinée pour la trame ; ce seroit surcharger le drap en toile, d'une graisse inutile, & préparer plus de travail au Foulon chargé de faire le dégraissage, vu qu'en insistant à faire partir sa graisse, le drap acquiert de la foule, & l'*Epinçage* en devient plus dur, outre que les Ouvriers sont forcés de faire des jours au drap ; ce qui est un défaut considérable. Enfin ils ajoutent que plus la laine est grasse, plus elle est matte, c'est-à-dire, lourde. On voit par-là que les sentiments sont partagés : nous nous contentons d'avoir exposé les différents sentiments sans prétendre décider la question ; mais il convient d'augmenter un peu la quantité de l'huile dans les grandes chaleurs de l'été, parce que la laine est sujette à *déchoir* & *s'éclater*. Expliquons en détail cette opération.

On étend dans une espece d'auge de bois *A* (*Planche III. fig.* 1), qu'on nomme *Bacq* ou *Graissoir*, la laine sur laquelle l'Ouvrier en s'inclinant, fait filer l'huile par l'extrémité de ses doigts qu'il a trempés dans un petit vase rempli d'huile (ici les doigts servent de goupillon). Dans les bonnes Fabriques, on emploie ordinairement de l'huile d'olive qu'on tire de Séville ; elle est plus grasse & moins chere que celle de Provence ; néanmoins il faut la choisir claire, transparente, *lampante*, comme disent les Ouvriers, & sans odeur : les huiles de graines siccatices qu'emploient les Peintres, ne valent rien pour cette opération, parce qu'elles font *enquicher* le fil lorsqu'on le garde quelque temps, qu'elles se sechent, se durcissent, & que le Foulonnier ne peut les emporter : plus il y a d'huile dans le fil, sur-tout dans celui de la trame, plus elle est sujette à *s'enquicher*. Quand on a répandu la moitié de l'huile, on retourne la laine avec une fourche de bois pour qu'elle soit exactement graissée ; puis on répand le reste de l'huile, & on retourne encore la laine.

Si la laine est blanche, on y met à peu près la quantité d'huile qu'on vient d'indiquer ; mais quand elle est teinte, il faut y en mettre un peu plus.

Lorsque la laine a été bien pénétrée, ou, comme l'on dit, *encimée* d'huile, l'Ouvrier la met par petites parties sur son genou, & il la tire par trois reprises : cette opération qui démêle un peu la laine, la met en état d'être *droussée*.

Drousser, n'est autre chose que carder en long, & démêler la laine avec de de grosses cardes (*Fig.* 4), qu'on nomme *Drouſſettes.* Elles ont dix pouces de largeur ſur cinq pouces & demi de hauteur. Les fils de fer qui forment les rangs de dents doivent être fins, & porter dix lignes de longueur, y compris le croc qui eſt de trois lignes; l'une de ces drouſſetes eſt attachée ſur un chevalet avec des crampons *a* (*Fig.* 5), & l'autre eſt entre les mains de l'Ouvrier qui la fait agir ſur la premiere (*Fig.* 7), obſervant de tirer cette ſeconde carde en ligne droite de haut en bas, afin de carder tous les durillons ſans déchirer la laine; c'eſt pour cette raiſon que les fils de fer doivent être fins, ſerrés & compoſés de 42 rangs doubles ſur la largeur, & de 52 ſur la hauteur: de plus, ces drouſſettes doivent être rembourrées de *Noppe* ou bourre entaſſée bien également juſqu'à la naiſſance des crocs: pour les mettre en train, lorſqu'elles ſont neuves, on graiſſe une poignée de laine ou de bourre tontiſſe avec beaucoup d'huile, & on la travaille. Cette huile entaſſe, & colle en quelque ſorte la noppe ou bourre, ce qui l'aſſujettit dans la drouſſette. Cet article eſt important; car des drouſſettes ou cardes *enfrayées* avec attention, font 10 à 15 peſées de plus que d'autres qui n'auroient pas été bien garnies de bourre.

La premiere livre de laine qu'on carde avec des drouſſettes neuves, ſe nomme *monture* ou *enfrayure* de drouſſettes; elle doit être miſe à part, parce qu'elle eſt trop graſſe & trop rompue; cependant pour ne la pas perdre, on la diſtribue par petites parcelles dans celle qui ſe travaille après.

Quand, en terme de Fabrique, on *enfraye* une paire de drouſſettes, le Drouſſeur doit obſerver de tirer doucement les premiers traits qu'il fait en commençant avec des drouſſettes neuves, parce que s'il bruſquoit ces premiers traits, il déferoit par ce mouvement ce qu'il prétend faire, je veux dire qu'il débourroit ſon outil, rendroit les fils de fer trop-tôt *nageants,* enſorte qu'ils ne feroient preſque point de ſervice au Fabricant. La premiere peſée d'*enfrayure* s'emploie ordinairement pour la trame.

Lorſque la drouſſette n'eſt point rembourrée aſſez haut, le deſſus des drouſſées ſe trouve, comme l'on dit, *paré*; mais le deſſous reſte *grêleux.*

Quand les drouſſettes ſont en état, le Drouſſeur (*Fig.* 2), ſe met jambe deçà, jambe delà, ſur ſon chevalet *B* (*Fig.* 5, 6, 7, 8,) qu'on nomme quelquefois pour cette raiſon un *Baudet*, qui eſt garni d'un métier *D* (*Fig.* 5, 7, 8:) le corps de ce métier eſt rempli de laine graiſſée. Dans cette poſture, l'Ouvrier prend une poignée de laine, & la frottant ſur la drouſſette immobile, elle s'y attache; quand il y en a trop, il en retranche; enſuite il poſe la drouſſette mobile ſur la laine, la tire en deſcendant & en appuyant; il répete cela cinq à ſix fois; enſuite il leve la laine attachée à la drouſſette mobile, en rabattant de la main gauche celle qui déborde par les deux côtés, il la retourne & lui donne neuf à dix coups; il la retourne encore pour une troiſieme fois, & lui donne autant de coups de drouſſette qu'il en faut pour rendre la cardée *unie* & *effacée*; ce qui n'arrive souvent qu'après avoir répété quatre fois cette opération.

D'une livre de laine huilée, le Drousseur fait 40 & même 50 cardées au moins. A chaque fois que cet Ouvrier retourne la laine, il doit avoir soin de bien refendre par moitié le feuillet d'en haut, & d'éviter les *barrures*; il doit aussi poser les droussettes exactement l'une sur l'autre, & faire attention que l'une ne surmonte pas l'autre, afin que la bordure de la droussée ne fasse point de bourrelet, ou, comme on dit, de *talons* trop épais, qui s'amassent au bas des cardes; car cette laine qui n'est pas exactement démêlée, est plus difficile à carder sur le genou, & à bien filer.

Il ne doit charger la droussette à chaque fois, que d'un quart d'once de laine grasse, si elle est belle; mais si elle étoit d'une qualité inférieure, il peut charger la droussette d'un tiers d'once, parce qu'étant plus pesante que l'autre, elle ne fait pas un plus gros volume.

Pour que la laine soit bien droussée, il faut qu'elle soit démêlée, peignée à fond; que les feuillets de la droussée soient transparents des deux côtés, sur-tout, si c'est de la laine blanche, qu'ils forment de petits sillons arrangés les uns près des autres sans faire de *matons*; que la bordure d'en haut, dite le *Talon*, ne soit point grosse; qu'il y ait au bas de la cardée une barbe qu'on nomme *Soie*, & qui aide beaucoup à faire de beau fil. Pour faire cette soie, il faut bien tirer en long; & pour éviter le talon, on doit avoir attention de couper net sa cardée.

Le Drousseur observera que quand il y a des *gras* ou *coromps* de trame, il doit les mélanger & les bien confondre dans le reste de sa laine, afin qu'il ne s'en trouve pas plus dans un endroit que dans un autre.

Cet Ouvrier peut, avec la même paire de droussettes, façonner deux cens livres de laine huilée. Les laines imparfaites sont réformées & vendues aux Fileurs de chaîne de lisieres: on peut en retirer à peu-près le tiers du prix qu'elles ont coûté: souvent ce sont les Fileurs de chaîne qui graissent & droussent la laine qu'ils doivent filer.

Digression sur le Mélange.

NOUS avons dit ci-devant que, dans certaines Fabriques, on fait tous les draps, blancs ou de la couleur naturelle de la laine & sans être teinte; que d'autres font leurs draps de couleurs mêlées, & qu'alors les laines sont teintes de différentes couleurs, & tellement fondues ensemble, qu'elles forment, par leur union, une couleur qui participe de celles qui font le mélange; que d'autres font des couleurs pleines; & qu'alors la laine, soit de la chaîne, soit de la trame, est teinte d'une seule & même couleur; que quelquefois la laine de la chaîne est entiérement d'une même couleur, & que celle de la trame eſt d'une autre : enfin que, quant aux draps faits de couleurs pleines, on pouvoit indifféremment teindre la laine en bourre, ou lorſqu'elle eſt filée.

Comme les étoffes pleines ſe teignent ſouvent en pieces & aſſez rarement en laine, nous allons parler des étoffes mêlées qui ſont d'un uſage plus commun, & qui exigent des attentions particulieres.

Les draps de couleur gris-d'épine, gris-de-perle, marron & café, ſont faits avec des laines teintes en différentes couleurs, mêlées les unes avec les autres pour en former, ſoit une eſpece de jaſpé, ſoit une couleur uniforme: dans ce dernier cas, il faut que le mélange ſoit ſi intime, que le tout paroiſſe être une couleur pleine ; dans l'autre cas, le mélange doit être uniforme, afin que le jaſpé ſoit le même par-tout. Les Fabricants, par le mélange de différentes couleurs, produiſent des teintes nouvelles qui augmentent le débit de leurs draps, quand elles ſe trouvent d'un goût nouveau qui plaît au Public ; c'eſt par cette raiſon que les Fabricants tentent le mélange des laines teintes, de même que les Peintres tentent le mélange des couleurs ſur leur palette ; pour cet effet, ils mêlent & cardent des laines de différentes couleurs, en variant la quantité de chacune, ils feutrent dans leurs mains ces laines mêlées juſqu'à ce qu'ils aient réuſſi à trouver une couleur agréable, & ils ſuivent, en travaillant en grand, le même mélange de l'eſſai qu'ils ont fait en petit.

Quand ils ont fixé par leurs eſſais l'eſpece, le nombre & la quantité de chaque couleur, il s'agit de faire les mélanges. On ſuit pour cela différentes pratiques : les uns mêlent les laines avant qu'elles ſoient drouſſées & peignées ; d'autres commencent par drouſſer ſéparément chaque couleur, & il eſt certain que cette opération diſpoſe la laine à être mêlée plus exactement. Quand on ne met dans chaque cardée qu'un petit lopin de mélange, il eſt ſans contredit que, pour le diſtribuer également, il eſt néceſſaire que ce mélange ait été cardé auparavant. Quelques-uns voudroient, pour éviter de briſer les filaments laineux, qu'on peignât les laines au lieu de les drouſſer : cela pourroit paroître bon pour les fils de chaîne ; mais je crois appercevoir qu'il y auroit de l'inconvénient à ſuivre cette pratique : 1°, parce que les laines peignées ne peuvent ſe filer qu'au fuſeau, opération très-diſpendieuſe ; 2°, parce qu'en peignant les laines, on retire la plus haute, c'eſt-à-dire, la plus longue ; & il me paroît que pour faire un bon *feutrage*, il faut qu'il reſte de la laine courte avec la longue, pour que la chaîne ſe marie mieux avec la trame ; 3°, c'eſt pour ces raiſons qu'on n'emploie les fils de la laine peignée, que pour les étoffes raſes qu'on ne foule point ou preſque point ; mais indépendamment de toutes ces raiſons, la méthode de peigner les laines ne peut être avantageuſe pour le fil de trame, non-ſeulement parce que la laine bien cardée, doit ſe mêler plus intimement que celle qui eſt peignée, mais encore parcequ'en peignant, on sépare la laine longue de la courte, & que pour le fil de la trame, sur-tout, il semble avantageux que les deux laines soient mêlées ensemble ; cependant on peut dire, généralement parlant, que la trame est faite pour couvrir les draps fins ou communs, & même les serges, quoique bien imparfaitement à la vérité, n'étant point destinées pour la plupart, ni à être foulées, ni à être lainées; or c'est toujours la trame, telle qu'elle soit, qui couvre le drap, & jamais la chaîne ; c'est même un défaut qu'elle soit attaquée par le chardon ; c'est dans la vue de l'éviter, que l'une est torse pour soutenir le corps du drap, & l'autre douce pour couvrir la chaîne, ce que l'on appelle *feutré*, & en terme de fabrique, *garnie*; c'est pourquoi la laine pour la trame est toujours assez longue, pourvu qu'elle soit tirée de celle qui forme la chaîne ; & il sera vrai de dire que la bonne chaîne fait le bon drap, comme la belle trame fait le beau drap. C'est aux habiles Fabricants à se décider ; il nous suffit d'avoir fait appercevoir en gros qu'on peut avoir des raisons pour varier ces pratiques. Je reviens aux mélanges des laines teintes. On suit dans les différentes Manufactures des méthodes qui leur sont particulieres, pour mêler les laines de différentes couleurs, lorsqu'elles ont été bien droussées & cardées.

Dans plusieurs Fabriques, trois, quatre, six ou un plus grand nombre de femmes, prennent dans leur tablier chacune une couleur de laine, bien entendu que plusieurs femmes prennent de la même couleur quand elle doit être répandue en plus grande quantité que les autres. Ces femmes tournant sur la circonférence d'un cercle qu'elles décrivent sur l'aire du plancher, elles jettent en marchant de petites pincées de la laine dont elles sont chargées ; au centre de ce cercle, est un Ouvrier qui regle la marche de ces femmes & la quantité de laine qu'elles doivent jetter ; il a à la main une baguette avec laquelle il éparpille les flocons qui lui paroissent trop gros. Au reste, le nombre des femmes est fixé par le nombre des sortes de laines dont le mélange doit être formé, & la quantité de chacune ; si, par exemple, l'on veut composer un mélange par l'addition d'une seule couleur, comme du rouge, à la quantité d'un tiers, on n'emploie que trois femmes ; la premiere & la troisieme se chargent de la couleur principale, qu'on suppose être un café ; elles en jettent une certaine quantité, & la seconde qui marche entre les deux autres, répand le rouge. Quand on n'emploie, comme cela se pratique ordinairement, cette couleur rouge, que sur le pied d'un ou deux pour cent ; la femme qui porte cette couleur, n'en jette que de très-petites parcelles. Si l'on travaille un mélange où l'on ajoute deux couleurs à la principale, on emploie cinq ou sept femmes, suivant qu'on ajoute une moindre ou une plus grande quantité de chaque couleur à la premiere. Deux ou trois de ces femmes répandent la couleur principale; les autres, celles du mélange, dans la proportion qui leur est prescrite. Elles doivent jetter un certain nombre de

pincées

pincées à chaque révolution : il faut un peu de temps pour les ſtiler à ce travail qui doit s'exécuter avec beaucoup d'ordre ; le mélange alors imparfait, deviendra plus intime par les préparations qu'on donnera à la laine avant de la filer ; & cette méthode eſt ſuffiſamment bonne pour les étoffes où l'on deſire voir un peu de jaſpé. Mais quand on veut que les couleurs ſoient mieux fondues, on ramaſſe cette laine ; on en fait des paquets très-ſerrés ; puis un Ouvrier ſe mettant à genou ſur un de ces paquets, il en tire la laine par petites pincées qu'il jette devant lui comme s'il plumoit une volaille ; il a encore l'attention d'éparpiller toutes les parties où il ſe rencontre trop de laine d'une même couleur ; enſuite il mêle encore les laines ſur les drouſſettes, ayant toujours l'attention d'éparpiller les petits paquets de laine qui ne ſe trouvent pas bien mêlés.

Quelques Fabricants font tout leur mélange ſur les drouſſettes : quand le Drouſſeur a mis ſur la drouſſette, par exemple, un quart d'once de la laine principale, il répand pardeſſus des petits flocons de laine rouge, bleue, &c ; & afin que ces flocons ſoient employés dans une proportion convenable & uniforme, on diviſe la quantité qu'on lui en remet pour cent livres de laine huilée, en quarante parties égales, ou en un plus grand nombre, ſuivant le poids de chaque cardée. Pour que ce mélange ſoit parfait, on ne peut ſe diſpenſer de redrouſſer pluſieurs fois les laines teintes, comme nous allons l'expliquer.

Si l'on veut que les petits flocons ſoient bien diſtribués par ce plocage, il eſt à propos de donner quatre façons ou quatre tours.

Il faut ſur-tout mêler à pluſieurs fois, lorſque ce ſont des couleurs extrêmement mélangées, telles que les gris-de-fer, gris-d'épine, &c : à l'égard de la laine où il ne doit y avoir qu'un petit mélange, on *l'encime* à part pour la carder ſeule, & en faire enſuite de petits flocons qu'on diſtribue également dans chaque cardée du *plocage* ; mais on donne quatre façons ou *travaux* aux couleurs de fort mélange, tant à la chaîne qu'à la trame : s'il n'y a que la trame qui doive être mélangée, on ne travaille que celle-là, & on lui donne les quatre façons dont nous avons parlé ; ſavoir, le *plocage*, *l'étocage* & deux *repaſſages* ; on ne donne à la chaîne que le *plocage* & tout au plus le *repaſſage* ; on ne donne de même qu'une ou deux façons tant à la chaîne qu'à la trame, quand il ne doit point y avoir de mélange.

Le Drouſſeur doit travailler toute la laine au *plocage* avant d'*étoquer*, & finir l'*étocage* avant de repaſſer.

Entre chaque travail, il doit rompre la laine par flocons, afin que le mélange en devienne plus parfait & que les couleurs ſoient mêlées uniformément. Cette regle eſt pour la chaîne comme pour la trame, quand l'une & l'autre ſont de laines mêlées : au reſte, il faut donner quatre tours à chaque droussée, & avoir l'attention de ne pas mettre trop de laine dans les drousſettes, afin que les couleurs ſe mêlent mieux.

On voit que pour le parfait mélange des laines teintes, on ne peut ſe diſpenſer de beaucoup drouſſer & carder; cependant il faut faire enſorte de ne pas rompre la laine, ſur-tout pour le fil de chaîne; c'eſt pour cela que quelques Fabricants évitent de faire de forts mélanges pour la chaîne. Si, par exemple, dans une couleur de café, ils mettent dix ſur cent de laine rouge; pour celle qui doit faire le fil de trame, ils ne mettent que cinq ſur cent dans celle qui doit faire le fil de la chaîne; moyennant cette attention, ils ne fatiguent pas tant la laine qui doit faire la chaîne, & le mélange fait tout ſon effet dans la trame. Mais comme on ne peut ſe diſpenſer de carder beaucoup la laine pour la trame, tout ce qu'on peut faire pour la ménager, eſt d'employer des cardes très-fines & fort ſerrées.

Les Fabricants ne ſont pas d'accord ſur un point important: les uns prétendent que la laine qui n'a éprouvé que deux drouſſages, ſe file mieux que celle qui, pour en avoir éprouvé un plus grand nombre, ſe trouve rompue: d'autres ſoutiennent que la laine ſe file d'autant mieux, qu'elle a éprouvé plus de façons; &, en conſéquence, ils la font ſucceſſivement paſſer ſur quatre drouſſettes. Il ſembleroit dangereux de trop fatiguer la laine; mais auſſi il faut l'ouvrir ſuffiſamment pour qu'il n'y reſte point de flocons compacts ou ſerrés. En général, pour qu'une laine ſe file bien, il faut qu'elle ſoit bien drouſſée; mais il faut éviter l'excès; il n'y a point de regle ſans exception: une laine d'une certaine eſpece peut être trop fatiguée par les opérations, que telle autre pourroit ſupporter. On expérimente tous les jours qu'un outil trop uſé eſt préjudiciable au travail, parce que l'Ouvrier ſe trouve obligé d'augmenter les traits de drouſſettes, ce qui rend la laine écourtée & preſque point barbue; ou, ſelon le terme uſité, elle a *perdu ſa ſoie.*

En général, on peut dire qu'il eſt toujours avantageux que le mélange de la chaîne ſoit égal à celui de la trame, pour éviter certaines ombres ou *briſages* qui ſe remarquent dans le drap: il eſt d'expérience qu'un habile Ouvrier qui ſe ſert de bonnes cardes, ſait ménager tellement la laine, qu'elle peut être travaillée en chaîne & en trame, & ſupporter tous les apprêts. Cependant ceux qui font des draps blancs ou de couleur pleine, ne drouſſent & ne cardent qu'autant qu'il eſt néceſſaire pour ouvrir la laine; & ils ont toujours ſoin de moins fatiguer la laine qu'ils deſtinent au fil de chaîne, que celle qui doit être filée pour la trame: à l'égard de la laine teinte, l'attention, la vigilance, le ſavoir-faire du Fabricant remédient à l'inégalité de couleur qui ſe trouve dans ſon teint, & qui réſulte de la différence des laines, les unes prenant plus que d'autres la teinture, ſuivant leurs degrés de fineſſe & ſelon la façon dont elles ont été lavées, ou de ce qu'elles n'ont pas été ſuffiſamment *repaumées* à chaud ou à froid.

En récapitulant ce que nous venons de dire ſur les draps mélangés de toutes ſortes de couleurs, nous dirons que l'uſage des bonnes fabriques, eſt de commencer par mêler enſemble toutes les couleurs, comme nous l'avons dit; enſuite on les *trépigne*, c'eſt-à-dire, qu'on en fait des paquets qu'on tire par petites parcelles; on a ſoin de bien mêler les couleurs; le mélange ſe perfectionne dans *l'encimage*, en retournant la laine avec une fourche; enſuite on ploque de ſuite tout l'ouvrage; puis on trépigne & on dépiece de nouveau, ou on rompt les cardées; après quoi on *étoque* tout l'ouvrage, & on rompt encore les cardées pour les mêler une quatrieme fois; on carde avec les repaſſereſſes qui doivent être très-fines, & l'on a l'attention de charger légérement les cardes; enfin les Fileurs paſſent encore ces laines dans leurs petites cardes avant de les filer. Quand toutes ces opérations ſont bien faites, le mélange doit être uni, les couleurs bien fondues, tant dans la chaîne que dans la trame.

Il eſt bon de ſavoir en général, que pour faire un drap de bonne qualité, on doit employer environ deux cinquiemes de la laine pour faire la chaîne, & trois cinquiemes pour la trame; ou, plus ſimplement, que la chaîne doit être à la trame, comme deux eſt à trois, ou encore mieux, un tiers plus de trame que de chaîne; de ſorte que s'il faut 40 livres peſant de fil pour une chaîne, il en faut ſoixante pour la trame.

Au reſte, nous ne donnons ces proportions que pour des à peu-près; car on verra dans la ſuite qu'elles dépendent de la force qu'on veut donner aux draps: plus les fils de la chaîne ſont dans un compte ſerré, & plus le fil de la trame eſt délié, moins il en entre de celui-ci: nous éclaircirons cela dans la ſuite.

Du Cardage avec les petites Cardes.

LE cardage eſt une opération néceſſaire pour parvenir à un bon filage. Il ſe fait ordinairement par les Fileurs à qui l'on donne la laine au poids, & qui la rendent auſſi au poids après qu'elle a été filée.

Les cardes qu'ils emploient ſont bien plus délicates que les drouſſettes. Elles n'ont que cinq à ſix pouces de long, & elles n'exigent pas tant de force: elles ſont plus garnies de fil de fer, & ce fil eſt plus fin. Elles doivent être rembourrées, comme les drouſſettes, avec de la bourre de la même couleur que la laine qu'on veut carder: de temps en temps il faut rembourrer de nouveau ces cardes quand elles deviennent graſſes; & pour éviter les barres, il eſt indiſpenſable de les rembourrer de nouveau toutes les fois qu'on change de couleur.

L'Ouvrier Cardeur (*Pl. IV. fig.* 1), poſe ſur ſon genou gauche le pas de deſſous de la carde qu'il tient de la même main gauche, & de l'autre main il tient la carde du deſſus qu'il fait agir à peu-près comme les drouſſettes: &

après qu'il a retourné trois fois les feuillets de laine, il en forme deux *Ploques* ou *Loquettes* extrêmement légeres ; car plus elles ſont claires & tranſparentes, plus la laine eſt douce, ſoyeuſe & exempte de *bourlotes* ou *matons*, mieux elle eſt cardée, & auſſi plus elle eſt facile à filer.

Il eſt bon que les Cardeurs aient un tablier de cuir, & non de toile ; car les dents des cardes pourroient en détacher des filaments de chanvre qui ſe mêleroient avec la laine, & qu'il faudroit ôter à l'*époutillage*, parce que ce corps étranger ne prend point la teinture comme la laine. Il faut auſſi que l'Ouvrier ait l'attention de ne point mettre de bande de toile ſur le talon de ſes cardes, ſous prétexte de le raffermir.

Les poils de la laine qui eſt briſée légérement par cette opération, ſe trouvent multipliés & rendus plus propres à faire un fil velu, qui garnit d'autant mieux dans le foulage du drap.

On a ſoin de faire les *ploques* plus légeres lorſque la laine eſt deſtinée pour le fil de chaîne, lequel doit être filé plus fin que celui de trame, qui doit couvrir le drap & fournir du poil au lainage, dont nous parlerons.

Pour que les ploques ſoient bien cardées, on exige dans des Fabriques qu'en les ſecouant perpendiculairement, elles puiſſent s'alonger d'un tiers, & qu'elles ſe ſéparent ſi on les alonge davantage ; dans d'autres Fabriques, on penſe que plus les ploques s'alongent, meilleures elles ſont, parce que c'eſt une marque que la laine a été bien cardée & bien mêlée ſans être rompue. Il eſt naturel que les ploques ſe ſéparent d'autant plus difficilement, que les filaments laineux ont plus de longueur.

Ce qu'on appelle à Sédan des *ploques*, ſe nomme *Loquettes* à Elbeuf, & ailleurs *Boudins ;* parce que les feuillets qui ſortent des cardes, étant roulés, forment des cylindres ou boudins.

Du Filage.

Les rouets, façon de France, ont leur table horizontale, & la broche eſt de fer. Ceux, façon de Hollande, ont leur table inclinée, & leur broche eſt d'un bois dur & peſant.

Le filage (*Pl. IV. fig.* 2), ſe fait à Sédan, à Louviers, chez M. de Julienne & en beaucoup de manufactures, avec un rouet *A* (*Fig.* 2 & 6), façon de Hollande, dont le devant poſe à terre, & la broche *B* (*Fig.* 2, 5 & 6), qui eſt de bois, n'eſt élevée que d'un pied au-deſſus du terrein. Cette poſition donne plus de facilité aux Fileuſes pour filer également, & à plus longue traite. La broche de bois a l'avantage de ſe moins échauffer que celle de fer. La Fileuſe doit prendre garde de ne pas rompre la ploque qu'elle tient dans ſa main ; elle doit lever hardiment la main pour en former le fil, & ne lâcher de laine que ce qu'il en faut pour filer un trait.

On

On file ordinairement la chaîne & la trame sur les mêmes rouets, dont la table a cinq pieds de longueur, & la roue trois & demi de diametre: quelques-uns ne lui donnent que trois pieds pour filer la trame.

En Angleterre, à ce qu'on m'a dit, on file la chaîne avec des rouets qui se tournent avec le pied; souvent une même Fileuse fait deux fils à la fois, un de la main gauche & un de la droite *.

A l'égard du fil de trame, leurs rouets sont encore plus élevés que ceux à la Françoise, la broche étant à la hauteur de la main. Les Fileuses tirent leur fil presque horizontalement, & elles ont soin que la roue du rouet ne soit pas grande pour que le fil soit peu tors, ce qu'on regarde comme avantageux, principalement pour la trame. Dans les Manufactures de France où l'on fait filer des enfants, on proportionne la grandeur de la roue à leur taille: les petites roues ont cet avantage que le fil en est moins tors.

Nous avons dit qu'on faisoit les *Ploques* ou *Loquettes* pour la trame plus grosses que celles qu'on destine pour la chaîne: on doit filer les grosses loquettes pour la trame en trois aiguillées, comme les petites qui sont pour la chaîne, & donner à chaque aiguillée deux tours de moins de roue que quand on file de la chaîne; ainsi la plus grande quantité de laine qu'on fournit pour chaque aiguillée, & les deux tours de roue qu'on donne de moins, font que le fil de trame est plus gros & moins tors que celui de chaîne. Comme ce travail doit s'exécuter réguliérement, sans exiger de réflexion & par habitude, on fera bien d'affecter des Fileurs pour la trame, & d'autres pour la chaîne.

La Fileuse doit faire ensorte de filer également & au degré de finesse qu'on lui prescrit; cette finesse est néanmoins relative à celle de la laine; cette Ouvriere doit aussi prendre garde qu'il n'y ait pas de *pointes* ni de *bouts de broches*; ce sont des défauts essentiels.

La *Pointe* se fait quand la Fileuse n'a pas soin de mettre tout le trait sur la fusée ou bobine, quand elle en file un second; ce qui en reste alors, se tord encore, & forme ce qu'on nomme une *pointe*.

Les pointes que les Fileuses font, tant en trame qu'en chaîne, dépendent souvent de ce qu'elles n'ont pas soin de rogner le bout de leur broche quand elles sont à crans & à vis; car la ploque qui devient fil en sortant de leurs mains, s'engage dans les crans de la broche, se serre & forme une pointe au-dessus de laquelle est ce qu'on appelle un *boyau*.

Le bout de broche est le contraire. C'est une laine mise sur la broche, en y mettant le trait, de façon qu'elle ne se trouve pas torse; & une fois qu'elle est roulée sur la broche, elle ne peut se tordre davantage, parce qu'en terme d'Art, *elle a trop renvidé sur la broche.* Le devoir de la Fi-

* Il y a en Bretagne des Fileuses de chanvre qui travaillent de même à deux mains.

leuſe eſt d'éviter ces deux défauts, qui ſont également préjudiciables pour la chaîne & pour la trame *.

Il y a des Manufactures où l'on tord à l'excès le fil pour la chaîne; on ſe perſuade donner par-là plus de force au fil; mais on ſe trompe: un fil trop tors ſe caſſe plus aiſément qu'un autre; d'ailleurs il prend mal la colle, il ſe *laine* & ſe *foule* moins bien; dans le *tiſſage*, il ſe marie mal avec la trame; à l'égard du fil de trame, quand il eſt peu tors, le drap en eſt plus couvert, & il ſuffit qu'il le ſoit aſſez pour être lancé dans la chaîne: tout le monde convient que le fil de chaîne doit être plus tors que celui de trame; mais auſſi il faut éviter de porter cette différence trop loin.

On verra dans la ſuite que plus on veut avoir un drap *corſé*, & plus la trame doit être groſſe, molle & frappée dans la chaîne: ceci s'éclaircira, je n'en parle préſentement, que pour faire comprendre qu'un Fabricant doit varier & la groſſeur & le tors de ſes fils, ſuivant l'eſpece de drap qu'il ſe propoſe de faire.

La chaîne qui doit être plus fine & plus torſe que la trame, ſe file à corde ouverte; & la trame qui eſt d'un fil plus gros & plus moëlleux, ſe file à corde croiſée; la noix de la broche ſur laquelle on la roule, eſt auſſi plus groſſe pour former un fil moins tors: la Fileuſe y contribue, en donnant moins de tours de roue.

L'effet de la corde ouverte *D* (*Fig. 6*), eſt différent de celui de la corde croiſée, déſignée par la ligne ponctuée; car la trame que l'on file toujours à corde croiſée, ſe tord de droite à gauche, & la chaîne qui ſe file à corde ouverte, ſe tord de gauche à droite. Cette différence dans le tors du fil, fait qu'au foulage, les cordes du drap, tant en chaîne qu'en trame, ſe détordent, ou plutôt, les filaments qui compoſent les fils, ſe dilatent dans des ſens oppoſés, ils ſe lient enſemble avec facilité, & produiſent par-là un meilleur effet dans l'opération du Foulon.

Le filage ſe fait indifféremment par des hommes & par des femmes; celles-ci filent ordinairement mieux que les hommes; c'eſt peut-être parce que ce travail n'eſt point fatiguant, & qu'elles ont la main plus adroite; mais la raiſon principale eſt que les hommes ne s'occupent à ce travail que dans leur premiere jeuneſſe, & qu'auſſi-tôt qu'ils ont acquis plus de forces, ils paſſent à d'autres travaux plus pénibles; au lieu que les femmes qui reſtent au filage toute leur vie, l'exécutent communément mieux.

Du Devidage.

QUAND les Fileuſes ont filé une certaine quantité de fuſées, on les devide ſur un devidoir nommé *Aſpe* (*Fig. 3 & 8*) & l'on en forme des éche-

* Le rond qui ſert à accoter le fil ſur la broche, ſe nomme *Eſquive*.

veaux, qu'on nomme *Echets*, ſi c'eſt du fil de chaîne, & *Pérots* ſi c'eſt du fil de trame: enſuite de ces échets de fils de chaîne, on fait des *bobines* ou *bobinaux* pour paſſer à *l'ourdiſſage;* & l'on devide les *pérots* de trame ſur des *Cépoules* pour en garnir les navettes.

La circonférence de l'*aſpe* peut varier dans les différentes Fabriques; mais elle doit être fixée & être toujours la même dans chaque Manufacture: on en va voir la raiſon.

Le fil qui entoure l'aſpe, doit, par exemple, avoir une aune & un quart de long; ainſi l'on eſt ſûr que chaque révolution de l'aſpe conſomme une aune & un quart de fil. Il y a à côté de l'aſpe & auſſi dans ſon eſſieu, pluſieurs petites roues dentées (*Fig.* 7 & 8), qui engrainent les unes dans les autres; le diametre de ces roues dentées eſt tellement compenſé, que l'eſſieu de la derniere ne fait qu'une révolution pendant que l'aſpe en a fait ſoixante. Or la petite roue, en achevant ſon tour, rencontre un petit levier qui fait ſonner une clochette ou frapper un petit coup de maillet; ce bruit avertit l'Ouvriere que ſon aſpe a fait ſoixante tours. Cette longueur de fil mis en écheveau, ſe nomme un *ſon* ou une *maque* *. Auſſi-tôt que la clochette a ſonné, ou que le maillet a frappé, l'Ouvriere marque ce ſon avec une cheville qu'elle paſſe dans l'un des trous qui ſont percés ſur la table ou ſur un des bouts de l'aſpe: ſoixante tours de l'aſpe font un ſon; & ſuivant l'uſage des différentes Fabriques, il faut plus ou moins de ſons ou de chevilles pour compoſer un *Echeveau* ou *Echet*, c'eſt aſſez ordinairement douze; un échet étant compoſé de douze fois ſoixante tours, il eſt de 660 révolutions: les *pérots* pour la trame, ont un ſon de moins; ainſi ils ne ſont formés que de 600 révolutions. Dans les Fabriques de Louviers, les échets pour la chaîne ſont compoſés de 660 tours d'aſpe, & ceux de trame de 600 tours; le contour de l'aſpe eſt de cinq quarts.

Ce nombre de ſons ou de chevilles eſt réputé peſer une livre: ſi le fil eſt gros, les douze ſons, par exemple, de fil de chaîne, peſent plus d'une livre; ſi le fil eſt fin, ils ne peſent pas une livre: néanmoins c'eſt ſur le nombre des échets qu'on paye les Fileuſes; & comme, ſelon cette méthode, elles ſont payées à la meſure & non au poids, elles ſe trouvent engagées à filer le plus fin qu'il leur eſt poſſible.

Il y a des aſpes plus parfaits qui marquent ſur un cadran le nombre des ſons, de ſorte que l'Ouvriere eſt diſpenſée de mettre des chevilles à chaque ſon: l'échet eſt réputé fini, quand l'aiguille, qui marque les ſons, a fait ſa révolution.

Quelque bonne que ſoit cette pratique, elle n'eſt pas ſuivie dans toutes les Fabriques: je crois qu'on n'*aſpe* point à Sédan, & qu'on y paye les Fileuſes de trame à la livre.

* Je crois que *Maque* eſt corrompu de *Marque*.

Chez M. de Julienne, les écheveaux ou échets pour la chaîne doivent avoir mille tours d'aſpe, & le *pérot* de trame ſeulement ſoixante. Le fil de chaîne ſe nomme auſſi *fil d'Etain* ou *fil d'Etame*. A Sedan les échets doivent contenir 1210 aunes de ce fil.

On fait *bobiner* les écheveaux de chaîne, & l'on obſerve de mettre deux écheveaux ſur chaqueb obine. Quant aux écheveaux de trame, on les donne à des enfants qui les devident ſur des *Epoules*, qui ſont de petits brins de roſeau coupés de longueur à pouvoir entrer dans la poche de la navette.

Du Bobinage.

Bobiner, c'eſt devider les échets de chaîne ſur des bobineaux ou bobines *A*, (*Pl. V. fig.* 1) pour les ourdir enſuite. On met ordinairement trois échets ſur chaque bobine : il faut que la Bobineuſe faſſe la bobine d'une égale groſſeur, ſans aucune *Boſſette*; qu'elle ſerre le fil entre les doigts pour caſſer les pointes, & ôter les bourlottes qui pourroient ſe rencontrer; qu'elle renoue proprement tous les fils qui rompent, & qu'elle prenne garde qu'aucun ne ſe double ſur la bobine. Cette opération ſe fait ſur un rouet (*Pl. V. fig*, 7), comme quand on retord du fil.

En Languedoc, on ſe ſert, pour bobiner, d'un moulin qui retord le fil de chaîne, en faiſant tourner les bobines pour les charger de ce fil : ſelon cette pratique, il n'y a pas beaucoup à gagner ſur le temps, & l'ouvrage en eſt moins réguliérement exécuté.

Méthode pour connoître combien il entre d'échets dans une chaîne.

A Louviers, le contour des ourdiſſoirs eſt ordinairement de trois aunes trois huitiemes; mais il y en a d'un peu plus grands, & d'un peu plus petits.

Chaque tour de l'ourdiſſoir fait une *enſeigne* ou marque.

Ceci bien entendu, on ſuppoſe que l'échet de 22 maques ou ſons, contienne 1210 aunes de fil; que le tour de l'ourdiſſoir en emporte trois aunes un ſixieme; on ſuppoſe encore une chaîne de 19 *enſeignes*, ou, ce qui eſt la même choſe, de 19 tours de l'ourdiſſoir, contenant 3400 fils. Il faut multiplier 19 par 3 un ſixieme, & l'on trouvera 60 aunes un ſixieme. Enſuite ſi l'on multiplie 3400 par 60 un ſixieme; on trouvera 204566 aunes, qu'on diviſera par 1210 aunes, qui eſt la longueur du fil d'un échet; on trouvera au quotient 169 échets $\frac{76}{1210}$. Mais comme la meſure des échets n'eſt pas toujours exacte, & qu'on éprouve néceſſairement quelque déchet en bobinant & en ourdiſſant, il faut compter pour une chaîne de 19 enſeignes 3400 fils, & y comprenant un échet de ſurplus, que l'on donne au Tiſſeur pour alonger & remplacer les fils qui caſſent (ce fil pour remplacer, ſe nomme *Lingat*);

Lingat), il faut au moins 172 échets. Cette même regle peut servir pour toute sorte de comptes & de longueurs de chaîne.

On conçoit que les Fileuses & les Bobineuses, pour augmenter leur profit, pourroient raccourcir tous les échets d'une maque ou une demi-maque; mais il est facile de reconnoître, en ourdissant une chaîne, si chaque Fileuse donne à tous les échets les longueurs qu'ils doivent avoir : pour cela on attache à chaque paquet qu'on reçoit, un billet qui indique la date du jour de sa réception, avec le nom de la Fileuse & le nombre des échets; on oblige encore la Bobineuse de marquer toutes les bobines du nom de chaque Fileuse; l'Ourdisseur connoît, en consultant le tarif ci-dessous, la fraude des Fileuses, & celles qui l'ont commise; & l'on est en droit de leur faire payer ce qui manque sur la longueur du fil, sans rechercher sur quel échet peut tomber la fraude.

TARIF.

LA bobine qui contient deux échets, doit courir sur une chaîne de 15 *Enseignes* ou de 15 tours d'ourdissoir . . . . 26 portées 10 tours.

Celle de 3 échets . . . . 39 P. . . . $\frac{1}{2}$

Sur 16 Enseignes.

Celle de 2 échets 25

Celle de 3 . . . . 37 . . . $\frac{1}{2}$

Sur 17 Enseignes.

Celle de 2 échets . . . . 23 . . . $\frac{1}{2}$

Celle de 3 . . . . 35 . . 8 . $\frac{1}{2}$

Sur 18 Enseignes.

Celle de 2 échets . . . . 22 . . 4

Celle de 3 . . . . 33 . . 6

Sur 19 Enseignes.

Celle de 2 échets . . . . 21 . . 1

Celle de 3 . . . . $31\frac{1}{2}$ . . $\frac{1}{2}$

*Sur 20 Enseignes *.*

Celle de 2 échets 20

Celle de 3 30

* J'ai dit qu'une *Enseigne* est un tour d'ourdissoir : on me l'a défini, la longueur de la navette qui contient une aune de Brabant ou une varre d'Espagne : leur rapport avec celle de Paris, est de cinq Enseignes pour une aune de Paris ; cette définition ne me paroît pas assez claire. Ce que j'ai pu trouver de plus clair, est que les cinq aunes de Brabant font une enseigne, & que l'enseigne équivaut à trois aunes de Paris.

Remarques générales sur l'Ourdissage.

LA quantité des fils qu'on emploie pour composer la chaîne, dépend de la largeur que l'on donne à l'étoffe, & de la qualité qu'on se propose de lui procurer; les unes & les autres exigeant différents nombres de portées.

Chaque portée est presque toujours composée de 40 fils, ou de deux demi-portées de 20 fils.

Les Réglements fixent la quantité de fils que doit avoir la chaîne & la largeur du *Rot*. Les Fabricants doivent s'y conformer; mais comme ces Réglements n'entrent dans aucun détail à cet égard, & qu'il est nécessaire qu'un Manufacturier soit instruit des raisons des différentes proportions, sur-tout lorsqu'il veut faire de nouvelles especes de draperies, il est bon d'examiner ce point, & d'entrer dans quelques détails nécessaires.

On peut fabriquer autant de sortes de draps, qu'il y a de différentes qualités de laine, en proportionnant la finesse du fil à ces qualités pour les rendre d'un bon service. Mais pour ne parler que de ceux qui sont fabriqués avec de bonnes laines d'Espagne, & dont il est ici particuliérement question, on en fabrique, 1°, de très-forts; savoir, les doubles broches, j'emploie ce terme qui est usité, mais j'aimerois mieux les appeller draps forts ou sur-foulés *; deux de forts, trois de minces ou superfins; & dans chacune de ces qualités, on en fait de différents prix pour les Particuliers qui, selon leurs facultés ou selon leur goût, en veulent acquérir, & cela contribue à étendre le commerce.

La différence du prix des draps du même nom de fabrique & de même largeur, vient de la qualité ainsi que du prix des laines qu'on y emploie, & aussi des façons qu'on leur donne. On trouve à acheter des draps de cinq quarts, depuis 12 jusqu'à 15 & 16 livres, & des draps de quatre tiers, depuis 17 jusqu'à 22 & 24 livres.

La différence de ces prix vient du plus ou du moins de perfection, que l'on donne aux draps dans les différentes opérations de leur Fabrique; c'est ce qui distingue les bons Fabricants, excite leur industrie, & donne de l'émulation aux autres, d'où suit la réputation que se sont acquises plusieurs de nos Manufactures.

Un des principaux moyens pour donner aux draps différents degrés de force, est de proportionner le nombre des fils de la chaîne & la largeur du *Rot*, à la quantité de trame qui doit y entrer, pour produire l'effet qu'on souhaite; car c'est la trame qui donne du corps, puisqu'un drap fait de

* Les doubles broches sont fabriquées différemment des autres draps; il y a plus de portées à la chaîne, les *Rots* & les *Lames* sont plus étendues; ces draps, quoique plus larges sur le métier, se trouvent réduits par le Foulon à la même largeur que les autres, & ils perdent aussi de leur longueur: ils acquierent par-là de la force; mais lorsqu'ils sont sur-foulés, ils n'en valent pas mieux: c'est ce que nous ferons appercevoir dans la suite.

chaîne ſur chaîne, où le fil de chaîne ſeroit mis en chaîne & en trame, ſeroit auſſi fort ou auſſi difficile à déchirer qu'un drap où il ſeroit entré 72 li[illegible] de trame, quoiqu'on n'y eût employé que 30 livres de fil de chaîne au lie[illegible] trame. On en voit la preuve dans les Fabriques, ſi-tôt que le drap eſt drap, c'eſt-à-dire, qu'il eſt prêt à être tiré au chardon ; car il arrive quelquefois par inadvertance, qu'un pérot ou échet de chaîne trop tors pour la trame, ſe trouve ſur une *eſpouble* dans la navette du Tiſſeur ; cette portion de drap reſte, pour ainſi dire, dans ſa même nature, c'eſt-à-dire, qu'elle ne garnit point la chaîne, & qu'elle fait une eſpece de camelot ; en conſéquence point de feutre au foulon, point de garni au chardon ; enfin cet endroit du drap eſt tout-à-fait défectueux. Ainſi plus on veut que le drap ait de corſage, plus il faut qu'il y entre de trame, à quoi on ne peut réuſſir qu'en diminuant le nombre des fils de la chaîne ; ou, ſi l'on conſerve le nombre de ces fils, il faut augmenter la largeur du rot, parce que la chaîne étant alors plus claire, elle ſe croiſe mieux, & donne à la trame la facilité de s'approcher davantage ; bien entendu que la fineſſe de cette trame doit être proportionnée à celle de la chaîne, & à l'eſpece de draperie qu'on veut faire.

Suivant ce principe qui paroît inconteſtable, une regle générale à obſerver, eſt qu'il faut pour faire un drap très-fort, tel qu'une double broche, dans une largeur de rot, ſemblable à celle d'un drap ordinaire, qu'il y ait moins de fils en chaîne, pour qu'il y entre plus de trame.

Si au contraire on veut faire un drap très-mince ou ſuperfin, tel qu'on le demande dans certaines Provinces, ou pour l'uſage des Perſonnes de qualité, & cependant de la même largeur après le foulage, qu'un drap d'une force ordinaire, il faut, ou diminuer un peu la largeur du rot, par exemple, d'un huitieme d'aune, ou y mettre quelques centaines de fils de plus en chaîne, qu'à celui d'une force ordinaire. Il paroît préférable de maintenir la même largeur au rot, afin que les fils ſoient à l'aiſe, en multipliant les broches ſelon la quantité de fils qu'on veut faire entrer de plus.

Il eſt bon d'avertir ici que, quand nous avons parlé de double broche, il s'agiſſoit des draps dont on fait des ſurtouts ; car pour ceux qu'on deſtine à faire des redingotes ou des manteaux, comme ceux-ci doivent être très-forts, il faut qu'avec le même nombre de fils en chaîne qu'ont les draps d'une force ordinaire, le rot ſoit un peu augmenté environ d'un huitieme d'aune en largeur, comme nous l'avons dit ci-devant dans une note ; au moyen de quoi il y entrera plus de trame ; il eſt ſenſible que ces draps pour redingotes ſeront plus forts que ceux à doubles broches fins, après qu'ils ſeront amenés à une pareille largeur que les fins, par l'action du foulage.

La raiſon de ces différentes proportions vient de la néceſſité de contribuer à tout ce qui peut favoriſer le foulage des draps : cette opération eſt d'une si grande conséquence, que tous les premiers travaux qu'on donne aux laines doivent tendre à cet objet.

On verra ci-après, en parlant du foulage, que bien qu'un drap doive fouler sur la largeur & sur la longueur, il faut éviter sur toutes choses, & autant qu'il sera possible, de le tordre pendant l'opération; cette maniere de fouler est la plus contraire à la perfection, parce que lorsqu'un drap est trop tors dans la pile, l'action des pilons qui tombent dessus les différents plis de la piece ainsi torse, fait que certaines parties de l'étoffe rentrent plus que d'autres, ce qui cause des *ribaudieres* & des faux plis d'autant plus ineffaçables, que c'est la chaleur qui les a formés, de façon que la superficie du drap en est toute gripée.

On peut bien tordre jusqu'à un certain point quelques parties pour faire rentrer le drap en ces endroits & l'égaler; mais un Fabricant qui cherche à faire de bonne marchandise, préfere de perdre quelque chose sur le lainage, plutôt que de permettre à son Foulonnier de tordre le drap dans la pile.

Cettedigression sur le Foulon, quoiqu'anticipée, nous a paru nécessaire pour faire comprendre que, si une double broche avoit autant de fils en chaîne, passés dans un rot de pareille largeur que dans un rot d'un drap de force ordinaire, il ne pourroit *rentrer en laisse* lorsqu'on le fouleroit à plat, & qu'on seroit obligé de le tordre durant toute l'opération pour lui donner la largeur prescrite; au lieu qu'ayant moins de fils en chaîne, il y entre plus de trame, qui se feutre plus aisément, sans être obligé de tordre le drap, & qui donne la force requise à cette espece d'étoffe.

Un drap d'une force ordinaire, qui auroit au contraire plus de fils en chaîne, mais dans la proportion convenable à la quantité de ceux de la trame qui doit y entrer, pour que ce drap soit d'une bonne qualité, doit être plus foulé sur la longueur que sur la largeur.

Il en est de même d'un drap très-fin; il y entre moins de trame que dans un drap d'une force ordinaire, parce que la chaîne est plus garnie; mais comme elle est plus fine & que le rot est moins large, le drap rentre trop tôt dans sa largeur: ainsi, pour lui donner la fermeté qui en fait le mérite, on est obligé de le fouler à plat sur la longueur.

Au reste, les Fabricants intelligents doivent, avant d'entreprendre de manufacturer quelque nouvelle étoffe, faire différentes épreuves, pour se régler sur le plus ou le moins de fils de la chaîne, & sur la largeur du rot; car ce que je dis ici, n'est qu'une regle générale qui doit admettre des exceptions, suivant l'intention des Fabricants.

Quand il est question d'imiter un drap, le meilleur moyen de réussir dans les proportions, c'est de choisir un beau drap de la force qu'on desire imiter, & de pareille largeur après le foulage que celui qu'on veut fabriquer, bien proportionné

proportionné en chaîne & en trame, & de se régler sur cet examen, tant pour le nombre des fils de la chaîne, que pour la largeur du rot.

On ne peut augmenter la force des tissus qui ne sont point foulés, par exemple, celui des *Toiles*, qu'en augmentant le nombre des fils de la chaîne, sans rendre le rot plus long, & encore en frappant beaucoup plus la trame pour fournir le tissu de beaucoup de fils; mais on peut augmenter davantage la force des tissus de laine, par le moyen du foulon qui réduit à une aune & un quart la largeur d'un drap qui, en toile, & au sortir du métier, se trouvoit avoir deux aunes & un quart de largeur. On pourroit, par le foulon, réduire le même drap à une aune de largeur; & en ce cas il seroit plus serré & plus épais, mais il pourroit n'en être pas meilleur; car il se couperoit en peu de temps; ainsi il y a un milieu à observer entre la force du tissu en *toile*, & celle qu'on lui procure par le foulage.

On peut varier encore le maniement des draps en les faisant rentrer à la foulonnerie, soit sur leur longueur, soit sur leur largeur. Tout cela s'éclaircira dans la suite; mais j'ai cru devoir donner ces idées générales qui sont nécessaires pour l'intelligence de ce que je dirai sur le tissage.

Il suit encore de ce que je viens de dire, que comme les petites étoffes ne peuvent pas être beaucoup foulées, elles doivent être fort garnies de fils en chaîne.

Instruments qui servent pour Ourdir.

Les instruments dont se servent les Ourdisseurs sont, 1°, une espece de chevalet qu'on nomme *Cannelier* (*Pl. V. fig.* 1), qui a environ quatre pieds de hauteur: il soutient sur deux plans différents *E F G H*, dont l'un est plus élevé que l'autre de 8 à 9 pouces, 24 bobines, 12 à chaque rang plus ou moins; car si la portée devoit être de 40 fils, on placeroit 20 bobines à chaque rang; si elle devoit être de 32 fils, on en placeroit 16 pour qu'il y ait toujours un égal nombre de bobines à la rangée supérieure & à celle d'en bas; chaque rang devant faire ce qu'on appelle une *branche*, ou *caissette* ou *demi-portée*. Comme chaque bobine est traversée d'une broche de fer attachée au chevalet, on augmente ou on diminue, comme nous venons de le dire, le nombre des bobines, suivant le nombre des fils qui doivent être à chaque demi-portée, dont la moitié doit être roulé sur les bobines d'en haut, & l'autre moitié sur celles d'en bas. Aux deux bouts de chaque étage, il y a deux ficelles *a b*, *c d*, qui s'étendent dans toute la longueur de la rangée, & entre lesquelles passent les fils des bobines pour les tenir sur le même plan, & faciliter le devidage.

2°, L'*Ourdissoir* (*Pl. V. fig.* 2 & 4, & *Pl. VI. fig.* 6), qui est composé d'un arbre vertical & tournant de six pieds de hauteur, sur environ 3 pouces de diametre. Cet arbre vertical qui pose par le bout inférieur sur une crapaudine, & qui eſt reçu par l'autre bout dans un colet, eſt traverſé à deux ou trois hauteurs différentes, par des bras horizontaux, à l'extrémité deſquels ſont aſſemblées quatre tringles verticales, ce qui forme comme un gros cylindre de trois ou quatre aunes, mais plus ſouvent trois aunes un ſeizieme de circonférence, plus ou moins, ſuivant l'emplacement de la Manufacture : en un mot c'eſt une grande *aſpe* poſée verticalement; au lieu que celles qui ſervent à former les *échets* ſont horizontales. Deux des tringles verticales qui forment la circonférence de l'ourdiſſoir, ſont liées l'une à l'autre vers leur partie ſupérieure par une traverſe fixe, dans laquelle il y a trois broches ou chevilles de bois *D, C, B,* (*Pl. V. fig.* 2. & *G, F, E, Pl. VI. fig. 6*) qui ſont horizontales & qui ſaillent au dehors de l'ourdiſſoir d'environ 8 à 9 pouces : cet excédent ſert à tenir partagés les fils qui forment la croiſure de la chaîne.

Il y a auſſi au bas de ces deux mêmes tringles verticales une autre traverſe, qui eſt mobile & qui repoſe ſeulement ſur les bras ; cette traverſe porte deux chevilles horizontales *I, H,* ſemblables à celles de la traverſe d'en haut ; elles ſervent à faire ce qu'on appelle *la petite Croiſée* : les Tiſſerands la nomment *le Comptoir.*

On laiſſe la traverſe d'en bas mobile, pour pouvoir diminuer la longueur de chaque piece de drap d'un quart, d'une moitié, &c; & en ce cas on place cette traverſe, ſoit au côté oppoſé à celle d'en haut, ſoit ailleurs.

De l'Ourdiſſage.

Comme il entre un grand nombre de fils dans la chaîne d'un drap qu'on monte ſur le métier à deux aunes & demie de largeur, il ne ſeroit gueres poſſible de manier à la fois ce grand nombre de fils ; mais on les diviſe par faiſceaux, compoſés ordinairement de 48 fils. Ces faiſceaux ſe nomment des *portées* : on étend d'abord les fils par demi-portées de 24 fils, & en conſéquence on met ſur le cannelier 24 bobines.

Quand il eſt queſtion de poſer la chaîne ſur le métier, il faut la diſpoſer de maniere que la moitié des fils puiſſe être élevée pour former ce qu'on nomme le *Pas d'en haut*, & que l'autre moitié puiſſe être abaiſſée pour former le *pas d'en bas*; de ſorte qu'alternativement un fil doit s'élever pendant que le fil voiſin s'abaiſſe, afin de former un croiſement dans lequel on paſſe la trame, pour former un entrelaſſement ou tiſſu ſemblable aux toiles ordinaires.

En conſéquence, on conçoit que pour ourdir une demi-portée qui doit être de 48 fils, il faut étendre à la longueur de la piece de drap les fils des 24 bobines qui ſont ſur le cannelier, & outre cela les croiſer. Pour rendre cette opération plus ſenſible, je vais ſuppoſer qu'on veut faire une portée de huit fils.

On prend quatre bobines, deux du rang d'en haut *A* (*Pl. VI. fig.* 1), & deux du rang d'en bas *B*; & pour que les fils ne ſe confondent pas, & que l'Ouvrier puiſſe diſtinguer ceux du rang d'en haut d'avec ceux du rang d'en bas, ce qui eſt néceſſaire pour faire la croiſée, il les paſſe, en obſervant le même ordre qu'ils ont ſur le cannelier, dans les trous de la palette *F*: alors ces quatre fils forment le faiſceau *L*, qu'on nomme une *demi-portée*.

Enſuite (*Pl. VI. fig.* 2), on arrête les quatre fils *A* ſur la cheville *B*; puis faiſant un nœud en *C*, on place la palette *F* à une petite diſtance du nœud, à peu-près comme le repréſente la figure premiere; puis tenant la palette de la main droite, on croiſe les fils entre le pouce & l'index de la main gauche, ainſi que le repréſente la figure troiſieme; pour cela on prend le fil *a* qu'on abaiſſe ſous le pouce, & qu'on fait paſſer ſur l'index, le fil *b* paſſe ſur le pouce & ſous le doigt index; le fil *c* paſſe ſous le pouce & ſur le doigt index; enfin le fil *d* paſſe ſur le pouce & ſous le doigt index. De cette façon tous les fils ſe trouvent alternativement croiſés entre le pouce & le doigt index, comme on le voit dans cette figure; ce qui forme la croiſée: on verra dans la ſuite que les fils *a*, *c*, font le pas d'en haut, & les fils *b*, *d*, le pas d'en bas.

Pour conſerver le croiſement des fils, on les poſe entre les chevilles *C*, *D* (*Fig.* 2): la poſition des quatre fils eſt encore repréſentée plus ſenſiblement par la figure 4: la cheville *C* tient lieu du pouce de la figure 3; & la cheville *D* du doigt index: cette diſpoſition ſe voit encore ſur la Planche V. (*Fig.* 1).

La grande croiſée étant ainſi placée, on fait paſſer les quatre fils réunis autour de la cheville *E* (*Pl. VI. fig.* 2); puis tenant de la main gauche la palette *F*, pour que les fils conſervent toujours leur même poſition reſpective, & de la main droite les quatre fils réunis, on va enlaſſer le faiſceau de quatre fils qui doivent faire la demi-portée, entre les trois chevilles *I*, *H*, *G*, qu'on ſuppoſe éloignées des chevilles *C*, *D*, *E*, de 25 aunes; ſi la piece avoit cette longueur, ce dernier enlaſſement ſe nomme *la petite Croiſée*: pour faire la portée entiere, il faut, en tenant toujours la palette *F* dans la même poſition, reporter le faiſceau *K* juſqu'à la cheville *E*; puis croiſer les fils *a*, *b*, *c*, *d*, (*Fig.* 3), comme la premiere fois, & paſſer cette croiſée dans les chevilles *D*, *C*: alors la portée de huit fils eſt ourdie; & en faiſant une autre croiſée en deſcendant, on recommence à ourdir une nouvelle portée, pour laquelle on répete exactement la même opération.

Il eſt rare qu'un Fabricant ait un emplacement aſſez étendu pour ourdir une demi-portée d'un ſeul trait, comme nous l'avons ſuppoſé dans la figure 2; mais on peut opérer le même effet en briſant la demi-portée ſur des chevilles, autant de fois qu'on le juge à propos. Ainſi ayant formé (*Fig.* 5) la grande croiſée ſur les chevilles *C*, *D*, *E*, on va porter la demi-portée ſur la cheville *P*, puis ſur la cheville *O*, puis ſur la cheville *N*, puis ſur la cheville *M*, enfin ſur la cheville *G*; & ayant fait la petite croiſée ſur les chevilles *E*, *F*, la demi-portée *K* ſera portée de *G* en *M*, de *M* en *N*, de *N* en *O*, de *O* en *P*; puis de *P* en *E*, en ſuivant la route qu'indiquent les lignes ponctuées en obſervant exactement tous les zigzags de la demi-portée, ſans quoi on feroit ce qu'on nomme un *Cheval*, & alors il ſeroit impoſſible de monter la piece ſur le métier.

Quand on eſt parvenu à la cheville *E*, on fait la grande croiſée ſur les chevilles *D*, *C*, tant en montant qu'en deſcendant; & l'on recommence une nouvelle portée.

Il faut obſerver, 1°, que les demi-portées que nous avons ſuppoſé, pour rendre la démonſtration plus claire, n'être formées que de quatre fils, le ſont ordinairement dans les Fabriques de draps de 24 fils; 2°, que quand on a ourdi une ſuffiſante quantité de portées, on ſubſtitue à la cheville *C*, une perche qui ſe loge dans la raînure de la grande *Anſouple*; 3°, qu'on ſubſtitue à la cheville *D*, une corde, ſur la longueur deſquelles on diſtribuera toutes les portées dans le même ordre qu'elles étoient ſur les chevilles, pour attacher les fils aux liſſes des lames, comme nous l'expliquerons; 4°, comme il faut coller la chaîne avant de la monter ſur le métier, afin d'empêcher que les croiſées ne ſe confondent, on les lie avec un ruban, comme le repréſente la *Figure 3*, *Pl. V.* au lieu de les diſtribuer dans la longueur de la perche & de la corde, comme je viens de le dire : cette opération ne ſe fait que quand la chaîne eſt collée.

Mais ce que nous venons de dire, ne ſe pratique point dans les Manufactures de draps; c'eſt une ſuppoſition que nous avons cru utile pour mieux faire comprendre ce qui eſt d'uſage. Les Fabricants ſe ſervent de l'ourdiſſoir (*Pl. VI. fig. 6*), dont nous avons donné la deſcription : cette méthode eſt beaucoup plus expéditive, comme nous allons le faire connoître.

Dans les Fabriques de draps, les Ourdiſſeurs devident à la fois le fil des 24 bobines qui ſont ſur le cannelier. S'il y en a douze plus élevées que les douze autres, c'eſt afin que l'Ouvrier puiſſe aiſément former ſur ſes doigts le croiſement dont nous avons parlé plus haut, & qu'on ſoit diſpenſé d'avoir à la main la planchette *F*, qui deviendroit très-embarraſſante ſi l'on avoit des portées compoſées d'un grand nombre de fils.

Comme les 24 fils ne font qu'une demi-portée, il faut doubler cette demi-portée pour en former une portée entiere compoſée de 48 fils.

On conçoit qu'au lieu d'étendre les fils le long d'une muraille de *E* en *P*, de *P* en *O*, de *O* en *N*, de *N* en *M*, & de *M* en *G* (*Pl. VI. fig. 5*), il revient au même, & il eſt bien plus commode de rouler la demi-portée ſur la circonférence de l'ourdiſſoir (*Pl. VI. fig. 6*, ou *Pl. V. fig. 2*) qu'on fait tourner, pour faire décrire au faiſceau qui fait la demi-portée, un hélice, depuis

depuis le haut de l'ourdiſſoir où l'on a fait la grande croiſée, juſqu'en bas où l'on fait la petite croiſée.

La grande croiſée qui ſe fait au haut de l'ourdiſſoir, range tous les fils de maniere qu'ils puiſſent faire aiſément ſur le métier, l'entrelaſſement qui forme le pas d'en haut & le pas d'en bas. Cette grande croiſée ſe fait donc au haut de l'ourdiſſoir ſur les chevilles *B*, *C*, *D*, (*Pl. V*, ou *E*, *F*, *G*, *Pl. VI.*); & elle forme la tête de la chaîne.

La petite croiſée ſe fait au bas de l'ourdiſſoir ſur les chevilles *I*, *H*, (*Pl. VI.*) & elle ſert à ranger toutes les portées à leur place, ce qui forme la queue de la chaîne.

L'Ourdiſſeuſe ou l'Ourdiſſeur *K* (*Pl. V. fig.* 2), (car les hommes & les femmes peuvent exécuter ce travail qui n'exige pas beaucoup de force), doivent tenir la demi-portée plate comme un ruban, & prendre bien garde qu'elle ne tourne ſur elle-même; quand elle a formé la petite croiſée, elle doit, tournant l'ourdiſſoir en ſens contraire, remonter ſa demi-portée du bas au haut de l'ourdiſſoir, ſuivant exactement toutes les révolutions qu'elle a formées en deſcendant, & éviter qu'un tour ne paſſe ſur l'autre, ce qu'on appelle faire un *Cheval*; elle doit encore marquer avec un crayon rouge ou bleu, chaque tour que la chaîne fait ſur l'ourdiſſoir, ce qu'on nomme une *Enſeigne*; & quand la chaîne eſt finie, elle doit paſſer un ruban dans chacune des croiſée, comme on le voit (*Planche V. fig.* 3), & le lier bien ferme, de crainte qu'elles n'échappent & qu'elles ne ſe mêlent, ce qui feroit une confuſion très-difficile à réparer. Après ces idées générales, je vais entrer dans les détails, & ſuivre pied à pied l'Ourdiſſeuſe dans toutes ſes opérations.

Lorſque l'Ourdiſſeuſe veut faire les portées d'une chaîne, elle commence, je ſuppoſe, par mettre ſur ſon cannelier (*Pl. V. fig.* 1 *ou* 2), 24 bobines aux broches de fer qui ſont ſur les traverſes *E F*, & *G H*; ſavoir 12 à la traverſe *E F*, & autant à la traverſe *G H*. Elle prend les bouts des fils de ces 24 bobines, elle les noue enſemble comme en *B* (*Fig.* 1), ce qui forme une eſpece de cordeau qu'elle tient de la main gauche; & après s'être un peu éloignée du cannelier, elle ſépare exactement les fils du haut *E F*, & du bas *G H*, ce qu'elle fait avec les doigts, ſur-tout le pouce & l'index de la main droite, (*Pl. VI. fig.* 3) comme nous l'avons expliqué : ce croiſement eſt repréſenté par les chevilles *D*, *C* (*Pl. V. fig.* 1), que nous avons dit tenir lieu des doigts de la Figure 3 (*Pl. VI*). Elle baiſſe donc le premier fil du haut *e f*; & avec le pouce, elle releve le premier fil du bas *g h* : enſuite avec le doigt index, elle baiſſe le ſecond fil du haut, & avec le pouce, elle releve le ſecond fil du bas : elle continue cette opération juſqu'à ce qu'elle ait pris les 24 fils; de maniere que ceux qui étoient en haut ſe trouvent en bas, mais entrelaſſés l'un dans l'autre, comme on le voit en *D C* (*Pl. V. fig.* 1) : elle accroche enſuite à la cheville *B* (*Pl. V. fig.* 2, ou *E*, *Pl. VI. fig.* 6) de l'ourdiſſoir, le bout du cordeau noué ou de la demi-portée qu'elle tient de sa main gauche ; puis elle fait entrer les chevilles *C D*, dans la croisée qu'elle a faite, & qu'elle tient de la main droite ; ensorte que les fils qui viennent des bobines *E*, *F*, qu'on passe sur la cheville *C*, passent ensuite sous la cheville *D* ; & les fils des bobines *G*, *H*, qu'on passe sur la cheville *D*, passent ensuite sous la cheville *C* : c'est ce qui forme la grande croisée. Cet entrelassement se voit encore en *C D* (*Pl. V. fig.* 1.)

L'Ourdisseuse *K* (*Fig.* 2), tenant de la main droite les 24 fils réunis, fait tourner l'ourdissoir avec la main gauche ; &, à mesure qu'il tourne, elle baisse insensiblement la main droite jusqu'à ce que le cordeau qui se nomme *demi-portée*, soit parvenu au bas de l'ourdissoir, & que la chaîne ait la longueur que l'on a voulu lui donner ; pour lors, quand elle est au bas, elle arrête l'ourdissoir, & passe la demi-portée en faisceau sur la cheville *H* & sous la cheville *H* (*Pl. V. fig.* 2 & *Pl. VI. fig.* 6) ; puis en retournant & revenant sur ses pas, elle la passe sous la cheville *F*, & de cette façon elle se croise ; ce qui forme la petite croisée *H I* (*Pl. VI. fig.* 2) ; ensuite l'Ouvriere *K* (*Pl. V. fig.* 2), donne à l'ourdissoir un mouvement opposé à celui qu'il avoit en premier lieu, & elle conduit sa demi-portée de bas en haut ; ensuite quand elle est arrivée au haut de l'ourdissoir, elle sépare ces fils avec les doigts, comme il a été dit ci-dessus ; elle les fait entrer dans les chevilles *C*, *D*, (*Pl. V. fig.* 2, ou *I H*, *Pl. VI. fig.* 6), & delà à la cheville *B*, (*Pl. V*, ou *E*, *Pl. VI.*) autour de laquelle elle fait passer la demi-portée : alors la portée est faite en entier. Elle continue cette manœuvre jusqu'à ce que l'ourdissoir soit chargé du nombre des fils qui est nécessaire pour la chaîne.

L'Ourdisseuse doit avoir soin d'examiner très-fréquemment si toutes les bobines tournent ; car s'il y avoit un fil ou deux de moins à une portée qu'aux autres, il en résulteroit un défaut dans le tissage ; ainsi elle doit suivre toujours, soit en descendant, soit en remontant, les mêmes cordons ou demi-portées ; autrement il y en auroit moins, & cela ne vaudroit rien : elle doit aussi veiller à sa croisée ou demi-portée qu'il faut qu'elle conduise bien à plat, comme si c'étoit un ruban ; & aussi-tôt qu'elle s'apperçoit que les fils viennent à se rompre, il faut qu'elle arrête l'ourdissoir pour les renouer avec propreté ; car si les nœuds étoient trop gros, ils ne pourroient pas passer dans le tissage, & se romproient dans le passage des lames & du *rot*, ce qui fait un mauvais effet. Elle doit aussi avoir soin de conduire & de tenir toujours le cordeau ou la demi-portée tendue avec une égale force ; sans cette attention, il y auroit, lors du travail sur le métier, des poches dans la chaîne qui paroîtroient infailliblement dans le drap. Quand la chaîne est ourdie, on arrête les croisées avec des rubans (*Pl. V. fig.* 3) : on démonte la chaîne de l'ourdissoir (*Fig.* 4), & on la remet au Colleur, ordinairement enlassée comme on le voit (*Fig.* 5).

L'ourdissoir est, comme on vient de le dire, un grand devidoir ou *aspe*, qui sert à devider les bobines de fil de chaîne, & à les disposer de façon qu'ils puissent faire une chaîne de la longueur que l'on a déterminée. Cet instrument la divise par portée de 48 fils, ou de 40 ou de 36 fils, suivant le nombre de bobines qui ont été montées sur le cannelier; & chaque portée en deux parties de 24, de 20 ou de 18 fils chacune, l'une & l'autre de ces deux parties s'appelle *branche*, *demi-portée* ou *cuissette*; ainsi deux branches font une portée (*).

Aux Andelis, la chaîne est ordinairement de 80 portées de 40 fils chacune, faisant 3200 fils; & la chaîne des draps à doubles broches, est de 3600 fils: poursuivons nos détails.

L'Ourdisseuse monte sur son cannelier (je le suppose) 20 bobines, 10 en haut & 10 en bas, ce qui fournit en descendant, puis en remontant, 40 fils; ces 40 fils composent une portée.

Pour ourdir un drap de deux aunes & un quart de large qui, après avoir été foulé, se réduira à une aune & un quart, il faut 3000 fils qui, divisés par 40, nombre des fils d'une portée, donnent 75 portées.

Pour ourdir un autre drap de deux aunes un quart, qui doit se réduire, étant foulé à une aune un tiers, il faut 3800 fils, lesquels divisés par 40, forment 95 portées.

Quoiqu'il n'y ait de différence qu'un douzieme d'aune, entre un drap d'une aune un quart, & celui d'une aune un tiers, on ne laisse pas d'ajouter au dernier 15 portées; ce qui ne paroît pas proportionné aux différences de

(*) Quoique les Tisserands fassent des toiles avec du fil de différente grosseur, & aussi de différents lez, & que pour cette raison ils soient obligés de mettre plus ou moins de fils à leur chaîne lorsqu'ils la montent sur leur métier; ils ont cependant coutume de former toujours leur demi-portée de 20 fils, de sorte que les portées se trouvent de 40 fils. Mais ils augmentent ou ils diminuent le nombre de ces portées suivant la grosseur de leur fil, & selon la largeur qu'ils veulent donner à leur toile.

En supposant que le lez est le même, & qu'un Tisserand ait à faire une toile avec du fil assez gros, & un autre avec du fil plus beau & fin, il est certain qu'il doit mettre un plus grand nombre de fils à la chaîne de cette derniere piece de toile qu'à la premiere; c'est le *rot* qui lui indique le nombre des fils qu'il doit employer à l'une & à l'autre, ainsi que nous allons l'expliquer.

Il faut être prévenu que le Tisserand doit avoir différents *rots*, suivant les différentes grosseurs de fils qu'il doit employer, & qu'il a soin de joindre à chaque *rot*, un échantillon du fil qui y convient, ce qu'il nomme *des marques*; il réunit ensemble vingt des fils dont il doit faire sa toile, & il en forme un faisceau *a b c* (*Pl. VI. fig.* 7); il enlasse ce faisceau avec celui *d e f* (*Fig.* 7), qui est formé aussi de 20 fils d'une grosseur proportionnée au *rot* auquel cette marque appartient; ces deux faisceaux formés chacun de 20 fils, étant enlassés comme on le voit (*Fig.* 7), on les tortille entre les doigts comme on le voit (*Figure* 8): il est évident que si la partie *A*, est formée de fils plus gros que la partie *B*, le cordeau *A* sera plus gros que le cordeau *B*, qui est la marque relative à un *rot*; en ce cas, l'Ouvrier prendra un *rot* dont les dents seront moins serrées, & il fera la même épreuve avec une autre marque. Quand il en a trouvé un qui donne un cordeau de même grosseur que le fil qu'il doit employer, il reconnoît s'il doit se servir d'un *rot* de douze cents, ou d'un de quinze cents, &c; pour lors, sachant que chaque portée est de 40 fils, il voit qu'il faut deux portées & demie pour faire un cent de fils; que 5 portées font 200 fils; que 10 portées font 400 fils; 20 portées 800; à quoi ajoutant 10 portées qui font 400 fils, il aura pour ourdir sa piece, 1200 fils en 30 portées.

Chaque *rot* doit avoir sa lame, dont le nombre des lisses soit proportionné au nombre des dents du rot.

Quand on veut faire des toiles de différents lez, mais dont les fils soient d'une même grosseur, on se sert des mêmes lames & des mêmes rots, & l'on se contente de diminuer le nombre des portées qui, dans ce cas, n'occupent que le milieu du rot & des lames, ce qu'on nomme *détraire*.

Comme on fait peu de toiles dont le fil ait été filé par une même main, il y en a nécessairement qui sont un peu plus gros les uns que les autres: les Tisserands doivent entremêler ces fils sur le cannelier, pour qu'ils soient distribués à peu-près également sur toute la largeur de leurs chaînes; sans cette attention, la toile se fabriqueroit mal.

Quoique l'Art du Tisserand doive être traité à part, nous avons cru que le peu que nous venons de dire, jetteroit quelque jour sur le tissage des draps.

largeur; mais on obſerve cette différence, parce que la chaîne des draps d'une aune un tiers, eſt communément plus fine que celle des draps d'une aune un quart; ce qui oblige d'employer un plus grand nombre de fils pour le tiſſer: je crois d'ailleurs qu'ils ſont tiſſus dans *un plus grand large*.

On a depuis peu ajouté 200 fils aux draps d'une aune un quart, pour les rendre plus fournis en laine.

Les draps fins de Louviers, ſont compoſés de 82 portées & demie, leſquelles, à quarante fils par portée, font le total de trois mille trois cents fils.

Ce que nous venons de dire eſt relatif aux draps fins; & l'on conçoit que pour les gros draps, on diminue & le nombre des fils & celui des portées; mais ce ſont des détails dans leſquels il ſeroit aſſez inutile d'entrer, ſur-tout après la note qui regarde le Tiſſerand de toile ordinaire, que nous avons miſe plus haut.

Du Collage.

On *encolle* la chaîne pour la rendre plus ferme & plus aiſée à employer; & afin qu'elle réſiſte au frottement du *rot* ſans bourer (*Voy. Pl. V. fig. 6*).

On peut coller les chaînes avec quatre ou cinq livres de colle de Flandre pour une chaîne de 40 ou 45 aunes, qui peſe 30 à 32 livres; mais communément on fait la colle avec des rognures de peaux de gand ou de chamois; la meilleure eſt faite de raclures de parchemin, ou, encore mieux, avec des piquures de cribles. Chez M. de Julienne, on fait la colle avec des peaux de lapins dépouillés de leurs poils; on les achete chez les Chapeliers Fabricants.

Pour préparer la colle qu'on doit faire à fur & à meſure qu'on en a beſoin, on prend de ces peaux; & après les avoir mis tremper & les avoir tordues & lavées, on les met dans une chaudiere; quand elles y ont trempé quelques heures, on les fait bouillir douze à quinze heures & même juſqu'à trente, plus ou moins ſuivant la ſaiſon, & la quantité de colle qu'on veut faire; quand elles ſont fondues, on paſſe la liqueur à travers un panier d'oſier bien ſerré, pour la purifier de ſon marc, enſuite on la met dans un cuveau (*Pl. V. fig. 6*): quand elle eſt refroidie au point d'y pouvoir mettre la main, on y trempe la chaîne de fils que l'on comprime avec les mains pour la faire imbiber; on la retire ſur le champ; on la tord par parties, & on la ſecoue afin que la colle ſe répande uniformément, & pour en faire ſortir ce qu'il y en a de trop, qu'on nomme le *Brevet*, & qu'il n'y reſte que la quantité de colle néceſſaire pour faciliter le tiſſage.

Un bain trop chaud, diſſout & attendrit la laine; il ne donne point de conſiſtance à la chaîne: un bain trop froid fait le même effet que ſi l'on n'avoit pas tordu la chaîne également; c'eſt-à-dire, qu'il laiſſe des placards de colle qui attachent les fils les uns avec les autres, ce qui porte un obſtacle infini dans

dans l'opération du tiſſage. Il faut cependant que la colle ſoit plutôt un peu trop chaude que trop froide, parce que la chaleur fond le plus gros de l'huile qui ſe trouve ſur la chaîne, laquelle fait place à la colle. On laiſſe la chaîne toute collée, étendue également ſur un plancher fort net juſqu'au lendemain, pour qu'elle ſe réfroidiſſe & qu'elle prenne ſa colle : il faut pendant cet intervalle de temps la retourner pluſieurs fois, ſans quoi le deſſous ſeroit plus collé que le deſſus. On tranſporte enſuite la chaîne quand elle eſt bien collée, dans les champs où l'on a diſpoſé des perches ſur des piquets plantés en terre (*Pl. V. fig.* 8), ce qu'on nomme un *Penteur*; c'eſt ſur ce *penteur* ou *pental* qu'on étend la chaîne pour la faire ſécher. On prétend qu'un ſoleil trop ardent fait perdre à la colle une partie de ſa ténacité, peut-être eſt-ce une prévention; quoi qu'il en ſoit, quand il fait de grandes chaleurs, on étend les chaînes collées le matin & le ſoir après que la roſée eſt tombée; & en hiver, on l'étend pendant le haut du jour.

On *friſe* la chaîne; c'eſt-à-dire, qu'on a grand ſoin de la bien ranger & de la tirer en longueur pour étendre les fils & les détacher les uns des autres; on élargit les croiſées, & on diviſe la chaîne par petits cordons, afin de pouvoir remettre à leur place tous les fils rompus qui pendent en deſſous.

Quand le temps eſt mauvais, on étend la chaîne collée dans des chambres où l'on met à différents endroits du charbon allumé pour la faire ſécher; en ce cas, on prétend qu'il faut que la colle ſoit plus forte; peut-être les Colleurs n'emploient-ils ce prétexte que pour épargner le charbon.

Remarques ſur la Colle.

Les grandes chaleurs & ſur-tout les temps orageux gâtent la colle (*); cependant quand une chaîne eſt mal collée, la piece manque de fermeté, & elle reſte plus courte, parce que le fil n'ayant pas ſuffiſamment de force pour ſoutenir les efforts de la chaſſe & des marches, il ſe rompt plus ſouvent, & le grand nombre de fils rompus & ſaillants, forme un vuide dans le corps du drap, qui occaſionne que la piece rentre plus vîte ſur ſa largeur quand on la foule : en pareil cas, & pour éviter qu'elle ne devienne trop étroite, il faut la fouler ſur ſa longueur, autrement elle manqueroit de force; & alors on perd ſur l'aunage ce qu'on auroit perdu ſur le lez.

Il eſt vrai qu'une chaîne ſéchée en plein air, ſe trouve toujours mieux collée que quand elle a été ſéchée au feu; mais dans le premier cas, il faut prendre garde qu'elle ne reçoive de la pluie, & qu'on ne ſoit obligé de la retirer avant qu'elle ait pu ſécher, parce qu'alors elle ſeroit toujours mal collée.

(*) Je crois qu'en mettant de l'alun dans la colle, on l'empêcheroit de tourner, & je penſe que la force de la colle n'en ſeroit point diminuée : c'eſt une choſe à éprouver. On pourroit auſſi eſſayer l'effet du tartre crud en poudre.

Dans le cas d'une pluie imprévue, il faudroit la retirer des penteurs, la mettre à couvert, & l'étendre de nouveau aussi-tôt que le beau temps seroit revenu.

Quand par les orages ou une pluie imprévue, une chaîne a été mal collée, on la recolle; mais la chaîne en souffre beaucoup, il est impossible de la bien monter sur l'*ensouple*, & le tissage n'est jamais bien exécuté.

DU TISSAGE.

L'opération du tissage est une des principales de toute la fabrique, & elle demande beaucoup d'attention, d'exactitude & de fidélité de la part des Ouvriers: nous allons commencer par décrire le métier.

Description du Métier & des ustensiles qui servent au Tisseur *ou* Tisserand.

Le *verdillon* Y (*Planche VII.*) est une perche de bois ronde & unie, qui doit avoir six pouces de plus en longueur de chaque côté que la largeur de la chaîne. On la passe dans les petites croisées, & elle tient en ordre le bout des portées, ou la queue de la chaîne; ainsi on passe le *verdillon* Y dans les anses formées par les chevilles *I* (*Pl. VI. fig.* 2); & la corde *y* du verdillon passe dans les anses (*Pl. VI. fig.* 2) formées par la cheville.

Quand on a arrangé sur le verdillon le bout des portées qui doit faire la queue de la piece, on place le verdillon couvert de la chaîne dans une rainure creusée dans la grande *ensouple* A (*Pl. VII. fig.* 1), & il y reste enveloppé par la chaîne, jusqu'à ce que la piece soit entiérement tissue.

La Figure 2 (*Pl. VII.*), est une coupe de la grande *ensouple* A, perpendiculairement à sa longueur, pour faire voir le verdillon *Y*, placé dans la rainure; *e*, *f*, sont quelques fils de la chaîne; *Z* est une coupe du *vateau* dont nous allons parler.

Le *Houeteau* ou *Vateau* ou *Voteau*, & quelques-uns disent *Rateau*, Z (*Fig.* 1 & 3)*, est composé de deux tringles de bois *a b*, *c d*, paralleles l'une à l'autre, qui s'assemblent & s'appuient sur les deux traverses *a c* & *b d*. Ce cadre contient des chevilles de bois *g g*, &c, qui ont environ deux pouces & demi de longueur. Ces chevilles entrent à force dans la tringle d'en bas *c d*, & elles sont reçues dans des trous percés à des distances égales sur la tringle d'en haut *a b*; cette tringle a des trous de rencontre en nombre pareil & à égale distance que ceux de la tringle d'en bas *c d*, & assez larges pour que les chevilles puissent y entrer & en sortir sans peine, afin que la traverse *a b* puisse s'enlever aisément.

Le *Voteau* doit avoir un peu plus de longueur que la largeur qu'on veut donner à la piece, par exemple, deux aunes & demie, afin que la piece puisse

* *Nota.* Les mêmes lettres indiquent les mêmes parties du métier sur les Planches VII. VIII. IX.

y occuper deux aunes un quart. Enfin il doit y avoir autant de chevilles au voteau que le drap doit avoir de demi-portées. Ainſi quand on met au drap un nombre différent de portées, ou quand on fait des draps de différente largeur, il faut changer de voteau.

Le voteau *Z* étant en bon état & garni de toutes ſes chevilles, on leve la tringle ſupérieure *a b*, & diviſant en deux les portées qui ſont ſur le verdillon *Y*, on paſſe entre chaque cheville du voteau une demi-portée, comme on le voit en *g* (*Fig.* 3), par des fils qui repréſentent les demi-portées. Si l'on ne mettoit au *voteau* qu'autant de chevilles qu'il y a de portées à la chaîne, les deux demi-portées qui ſe trouveroient entre les chevilles ſe toucheroient, & elles pourroient ſe confondre; c'eſt pour cette raiſon qu'on met autant de chevilles au voteau qu'il y a de demi-portées, afin que la chaîne ſe diſtribue plus uniformément ſur toute la longueur de la grande *enſouple*. Les branches ou demi-portées étant toutes ainſi placées entre les chevilles, on remet la tringle ſupérieure *a b*, comme on le voit en *Z* (*Fig.* 3)*; & afin qu'elle ne ſorte pas des chevilles, on la lie à la tringle *c d* avec des cordes ou tous autres liens qui y ſont attachés.

On doit, comme je l'ai déja dit, avoir pluſieurs *voteaux*, & en choiſir un qui ſoit auſſi large que les chaînes, & qui ait autant de chevilles que la chaîne doit avoir de demi-portées, afin de ne faire ni vuide ni plein. Quand le voteau ſe trouve trop long, on eſt obligé de faire pluſieurs *vuides* qui occaſionnent que la chaîne eſt molle à ces endroits: quand le voteau eſt trop court, on ne peut ſe diſpenſer de faire des *pleins*, c'eſt-à-dire, de mettre deux demi-portées dans une broche, & alors on eſt expoſé à rompre beaucoup de fils en montant la chaîne.

C'eſt à l'aide de ce *voteau* qu'on roule la chaîne bien réguliérement à plat ſur la grande *enſouple* A, où l'on voit la rainure dans laquelle doit être placé le *verdillon* Y, & les deux demi-portées, dont une paſſe d'un côté & l'autre du côté oppoſé, de chacune des chevilles du voteau *Z*.

La grande *enſouple* A (*Fig.* 1, 4, 5 & 7), eſt, comme nous venons de le dire, un gros rouleau ou cylindre de bois qui tourne ſur des colets. Dans preſque toute ſa longueur, elle eſt creuſée d'une profonde rainure pour recevoir le verdillon *Y*. A un de ſes bouts ſont des chevilles pour la tourner, comme on le voit (*Fig.* 4), quand on monte la chaîne, & empêcher qu'elle ne ſe détende. L'anſouple doit être plus longue que le *voteau*, parce qu'elle déborde le métier par ſes deux extrémités. Pour monter la chaîne ſur ce cylindre, on met le verdillon *Y* dans la rainure de l'enſouple *A*, en rangeant bien réguliérement toutes les demi-portées à côté les unes des autres, par le moyen du voteau. A meſure qu'on tiſſe la toile, on détend l'enſouple pour fournir de la chaîne; c'eſt pour cela qu'elle eſt placée derriere le métier.

* On a repréſenté dans la Figure 3 les chevilles du *voteau* beaucoup trop groſſes & trop écartées, afin de faire mieux comprendre comment il eſt fait.

Les Figures 4 & 5 repréſentent le métier vu par derriere, afin qu'on puiſſe appercevoir la grande enſouple *A*.

Il eſt important que l'anſouple ne ſoit point courbe dans le ſens de ſa longueur, afin que tous les fils de la chaîne ſoient également tendus. Néanmoins comme il arrive ſouvent que la chaîne mollit vers le milieu, parce que les liſieres qui ſont aux deux bouts, ſont une épaiſſeur qui groſſit l'enſouple en ces endroits, il y a des Fabricants qui font tenir la grande enſouple un peu plus groſſe vers le milieu qu'aux extrémités.

Les lames *Q*, ſont montées ſur des tringles *l*, *l*, *m*, *m* (*Fig.* 6 & 8), qu'on nomme *Liais*. A ces tringles ſont attachés par le haut & par le bas des brins de fil retord de lin ou de chanvre, ou encore mieux de laine: on les nomme *Liſſes*. Les liais ont près de dix pieds de longueur; car les lames doivent être auſſi longues que la largeur de la piece ou de la chaîne, y compris les liſieres.

Au milieu de chacun des fils qui forment les liſſes, il y a un anneau *n* (*Pl. VII. fig.* 8), fait du même fil que les liſſes. Ces anneaux ſe nomment *mailles*, & c'eſt par ces anneaux que paſſent les fils de la chaîne avant de ſe rendre au *rot* *. Les deux lames ſont chacune garnies d'une même quantité de liſſes; de ſorte que ſi l'on travaille un drap dans lequel il entre 3800 fils à la chaîne, non compris les liſieres, la lame du pas d'en haut doit avoir 1950 liſſes, & celle du pas d'en bas le même nombre: les 100 liſſes qui excedent le nombre total des fils de la chaîne, ſont pour les liſieres.

Les deux lames ſont ſuſpendues par une même corde *n* (*Fig.* 5), qui ſe replie ſur une poulie *E*, & dont les deux bouts répondent, l'un à la *liais* du pas d'en haut, & l'autre à celle du pas d'en bas, elles y ſont attachées par des lacets; de plus, les lames répondent aux marches *M N* (*Fig.* 5), par des cordes ou *porte-marches* attachées d'un bout aux liais inférieures de chaque lame, & de l'autre aux marches.

Si l'on n'attachoit ces liais que par un bout, ces tringles de bois qui ne ſont pas trop fortes, pourroient rompre; c'eſt pour cette raiſon qu'on ajoute ſouvent au-deſſus & au-deſſous des liais, deux petites tringles de bois qu'on nomme *Billettes*, qui s'attachent aux liais par deux gances, & au milieu eſt le porte-marche; la liais étant ainſi ſaiſi par quatre endroits, elle eſt plus en état de ſupporter l'effort des marches.

On conçoit maintenant que, quand on a abaiſſé une marche, & par conſéquent une lame, il faut que l'autre lame remonte, parce que le *courant*, *n*, eſt d'une piece, & qu'il roule dans une poulie; c'eſt donc par le jeu des marches & celui des lames qui hauſſent & qui baiſſent alternativement, que les fils de la chaîne ſe croiſent pour recevoir ceux de la trame; mais il faut pour cela qu'il y ait alternativement un fil de la chaîne qui paſſe dans les liſſes de la lame du pas d'en haut, & un fil voiſin qui paſſe dans les liſſes de la lame du

* J'expliquerai ailleurs plus en détail la façon de faire les *Liſſes*.

pas

pas d'en bas. C'eſt pour produire cet effet qu'on fait la grande croiſée ſur l'ourdiſſoir ; & pour que les croiſées ne ſe confondent pas, on paſſe dedans deux baguettes qu'on nomme *Verges* (*Voy. Pl. VII. fig.* 1).

Les Tiſſeurs mettent derriere les verges une regle de bois d'un quart de pouce d'épaiſſeur, ſur un pouce & demi de largeur ; & au lieu que les fils ſont croiſés un à un ſur les verges, ils le ſont deux à deux ſur cette regle, qu'on nomme *quarteron*.

Le *rot R* (*Pl. VII. fig.* 4 & 6), eſt une eſpece de peigne dont les dents ſont de roſeau : pour qu'elles ſoient bien liſſes & d'une même groſſeur, on les paſſe dans une filiere qui unit la partie intérieure du roſeau, car la partie extérieure eſt toujours naturellement très-polie *. Ces dents qu'on nomme *Broches* ou *Pues*, ſont retenues haut & bas ſur les tringles d'un chaſſis de bois, & aſſujetties à l'un & l'autre bout par les révolutions d'un fil retors.

La longueur du *rot* eſt déterminée par la largeur du drap; & le nombre des broches, par celui de la moitié des fils, à quoi on ajoute le nombre des fils des liſieres ; ſa hauteur eſt toujours de quatre à cinq pouces, & ſon épaiſſeur d'environ deux lignes. Les fils retors qui tiennent les broches aſſujetties, doivent être gaudronnés, ſans quoi l'eau dont la trame eſt imbibée, les pourriroit promptement : on colle du papier ſur le fil goudronné.

L'office du *rot* eſt de comprimer le fil de la trame dans les angles que font les fils de la chaîne en ſe croiſant; ainſi il faut qu'il paſſe deux fils de la chaîne entre chaque broche du rot ; ſavoir, un du pas d'en haut, & un du pas d'en bas ; ces broches doivent être très-préciſément à égale diſtance les unes des autres.

Il faut que l'écorce des roſeaux ſoit en dehors, tant à droite qu'à gauche, & qu'elle regarde les bouts du *rot* ; c'eſt pourquoi la partie intérieure du roſeau des deux dents du milieu eſt tournée l'une vers l'autre ; par ce moyen la face extérieure du roſeau eſt tournée toujours vers le dehors, tant à droite qu'à gauche, c'eſt-à-dire, vers les deux bouts du *rot*.

Le *rot* devant frapper le fil de la trame auſſi-tôt qu'il a été lancé entre les fils de la chaîne, fait partie de ce qu'on nomme la *chaſſe*. Pour produire cet effet, il faut que la face du métier ſoit d'environ ſix pouces plus élevée que le derriere, afin que la chaſſe qui eſt ſuſpendue près de l'*encouloir* où les Ouvriers travaillent, ſoit mieux diſpoſée à battre ſur la trame : on tient les métiers dans un plan horizontal quand on travaille des étoffes minces.

La *Chaſſe* (*Pl. VII, VIII, IX,*) eſt compoſée de deux pieces verticales *W* qu'on nomme les *Epées* ; à leur extrémité ſupérieure, elles ſont retenues fermement au moyen d'un écrou, aux traverſes d'en haut du métier, la tête des vis eſt retenue par un tourillon dans une piece de fer à enfourchement, fermement attachée au bout ſupérieur des *Epées*, & qui permet à la *chaſſe*

* Je donnerai ailleurs plus en détail la façon de faire ces ſortes de peignes.

d'avoir un mouvement de balance : les *Epées* ſont poſées verticalement aux deux extrémités de la chaſſe dont elles forment les côtés.

Aux deux extrémités d'en bas des *épées*, ſont aſſemblées deux traverſes horizontales. La traverſe ſupérieure *R* ſe nomme le *Chapeau*; & la traverſe inférieure, le *Sommier*. Chacune de ces deux pieces porte une grande rainure, dans leſquelles le *rot* entre librement à couliſſe ; je dis librement, car il faut que le *rot* puiſſe couler aiſément entre les deux pieces dont je viens de parler, ſavoir, le chapeau qui fait le deſſus de chaſſe, & le ſommier qui eſt au-deſſous pour ſe prêter aux inflexions de la chaîne. En conſéquence, le *rot* ſe trouve placé entre le ſommier & le chapeau ; c'eſt ſur le chapeau *R* que l'Ouvrier poſe la main pour faire agir la *chaſſe*.

Sous les bras des Ouvriers, eſt une piece de bois *I*, qu'on nomme la *poitriniere*, *couloire*, ou *encouloire* : on la voit en différentes poſitions dans les Planches VII, VIII & IX. Elle eſt refendue dans toute ſa longueur, pour laiſſer paſſer la partie de l'étoffe qui eſt tiſſue.

Sous l'encouloire eſt la petite *enſouple G* (*Pl. VII, VIII & IX*), ſur laquelle on roule l'étoffe au ſortir de l'encouloire, & à meſure qu'elle eſt fabriquée.

Le métier qui porte toutes les pieces dont nous venons de faire le détail, doit être de bon bois de chêne, bien ſec pour qu'il ne ſe déjoigne pas, & il doit être très-ſolide. Sa hauteur totale doit être de huit à neuf pieds ; car plus les épées *W* qui tiennent les chaſſes ſont longues, plus elles ont de force pour frapper le drap.

Le bâti du métier ſe nomme la *Chapelle*, les montants *ef*; *gh*, s'appellent les *Chandeliers*; les traverſes *f*, *g*, lient les chandeliers par le haut. La partie *eh*, juſqu'à la hauteur de la grande *enſouple* A, & de l'encouloire *I*, eſt le *pied* du métier. Toutes ces pieces ſont affermies par des traverſes & des liens. On en a ſupprimé une partie pour moins embarraſſer les figures.

Les marches *M*, *N* ſont des pédales ſur leſquelles les Tiſſeurs appuient alternativement le pied droit & le pied gauche, pour faire monter une lame pendant que l'autre baiſſe ; elles ſont arrêtées en *O*, par le piquet des marches qu'on nomme auſſi *Marionnettes*.

On appelle *Penne* des bouts de fils retors, auxquels on attache les fils de la chaîne pour commencer la piece : nous en parlerons ailleurs.

On nomme *Temple* une barre qui porte à une de ſes extrémités une crémaillere ; elle ſert à entretenir le drap dans une largeur uniforme.

On met quelquefois ſous le métier un ratelier *X*, ou *faudet*, pour empêcher que le drap ne porte à terre & ne ſe ſaliſſe, lorſqu'on l'ôte de deſſus la petite enſouple. On voit ce ratelier en *X* ſur les Planches VIII & IX.

Des Navettes.

Les *Navettes* (*Pl. VIII. fig. 3*) sont faites de buis ; elles sont larges dans le milieu *a*, de deux pouces une ou deux lignes, & se terminent en pointe à chaque bout *b*. Elles ont deux pieds deux pouces de long : le milieu *a*, est évidé, & forme une espece de boîte ovale, qu'on nomme *poche*, de trois pouces & demi de long, d'environ deux pouces de large, & d'un pouce & demi de profondeur. Au fond de cette poche, il y a une ouverture d'une ligne de largeur sur trois pouces de longueur, par laquelle l'eau des *sépoules* peut s'écouler.

Cette *poche* ou boîte est plus élevée dans le milieu d'environ un quart de pouce, & se termine en pente douce vers les deux extrémités de la navette, dont l'épaisseur, vis-à-vis le milieu de la poche, est d'un pouce trois quarts, & se termine insensiblement en pointe vers les extrémités. Au moyen de l'élévation du milieu de la navette, la *sépoule* qui est logée dans la poche, est garantie du frottement contre la chaîne, & elle se devide sans aucun obstacle.

Les navettes ont leur plan de dessous relevé imperceptiblement vers les extrémités ; cette forme les rend plus coulantes.

Les deux extrémités des navettes sont garnies d'une pointe de fer relevée en forme de patin, afin qu'en coulant dans la chaîne, elles n'en arrachent pas les fils.

Le contour extérieur de la boîte est garni de cuivre percé dans le milieu vers *a*, d'un trou garni d'un petit anneau de fer, par où passe le fil ou *duite* de la *sépoule*.

Aux deux bouts de la boîte sont percés deux autres trous dans le corps de la navette, au fond desquels il y a de petits ressorts en forme de tire-boure. C'est dans ces trous qu'on place une petite broche de bois, appellée *Prime*, qui traverse la *sépoule*, & sur laquelle elle tourne.

Tout le reste du plan de la navette est recouvert par dehors de lames de corne blanche, d'environ trois quarts de pouce de large & de deux lignes d'épaisseur : enfin le dessous est un peu évidé dans la longueur d'un pied. Les navettes de Hollande sont plus légeres, & elles roulent mieux que celles de France.

Des Sépoules.

On appelle *Sépoule* une espece de petite bobine *a* (*Pl. VIII. fig. 4*), placée dans la poche de la navette, & traversée par la prime *b*, qui est retenue aux deux bouts par des ressorts *c*, *c*.

Cette bobine ou *sépoule* est une piece de roseau sur laquelle on devide mollement le fil de la trame. L'Ouvriere qui charge la sépoule (*Pl. IX. fig. 1*), doit avoir attention de mouiller le fil de la trame également, & de ne pas trop ſerrer les doigts quand le fil y paſſe en devidant; & s'il ſe rompt dans cette petite opération, elle ne doit pas négliger de le renouer proprement. *d*, eſt une boîte dans laquelle les Tiſſeurs mettent les ſépoules. On place cette boîte au milieu du métier, comme on le voit (*Pl. VIII. fig.* 1. & *Pl. IX. fig.* 2).

Monter la Chaîne ſur le Métier.

QUAND la chaîne eſt bien collée & ſéchée, on la monte ſur le métier des Tiſſeurs ou Tiſſerands. Il faut quatre Ouvriers pour cette opération : le premier qui eſt repréſenté (*Pl. VII. fig.* 4), prend la chaîne à deux mains, en dehors du métier, du côté de la groſſe enſouple *A*, elle paſſe ſur la traverſe *c*, du devant du métier; & il la tient du côté de la chaîne, qui répond à la grande croiſée.

Entre cette barre & la groſſe enſouple, eſt placée un ſecond & un troiſieme Ouvrier * qui tiennent le voteau *Z* (*Fig.* 1 & 4), qui eſt, comme on l'a dit, une eſpece de ratelier de bois: dans chacune des broches de ce voteau, ſont diſtribuées les demi-portées de la chaîne que l'on y a fait entrer, après avoir dénoué le lien qui tenoit la petite croiſée : la chaîne paſſe par-deſſus la barre *c*; & au moyen de ce voteau, l'on arrange la chaîne ſur toute la longueur de la groſſe enſouple, ſuivant la largeur que le drap doit avoir. On a paſſé, comme il a été dit, dans les boucles des portées, une baguette & une corde appellées *Verdillon* Y (*Fig.* 1), que l'on fait entrer enſuite dans la rainure de la groſſe enſouple *A*, (*Fig.* 1 & 4). Deux Ouvriers tiennent le voteau, l'un par un bout & l'autre par l'autre: ils doivent avoir grande attention qu'aucun des fils qui peuvent caſſer, ne paſſe d'une des dents à l'autre, ou qu'il n'y ait quelques demi-portées qui ſe trouvent brouillées & mêlées avec d'autres; cet inconvénient mettroit la chaîne en riſque d'être rompue.

Celui qui tient la chaîne en dehors de la groſſe enſouple, doit la tenir bien ferme, & ne pas lâcher d'une main plus que de l'autre; celui ou ceux qui font tourner l'enſouple *A* : ſe tenant du côté où ſont les lames, doivent tourner bien doucement & uniformément; de plus, ils doivent veiller à ce que la chaîne ſoit montée bien ferme ſur l'enſouple, parce que plus elle eſt montée ferme, plus les Tiſſeurs ont de facilité à ouvrir facilement leur croiſée, & à bander fermement leur drap; ils doivent auſſi conduire les enſeignes très-égales.

Auſſi tôt que la chaîne eſt montée ou roulée ſur la grande enſouple, on ôte le voteau en démontant la barre de deſſus, qui ne tient que par ſes extrémités; & l'on paſſe dans la grande croiſée deux longues verges à la place des liens qui la tenoient; on aſſure ces verges aux deux bouts par des liens,

* *Nota.* Les Ouvriers qui tiennent le voteau, ne ſont pas repréſentés dans la figure.

afin

afin que la croisée n'échappe point; on dispose ensuite la chaîne à passer dans les lames *Q*, qui sont placées sur le métier, à peu-près parallélement l'une à l'autre: dans la premiere, on fait passer les fils du pas d'en haut; & dans la seconde, les fils du pas d'en bas; enfin l'on attache ces fils les uns après les autres aux fils de *pennes* qui traversent les lisses (*Pl. VII. fig. 5*). L'Ouvrier ne sauroit avoir trop d'attention pour nouer tous ces fils, & prendre garde de ne pas mettre un fil du pas d'en haut dans le pas d'en bas, ce qu'on appelle *for-nouer*, ce qui se fait en nouant un fil du pas d'en haut avec un fil du pas d'en bas; s'il se trompoit, la chaîne seroit nouée *hors de pas.*

Pour comprendre ce que c'est que les fils de *penne* & leur usage, il suffit de faire attention qu'on pourroit passer tous les fils de la chaîne; 1°, par les *lisses*; 2°, par le *rot*; 3°, ensuite par la fente de l'*encouloire*, & les attacher à la petite *ensouple*; alors la chaîne seroit en état d'être travaillée; mais la toile ne commence à se tisser qu'un peu en avant de l'*encouloire;* ainsi toute la longueur des fils comprise depuis le rot jusqu'à la petite ensouple, seroit perdue. Pour éviter cette consommation inutile, on a des fils qui s'étendent depuis la petite ensouple jusques passé les lisses; ces fils qui servent pour plusieurs pieces de toile, & qu'on nomme *penne*, passent entre les broches du rot & dans les mailles des lisses. On lie chaque fil de *penne* à un fil de la chaîne; &, en tournant la petite ensouple, on fait passer tous les nœuds par les mailles, puis entre les broches du rot; & quand ils approchent de l'encouloire, on commence à former le tissu.

On a remarqué qu'il est superflu d'avoir des fils de *penne* aussi longs que je viens de le dire; & afin de les rendre fort courts, on les attache à une baguette qui doit entrer dans la rainure de l'encouloire; il part de cette baguette plusieurs petites ficelles qui vont se rouler sur la petite ensouple: on conçoit qu'au moyen de ces ficelles, on peut tirer en arriere la baguette & en même temps les pennes qui répondent aux fils de la chaîne. On voit en *q* (*Pl. VII. fig. 6*), les fils de la chaîne noués par faisceaux d'un certain nombre, pour pouvoir les trouver plus aisément quand on les lie avec les fils de penne.

S'il se trouve des fils de chaîne ou de penne cassés, on doit laisser la place vuide; parce qu'ensuite, lors du travail du drap à l'endroit où manqueroit ce fil, comme on ne les trouveroit point, on y substitueroit un fil appellé *Linga* ou *Courant.*

Pour achever de passer la chaîne & de la mettre en état d'être travaillée, on suspend les lames par des lacets qui se trouvent à peu-près au sixieme des bouts des *liais* du haut des lames; on attache ainsi le côté droit avec une corde qui passe dans la moufle ou poulie *E*; & le côté gauche, à une pareille moufle *E*, ensuite ces cordes viennent s'attacher, après avoir passé sur la moufle, aux liais de l'autre lame.

Perpendiculairement à ces cordes, on attache d'autres lacets à chaque liais du dessous des lames, lesquelles sont aussi attachées aux marches, qui par ce moyen se trouvent suspendues. On met ensuite le rot dans la chasse du métier où il se maintient, au moyen des rainures creusées dans le dessus & le dessous de chasse, qu'on appelle dans quelques Manufactures le *Chapeau* & le *Sommier*, dans lesquels le rot est assujetti à l'aise, tant en dessus qu'en dessous. Le chapeau a la liberté de s'élever lorsqu'on veut mettre le *rot* en place ; mais il faut qu'il soit ensuite retenu fermement pour résister aux efforts que les Tisseurs font pour frapper la *duite ;* & pour empêcher que ce chapeau ne retombe sur le *rot*, il est ordinairement assujetti, dans une position convenable, par une cheville qui le traverse & qui passe dans les épées.

Tout étant ainsi disposé, deux Tisseurs, l'un placé à droite & l'autre à gauche (*Pl. IX. fig.* 2), font ensorte, par de petits mouvements qu'ils donnent en poussant les lames vers la grosse ensouple *A*, que les lisses reçoivent dans leurs mailles les nœuds qui joignent la chaîne avec les pennes ; les nœuds passés dans les mailles des lisses, se trouvent entre les lames & le rot ; & pour leur faire passer le rot, il faut commencer par détourner la grosse ensouple *A*, d'environ quatre doigts, & tourner ensuite la petite ensouple *G*, sur laquelle se roule le détour de la grosse ; après quoi, en soulevant peu à peu & partie par partie, le fil avec ménagement du côté des lames, les nœuds passent dans le rot, qu'on remet en place dans la chasse, & la chaîne se trouve en état d'être travaillée : il ne reste plus qu'à disposer les lisieres.

Des Lisieres.

Les lisieres des draps sont faites ordinairement avec du poil de chevre ou de la laine qui vient d'Allemagne, ou même avec des laines communes du Royaume : on n'a point égard à leur finesse ; mais il faut qu'elles soient fortes & fort longues.

Je crois que dans la Manufacture de M. de Julienne, on emploie pour les lisieres du poil de chien noir.

On fait les lisieres des draps de couleur, avec des laines teintes du pays.

On graisse le poil comme la laine avec de l'huile d'olive ; on emploie environ cinq quarterons de cette huile pour neuf à dix livres de poil.

On donne la préférence au plus gros & au plus long poil, parce qu'il ne rentre pas si vîte à la foulerie. On le drousse, on le carde, on le file comme les grosses trames, & on le double pour le retordre ; ensuite on le bobine comme une chaîne ; mais comme ce poil foule plus vîte que la laine du drap, on fait les lisieres plus longues que la piece. Si, par exemple, la chaîne d'une piece porte soixante aunes & un seizieme, & qu'elle soit destinée à être foulée à l'urine, la chaîne des lisieres portera 67 à 68 aunes : si le drap doit être foulé en ſavon, on augmentera encore la longueur de la liſiere, parce que le ſavon fait plus rentrer le poil que l'urine.

L'Ourdiſſeur a ſoin de diſtribuer proportionnellement cet excédent de longueur ſur chaque enſeigne, afin que le Tiſſeur, en la travaillant avec le drap, puiſſe la conduire juſte & également juſqu'à la fin.

Avant de travailler les chaînes, il faut les fouler ſous le pied; cette opération leur tient lieu de colle. La pratique des Ouvriers varie beaucoup ſur ce point: les uns les foulent avec des cendres, d'autres avec la boue des rues, d'autres avec de l'urine, d'autres avec de la craie blanche, d'autres enfin avec de la terre à foulon. Comme ces différents foulages produiſent des effets différents, parce que les uns font retirer les liſieres plus que d'autres, & qu'il faut néanmoins que toutes les liſieres ſoient d'une égale longueur, il eſt convenable de faire obſerver une pratique uniforme dans une même manufacture, & le Fabricant doit obliger ſes Tiſſeurs à fouler les liſieres avec les mêmes matieres, ou prendre ſoin de les faire fouler par d'autres Ouvriers qui leur donnent *toute foulée;* car dans l'opération du foulage, le drap ſe trouveroit pliſſé ſi les liſieres étoient trop courtes, ce qui empêcheroit l'effet du chardon dans le *lainage*, & celui des ciſeaux dans le *tondage*, parce que les couteaux ne peuvent porter également ſur toute la largeur de la table; & qu'au contraire les liſieres trop longues rendroient les côtés du drap plus minces & plus alongés que le milieu: on voit par-là combien il eſt eſſentiel de connoître ſi le poil de la liſiere foule trop ou trop peu.

Quand les trames de liſiere ſont ſeches, & que la chaîne du drap eſt montée & nouée, chaque Tiſſeur prend ſa liſiere de ſon côté; il ne la roule point ſur la groſſe enſouple, mais il la fait paſſer ſur les barres de ſon métier *B*; il lui fait faire un ſeul tour ſur l'enſouple; il en paſſe les fils dans les mailles de la lame & dans les broches du rot pour la joindre au drap.

Afin de la conduire également, il paſſe dans le milieu de cette chaîne de liſiere, un petit crochet auquel il ſuſpend un poids, qui eſt ſouvent un ſachet dans lequel on met des cailloux; au moyen de ce poids il rend ſa trame lâche ou roide à ſon gré, pour que la liſiere s'uniſſe exactement avec la chaîne du drap; ſi la chaîne de liſiere eſt trop lâche, il met une pierre dans le ſachet; ſi elle eſt trop roide, il en ôte.

On voit en *B* (*Pl. VIII. fig.* 1 & 2), les pelotons de chaîne de liſieres qui pendent; & en *B* 2, (*Fig.* 2), les poids dont nous venons de parler, qui ſervent à tendre la chaîne.

Quand on n'a pas réuſſi à bien conduire les liſieres, on eſt obligé de les couper & de les rentraire en les couſant dans toute la longueur de la piece: ce moyen eſt aſſez bon; mais les acheteurs peuvent ſoupçonner qu'on ait couſu la liſiere d'un beau drap ſur un plus commun; d'ailleurs c'eſt un objet de dépenſe.

Du travail des Tisserands ou Tisseurs.

TISSER un drap, c'est en former une espece de toile. Il faut pour cette opération, que deux Ouvriers (*Pl. IX. fig. 2*), montent sur les marches *M,N* (*fig 4*). Celui de la gauche appuie le pied gauche sur la marche qui est de son côté gauche; & le pied droit sur celle qui répond à ce même pied; le Tisseur de la droite pose le pied gauche sur sa marche gauche, & le droit sur sa marche droite; & tous deux appuient à la fois sur les marches gauches, & font baisser la lame du pas d'en bas, à laquelle ces marches sont attachées: ce mouvement fait remonter les marches de la droite, & par conséquent la lame du pas d'en haut; ce qui forme à la chaîne entre les lames & le rot, une ouverture qui partage la chaîne par moitié, dont une partie est baissée & l'autre est élevée. Le Tisseur du côté droit, tient sa main gauche sur le chapeau de la chasse, & sa droite lui sert à recevoir & à lancer la navette: au contraire, le Tisseur du côté gauche, tient sa main droite appuyée sur le chapeau de la chasse, & c'est avec sa main gauche qu'il reçoit & qu'il lance la navette. Ils poussent ensuite la chasse & le rot du côté des lames *Q*. Dans l'ouverture que forme le croisement des fils, & qui se trouve pour lors entre le rot & l'encouloire, le Tisseur de la gauche lance sa navette garnie de trame, & le Tisseur de la droite la reçoit, ce qui forme une *duite*; puis tous deux ensemble baissent la chasse & le rot, & frappent huit coups sur cette duite, ces huit coups ne sont pas donnés de suite; quatre seulement portent sur la trame même; puis fermant la croisée, par le moyen du pied qu'on appuie sur l'autre marche, elle fait lever la partie de la lame qui tenoit baissée la moitié des fils, tandis que celle qui s'étoit levée, s'abaisse par le même mouvement, ensorte que les fils de la chaîne se croisent sur la partie de la trame qui vient d'être lancée; alors on frappe les quatre autres coups, c'est ce qu'on appelle *frapper moitié chaîne ouverte & moitié fermée*, ou bien *quatre coups ouverts & quatre coups fermés*. Dans quelques fabriques, on frappe quatre fois à chaîne ouverte, & cinq fois à chaîne fermée. Ainsi quoique l'Ordonnance ne prescrive que de frapper huit coups pour certains draps, le plus souvent on en frappe un plus grand nombre.

Après que les Tisseurs ont frappé les quatre ou cinq coups à chaîne fermée, ils poussent la chasse & le rot du côté des lames *Q*. Le Tisseur de la droite lance sa navette dans cette seconde ouverture, & le Tisseur de la gauche la reçoit; ils frappent ensuite les huit coups, la chaîne ouverte ou fermée, & continuent cette manœuvre jusqu'à ce que la chaîne soit remplie des *duites* de la trame; ensorte que chaque fois que l'on appuie sur les marches de la gauche, c'est le Tisseur de la gauche qui lance la navette; &, au contraire, quand ils appuient sur les marches de la droite, c'est au Tisseur de la droite à lancer la navette.

Attention

Attention des Tisseurs.

1°, Ils doivent observer de bien mouiller leur trame avant que d'en faire des *sépoules* pour mettre dans leurs navettes, parce que la laine, lorsqu'elle est humide, perd de son élasticité & de sa roideur, & la *duite* s'entasse mieux sous les coups de la chasse & du rot; car il est très-important que le drap soit bien fourni de trame, sans quoi la toile seroit mince & claire; elle se retireroit beaucoup au foulon, & le drap perdroit de sa largeur; ou bien il faudroit le tirer de la pile avant qu'il fût parfaitement foulé, & suffisamment feutré. On pourroit effectivement faire retirer le drap sur la longueur; mais on n'est pas maître de faire beaucoup rentrer les draps dans ce sens. La plupart des Foulonniers accoutumés à une routine, ne s'en écartent gueres; & comme ils savent que ce qui manque sur la longueur, cause un préjudice notable au Fabricant, ils cherchent à n'être pas obligés d'avoir recours à ce moyen. Les draps mal tissus restent donc clairs & incapables de supporter les apprêts.

2°, Il faut qu'ils aient attention de bien bander la chaîne par le moyen de la roue dentée qui est à la tête de la petite *ensouple* G (*Pl. IX*).

3°, De marcher bien ferme & de même temps, alternativement sur les marches de la droite & de la gauche, afin que la chaîne soit ouverte bien uniment.

4°, Ils doivent frapper exactement, & en même-temps les huit coups sur chaque duite; sans cela le drap seroit mou, parce qu'il ne seroit pas assez rempli de trame.

5°, La chaîne doit ête tenue d'une largeur égale, par l'instrument qu'on nomme *Temple*, qui s'agrisse par ses deux bouts dans les lisieres du drap qui vient d'être tissu; de façon qu'à chaque coup de rot qu'on donne sur le fil de trame lancé dans la chaîne, ce *temple* doit s'ébranler également par-tout: les Tisseurs doivent prendre garde que le *temple* ne déchire la lisiere; ils ne doivent pas non plus attendre que le drap soit trop près des lames pour *templer*; c'est-à-dire, changer le temple de place.

Cette barre qui se nomme *Temple*, est faite pour maintenir le drap dans sa largeur, & donner aux Tisseurs le moyen de bien frapper, parce que le *temple* tient le drap ferme. Les Ouvriers ne doivent pas approcher le *temple* trop près du rot; c'est-à-dire, qu'il faut qu'il y ait au moins la distance d'un pouce entre le temple & le rot; sans cela il se feroit des coupes, ce qui est un défaut essentiel: ils doivent aussi avoir attention, quand ils ont fait trois pouces de drap, de dérouler la grande *ensouple* A, de la même quantité; & de faire venir ces trois pouces de chaîne du côté de l'encouloire par le moyen de la roue dentée en faisant rouler le drap sur la petite *ensouple* G.

6°, Les Tisseurs doivent observer de ne point laisser courir des fils cassés, ſur-tout s'il y en a deux de ſuite ou peu éloignés l'un de l'autre : ce défaut forme un vuide ſur le métier qu'on nomme *Roſée ;* & lorſque le drap eſt foulé, on apperçoit une noirceur qui diminue le lainage & affoiblit le drap ; il faut donc avoir grande attention de renouer les fils qui caſſent, ſoit entre les lames *Q*, ou entre le rot & les lames, faute de quoi ceux-ci romproient d'autres fils de chaîne en travaillant, ce qui feroit un défaut, que l'on appelle *pas de chat*, qui eſt plus dangereux que les trous.

On alonge les fils caſſés de la chaîne quand ils ſont trop courts, avec un fil collé ſemblable à ceux de la chaîne ; on le nomme *Lingat*, & ce fil ſe prend ſur les bobines *T* (*Pl. VIII. fig.* 1), où l'on a ſoin de le devider.

7°. Lorſque les Tiſſeurs lancent leur navette, ſi le fil de la trame qu'elle contient, vient à caſſer, ou que la ſépoule finiſſe, ils doivent, en relançant leur navette, commencer à l'endroit où la ſépoule a fini, autrement ils feroient des *doubles duites* qu'ils nomment *moutade*, de même que s'ils n'avoient pas ſoin de prendre garde que la duite ſoit bien étendue : les doubles duites ſont deux fils de trame placés dans la même ouverture de la chaîne Les *Epinceuſes* peuvent tirer une partie des doubles *duites* ; mais c'eſt du temps & de la laine perdus. Il faut encore éviter de faire les *doubles traces*, qui ſont deux fils caſſés près l'un de l'autre ſur le même pas de chaîne.

A l'égard des *pas de chat* dont nous avons parlé, ils ſe font ordinairement, quand les mailles des liſſes ſe trouvant uſées, ſe joignent enſemble, de façon que pluſieurs fils de chaîne ne travaillant plus, forment dans le drap un défaut qui ne peut ſe réparer qu'en détiſſant ; je ne ſais pas même ſi cela eſt poſſible ; car on ne détiſſe pas ordinairement ; on laiſſe ſubſiſter ce défaut qui eſt ſi eſſentiel, ſur tout pour les draps de couleur, que les Tiſſeurs qui le font, ſont punis par une amende.

8°, Ils doivent à chaque fois qu'ils ont fait cinq ou ſix aunes, dérouler le drap qui ſe trouve ſur la petite enſouple *G*, & le faire ſécher en le mettant ſur un ratelier ou *ſaudet* X, qui ſe trouve ſous les métiers : pour les draps de couleur, il faut dérouler & liſſer tous les jours, ſur-tout quand il fait chaud & humide, ſans quoi la couleur ſeroit altérée.

9°, Il y a encore d'autres défauts qu'ils doivent éviter, qui ſont les *Clairures* & *Lardures* : je vais expliquer ces termes.

Les *Clairures* ſe forment quand le drap n'eſt pas tiſſu uniformément, & qu'il s'y trouve des endroits où les *duites* ne ſont pas aſſez entaſſées : ce défaut vient ſouvent auſſi d'une *ſépoule* qui ne ſera pas ſuffiſamment mouillée, ou bien de ce que quand les Tiſſeurs commencent à ſe remettre à l'ouvrage, ils n'ont pas ſoin de mouiller les dernieres *duites* de leur drap ; les nouvelles qu'ils y lancent enſuite, ne pouvant ſe marier avec celles-là, forment une clairure.

Les Tiſſeurs doivent donc avoir ſoin d'humecter quatre ou cinq *duites* quand ils recommencent à travailler ; la plus grande partie se contentent de mouiller une sépoule qui étant lancée, se serre beaucoup plus fort que le drap vieux travaillé, & occasionne des *ribottages* au retour du foulon.

Si les Tisseurs n'ont pas soin de frapper également le même nombre de coups & d'une force égale sur chaque *duite*, quand ils ont manqué de donner quelques coups de chasse avant de lancer la premiere duite ; s'ils négligent ces attentions, ils feront des claires-voies ou *entre-bas* : comme ces endroits, plus foibles rentrent très-promptement au foulon, il faut, pour équarrir ces pieces sur les *rames*, tirer fortement ces parties qui deviennent quelquefois foibles au point de se déchirer.

Les *Lardures* se font quand les Tisseurs ne marchent point assez ferme, ou, en terme de fabrique, qu'ils ne *font pas assez de foule* : quand la chaîne est mal montée ; quand elle n'est pas ouverte uniformément, pour lors des fils de chaîne qui ne se trouvent pas tendus, sont lardés par la trame qui passe dessous ou dessus, ce qui fait un mauvais effet.

Un article important pour qu'un drap soit tissu également, c'est qu'il faut que la petite ensouple soit d'un pouce plus grosse au milieu qu'aux extrémités, parce que, comme les bouts sont remplis par les lisieres ; il faut, pour que la chaîne ne soit point molle au milieu, que la grosseur de l'ensouple soit plus considérable en cet endroit qu'aux extrémités.

Pour faire un bon tissage, il faut que tous ces défauts soient évités. Pour connoître si les Tisseurs ont fait leur devoir, quand ils rapportent leur drap chez le Fabricant, on le passe successivement dans toute sa longueur sur deux perches horizontales éloignées l'une de l'autre de deux pieds, comme on verra dans la suite que sont celles des Laineurs, & l'on examine à jour & à contre-jour toutes les parties du drap pour en reconnoître les défauts.

Un drap bien tissu est beaucoup plus aisé à fouler qu'un drap mal tissu.

Inconvénients qui arrivent au Tissage.

Un Tisseur qui monte sa chaîne molle & qui la travaille de même, qui, outre cela, laisse courir beaucoup de fils sans les remplacer, fait immanquablement un drap qui n'a point d'aunage, quoiqu'il contienne beaucoup de trame ; parce que cette trame n'ayant pas été étendue en travaillant le fil, forme le *genou*, & les fils saillants font un vuide qui, par ces raisons, s'emplit de trame ; en conséquence, le drap s'accourcit à la foulerie & *mange* sur la longueur. Ainsi, au lieu d'obliger les Tisseurs à remplacer les fils rompus à chaque demi-aune, il y a des Fabriques où, pour les draps fins, on les assujettit à les refaire si-tôt qu'ils sont suffisamment longs pour être attachés à la *duite* ; il est clair que comme l'endroit où est la *refaite* générale de ces fils, se trouve plus plein que la portion du drap précédemment tissu où ces fils manquoient, cette partie ne peut rentrer si facilement à la foulerie ; ce qui occasionne des inégalités de largeur & même des *poches* ou douilles, lorsque beaucoup de fils rompent, ou quand les Tisseurs ne refont leurs fils que deux fois par jour.

Quand on voit des *poches* sur la largeur d'un drap qui revient de la foulerie, on en attribue la cause à ce que la trame étoit trop grosse & trop torse ; cela peut bien arriver quand les poches sont petites ; mais les grandes *poches* qui rendent le drap inégal en force & en largeur, procedent du Tisseur, qui trouvant sa trame trop fine & trop douce, la trempe dans de l'eau corrompue, & l'y foule avec ses mains pour la rendre plus grosse & plus ferme, & qui après l'avoir battue dans ses mains, la fait sécher.

Par cette manœuvre, le fil peut rentrer d'un quart de sa longueur ; or cette trame qui est déja foulée, ne peut plus rentrer autant qu'elle devroit faire à la foulerie, ce qui est bien capable de produire les poches dont il est question.

Il se trouve encore des draps maigres le long des lisieres, & cependant fermes dans le milieu : on croit que cela arrive quand un Tisseur ne donnant pas le loisir à ses lisieres de sécher avant de les travailler, elles s'échauffent & communiquent leur défectuosité aux bords du drap.

L'étendue du métier contribue encore à la perfection de l'ouvrage ; bien entendu qu'il s'agit ici de l'espace de l'ensouple à l'encouloire ; plus cet espace est long, plus le fil a la facilité de s'étendre, & le pas s'en ouvre mieux.

Un drap qui est ras au sortir du tissage, aura de la longueur & de la fermeté ; il n'en faut pas être surpris : car un tissu qui renferme en lui toute sa matiere, doit mieux réussir que celui qui aura une partie de ses poils flottants. Il y en a qui flottent pardessus, & d'autres pardessous ; c'est pour cette raison qu'on presse quelquefois l'envers du Tisseur pour en faire l'endroit du drap. On attribue cette variété à ce que quand le *rot* est à *duite*, c'est-à-dire, lorsqu'il penche ou s'incline du côté des lames, le drap flottera en dessus ; si au contraire le rot penche du côté de l'encouloire, le drap flottera en dessous, parce que le rot qui frappe plus dessus que dessous, pousse le flot en dessous, & le contraire arrive quand le rot frappe plus dessous que dessus.

Il faut donc pour qu'un drap sorte ras du métier autant qu'il est possible, que le rot soit droit lorsqu'il est à *duite*.

On a vu ci-devant à l'article du filage, que les Fileuses sont payées selon la quantité d'écheveaux ou *échets* qu'elles rendent, chaque écheveau étant formé d'un nombre de tours de l'asple ; il en est de même dans certaines Manufactures pour le tissage des draps ; les Tisseurs sont payés selon la quantité d'écheveaux de trame qu'ils font entrer dans la piece de drap ; ainsi plus ils en font entrer, plus ils gagnent, ce qui les engage à bien frapper. Cette méthode devroit être adoptée dans les Manufactures où l'on fait des doubles broches ;

broches ; mais dans celles où l'on veut des ouvrages déliés, quoique fermes dans le pied, les draps trop frappés seroient *mâtinés* & sujets à se couper en peu de temps.

Travail des Nopeuses *en gras pour* énouer *ou* épincer.

Aussi-tost que le drap est tissu, & qu'il a passé à la perche chez le Fabricant, il est remis aux *Nopeuses,* que l'on appelle aussi *Epinceuses;* ce sont des femmes ou des filles qui remettent ce drap dans leur ouvroir encore une fois sur les perches, si ce sont des draps blancs, ou sur une table couverte de plusieurs couches de drap, si ce sont des draps de couleur. L'épinçage se fait mieux quand le dessus de la table est incliné en forme de pulpitre : cette table doit être tournée au jour, de façon qu'elles puissent voir distinctement tous les défauts du drap. Ces Ouvrieres ont chacune une petite pince de fer pointue qu'elles tiennent de la main droite ; elles tirent les pailles, les brins de chanvre, les doubles *duites*, les nœuds & autres corps étrangers ou superflus qui peuvent se trouver dans le drap.

Leur travail consiste à réparer une partie des imperfections qu'elles peuvent appercevoir. Elles doivent prendre garde, en tirant un nœud, de ne pas casser le fil de la chaîne ; car lorsque la chaîne & la trame sont cassées l'une sur l'autre, il en résulte des trous qui peuvent s'agrandir au foulage : il faut sur-tout ménager soigneusement la chaîne.

L'*énouage* ou *épinçage* altéreroit beaucoup plus le drap si on le faisoit plutôt après le dégraissage qu'avant : les *Nopeuses* doivent bien secouer leur drap avant de le rendre au foulon, parce que s'il y restoit quelques nœuds, des bouts de trame ou de chanvre, ces fils, quoiqu'arrachés, se marieroient par l'action des maillets avec la superficie du drap, comme si les *Nopeuses* ne les avoient pas arrachés.

De la Foulerie.

Les opérations de la foulerie sont très-essentielles à la fabrique des draps ; elles demandent une attention suivie, & des connoissances qui ne s'acquierent que par une longue expérience ; ainsi les Fabricants doivent en faire une étude particuliere pour être en état de guider par eux-mêmes leurs *Foulonniers*, s'ils veulent que leurs draps sortent parfaits de leurs mains. De toutes les opérations de la draperie, c'est le foulage qui exige plus d'attention, de raisonnement & de bon sans : si le dégraissage & le foulage sont manqués, tous les soins qu'on s'est donnés jusques-là sont perdus ; & inutilement essayera-t-on de réparer les défauts qui auront été produits dans la foulerie ; car les apprêts donnés avec la plus grande intelligence, ne pourront que les masquer. Cependant ces opérations si essentielles sont souvent confiées à des gens de routine & peu intelligents.

De l'effet du Foulon.

Il faut que les avantages qu'on procure aux Draps en les foulant, soient bien réels, pour avoir fait passer sur les inconvénients considérables qui accompagnent cette opération : dans l'usage, nos étoffes ne s'usent que par les tiraillements & par les frottements.

On porteroit long-tems un drap avant qu'il eût souffert, par le service, des tiraillements & des frottements équivalents à ceux qu'il éprouve dans l'opération du foulage. On ne peut pas douter que le foulon ne les use: cependant, quoique son opération lui fasse subir tout ce qui peut faire user un drap, il le garantit néanmoins d'être usé aussi vîte qu'il le seroit s'il n'avoit pas été foulé. On sera sans doute curieux d'approfondir les raisons physiques & méchaniques qui rendent les draps foulés supérieurs aux étoffes de même genre qui ne seroient que tissues; quoique je n'ose espérer de satisfaire sur cela le Lecteur, je vais cependant présenter quelques idées qui le mettront peut-être sur la voie.

Un drap en toile qui sort du métier est mou, lâche & mince, souvent percé de quantité de petits trous, quoiqu'il ait été bien travaillé, quoique la trame ait été frappée autant qu'il étoit possible, & par de bons Ouvriers; ce même drap, après avoir été foulé, est infiniment plus ferme sans être dur; il est moins mou, & cependant plus moëlleux; il est plus serré, quoique les fils qui forment son tissu, aient perdu une partie de leur substance.

Pour concevoir en général ce qu'opere le travail du foulon, considérons chaque fil qui fait la chaîne d'une étoffe, & le fil, qui par ses tours répétés, forme la trame qui lie les fils de la chaîne, comme autant de petites cordes : supposons pour un instant, que ces cordes sont de fil de chanvre, c'est-à-dire, qu'au lieu d'un tissu de laine, c'est un tissu de toile que l'on veut faire.

Dans les blanchisseries de toiles, on les bat dans des Moulins à fouler, ou au moins sous des battoirs : un linge qui a servi plusieurs fois, qui a souffert plusieurs blanchissages, qui a été battu un nombre de fois par les Lessiveuses, devroit être, relativement au linge neuf, ce qu'est un drap de laine foulé, par comparaison à celui qui ne l'a pas été; cependant la toile est d'autant plus molle qu'elle a été plus souvent lessivée & battue; son tissu devient de plus en plus lâche, au lieu que les étoffes de laine deviennent d'un tissu plus serré.

Plongeons dans l'eau une piece de toile neuve, mouillons-la bien, retirons-la de l'eau, nous la trouverons à la vérité plus ferme & plus dure qu'elle n'étoit avant, parce que l'eau est 8 à 900 fois plus dense que l'air qui remplissoit les espaces que l'eau occupe : si l'on a eu la précaution de mesurer la longueur & la largeur de cette toile avant de la mouiller, & qu'on la mesure de nouveau suivant les mêmes dimensions après qu'elle a été mouillée, on la trouvera un peu diminuée dans l'un & l'autre sens, & on appercevra en même-temps que la toile est plus épaisse étant mouillée, que lorsqu'elle étoit seche.

Une seule corde mouillée peut donner l'idée de ce qui arrive à la toile qui est formée d'un assemblage de petites cordes : cette corde bien imbibée d'eau devient plus courte & plus grosse qu'elle n'étoit étant seche ; tous les fils qui forment la toile augmentent de même de grosseur, & diminuent en longueur ; & la toile prend de l'épaisseur proportionnellement à l'augmentation de grosseur qu'ont acquis les fils de la chaîne & de la trame.

Mais une corde, en se séchant, reviendra à sa grosseur primitive ; & par une tension peu considérable, elle reprendra sa premiere longueur. Si la toile ne reste plongée dans l'eau que pendant peu de temps, l'eau se placera entre les fils, mais elle ne les pénétrera pas si intimement que s'ils y avoient trempé long temps ; par un plus long séjour dans l'eau, ce fluide s'insinue dans les fils avec d'autant plus de force que les espaces deviennent plus petits ; les fils se gonflent & se serrent d'autant plus les uns contre les autres ; mais si l'on bat & si l'on manie cette toile dans l'eau, on mettra ce fluide en état de pénétrer dans des espaces où elle ne pouvoit entrer ; & les inflexions qu'on fait prendre aux filaments du chanvre dans des sens opposés à ce qu'ils étoient, permettent encore à l'eau de s'introduire dans leurs interstices ; & c'est ce qui opere le raccourcissement & la diminution de largeur d'une toile : cependant une toile faite de fibres végétales ne se foule pas, au lieu que le tissu fait avec des poils d'animaux se foule.

En répétant sur la toile ces opérations analogues à celles du foulon, les fils perdent une partie de leur substance ; de sorte que quand la toile est seche, elle revient aisément à son premier lez & même au-delà, & elle est plus claire & moins ferme qu'elle n'étoit auparavant, ce qui prouve qu'elle n'a point été foulée.

Si d'une toile de lin on passe à une toile de laine, à une piece de drap, on aura précisément les mêmes raisonnements à faire, à cela près, qu'à celles-ci il se présente une difficulté à l'introduction de l'eau. La laine, grasse par elle-même, a encore été enduite d'huile pour être cardée & être filée ; l'eau non-seulement ne s'attache pas aux corps gras, elle ne les mouille même pas ; d'où il arrive que l'eau ne pénetre pas si intimement un tissu gras qu'elle feroit celui qu'elle mouille. On ne pouvoit rien imaginer de mieux, pour lever cette difficulté, que ce qui se pratique dans les Foulonneries. On y bat les draps avec des maillets de bois qui ouvrent le tissu ; & en même-tems on le dégraisse en employant des terres qui ont la propriété de s'unir avec les graisses ; l'urine qui s'alcalise si aisément, fait, avec les graisses, une espece de savon ; & le savon a par lui-même la propriété de fondre & de dissoudre les corps gras : enfin, la chaleur que le drap contracte dans la pile, aide à l'action de toutes ces substances : il ne faut cependant pas trop priver la laine de toute graisse ; la laine trop dégraissée devient seche & incapable de se bien fouler. Je crois même que l'effet des drogues qu'on emploie pour fouler ne se borne pas au seul dégraissage ; je pense qu'elles agissent sur les poils mêmes qui se crispent & s'engagent les uns dans les autres, ce qui n'arrive pas aux fils de lin & de chanvre ; ceux-ci se retirent à proportion qu'ils augmentent de grosseur, par les raisons que nous avons détaillées ci-dessus ; & l'on écraseroit entiérement la toile, on la réduiroit en pâte propre à faire du papier, plutôt que de lui faire prendre le feutre qu'acquierent les poils des animaux par l'action du Foulon. Il faut donc concevoir que les cordes ou les fils du drap se sont gonflés, qu'ils se sont défilés, que les poils de la chaîne se sont entrelassés avec ceux de la trame, & qu'il en a résulté une sorte d'étoffe qu'on peut comparer aux feutres des chapeaux. L'étoffe des chapeaux ne reçoit aucune sorte de tissu, cependant elle acquiert une fermeté qui est telle, qu'elle résiste à l'eau, & qu'elle est difficile à déchirer ; cette consistance n'est dûe qu'au seul effet du Foulon ; son tissu n'est qu'un entrelassement de poils les uns dans les autres. C'est encore par un pareil entrelassement que se font ces boules de poils qui se trouvent dans l'estomac de plusieurs animaux, que les Naturalistes nomment *Egagropiles*. Cette espece de feutrage se fait sur les animaux mêmes quand ils ont des poils fins & longs, tels que sont les poils des Chats, dits d'Angora, les peaux de Loups-Cerviers dont on fait des Manchons, &c.

L'effet du foulage, comme je l'ai dit, ne se fait appercevoir que sur les poils des animaux, ou sur quelques duvets végétaux ; enfin, la soie, le lin, le chanvre, le coton en sont peu susceptibles ; peut-être est-ce par la raison que leurs poils sont trop longs, & qu'ils s'amollissent trop dans les opérations du foulage, pour qu'ils puissent s'enlasser les uns dans les autres, & se feutrer. Néanmoins j'ai trouvé aux bords de la Méditerranée certaines boules qui sont formées par une plante marine que les flots de la Mer ont décomposées en filaments, qu'ils ont ensuite réunis à force de les battre sur le rivage. Malgré cette observation, quoique les toiles de lin & de chanvre augmentent d'abord un peu d'épaisseur quand on les foule, on peut dire en général que le foulon ne produit son effet que sur les poils des animaux, & principalement sur les poils les plus fins.

A mesure que l'étoffe devient plus serrée par l'union qui se fait des filaments

filaments des fils de la chaîne avec ceux de la trame, l'étoffe perd considérablement de sa longueur & de sa largeur : il sembleroit même que le raccourcissement des fils de la chaîne & de ceux de la trame devroit être proportionnel aux longueurs de ses fils. Il n'en est cependant pas ainsi; un drap se retire beaucoup plus sur sa largeur que sur sa longueur; celui qui est tissu pour deux aunes ne se trouve avoir, au sortir du foulon, qu'une aune de largeur; il est rentré de la moitié de son lez; & il s'en faut de beaucoup qu'un drap ourdi à 20 aunes, n'ait que dix aunes au sortir du foulon : il en a ordinairement 16, & il n'est rentré que d'un cinquiéme; ou, plus correctement, un drap qui, au sortir du métier, a 43 aunes de longueur sur 2 $\frac{1}{4}$ de largeur, pour être bien fabriqué, ne doit avoir, au retour du foulon, que 24 aunes de longueur sur une aune trois seize de largeur : il gagne un seize aux aprêts, ce qui le rend à cinq quarts.

Dans le meilleur foulage, le drap se retire de moitié ou de $\frac{3}{7}$ sur la largeur, & pas tout-à-fait d'un tiers sur la longueur : on observe encore qu'un drap bien garni de chaîne rentre bien plus difficilement sur la largeur que celui qui seroit proportionnellement plus fourni de trame : la raison de ce fait n'est pas aisée à donner. Il est vrai que la chaîne est filée plus tors que la trame; que la colle la soutient ferme; que le Tisseur, en la montant sur le métier, la tend le plus qu'il est possible; au lieu que la trame est filée mollette; qu'en la lançant elle n'est pas à beaucoup près aussi tendue; qu'on la met tremper dans l'eau avant de la *sépouler* : toutes ces circonstances peuvent influer pour faire plus rentrer les draps sur la largeur que sur la longueur. Outre cela, je sens bien que, par la disposition de la piece dans le *pot* ou la *pile* du Moulin, les Foulonniers sont les maîtres de faire rentrer à leur gré, un peu plus sur la longueur ou sur la largeur. Mais cet effet ne s'étend pas bien loin; je crois plutôt que le feutrage ne se pouvant faire que les fils ne se soient éfilochés, il s'ensuit; 1°, que les fils de la trame étant beaucoup moins tors que ceux de la chaîne, ils doivent être plutôt en état d'être feutrés; 2°, que comme les fils de chaîne sont collés, ils ne peuvent s'éfilocher & se feutrer que quand cette colle est détruite : les fils de trame, au contraire, sont disposés à recevoir du premier coup l'effet du foulon. 3°, Nous avons dit que les poils avoient d'autant plus de disposition à se feutrer, qu'ils étoient plus fins; or, comme on choisit pour la chaîne les poils les plus longs, ces poils sont toujours moins fins que ceux de la trame.

Delà vient que certaines laines rentrent plus que d'autres; que la même laine différemment filée & tissue plus ou moins serré, rentre inégalement dans différents endroits de la longueur d'une piece de drap; & l'on peut dire, en général, qu'un tissu lâche rentre promptement, mais qu'il ne fait jamais un drap ferme & serré : ces faits prouvent que la qualité des poils & la fermeté du tissu sont plus ou moins favorables à l'effet du foulon. Si une piece ne rentre pas suffisamment dans quelques endroits, les Foulonniers y remédient en mettant à ces endroits du savon, ou quelques-unes des autres substances qu'on employe pour favoriser le foulage; ce qui prouve bien sensiblement que ces drogues agissent sur le poil.

C'est en conséquence de cela qu'on employe en général deux méthodes pour fouler les draps : la premiere est de dégraisser avant de fouler : la seconde méthode est de fouler les draps avec leur graisse, & de les dégraisser ensuite.

Pour la premiere méthode, on se sert du savon & de la terre; pour la seconde, on employe l'urine, la terre, l'huile, le crotin de Brebis. Je crois que la premiere méthode est suivie dans les Manufactures d'Elbeuf, de Sédan, des Gobelins & autres; & que la seconde est en usage à Abbeville & aux Andelis; mais je n'en suis pas certain : les Anglois pratiquent l'une & l'autre méthode.

Quelque bonne idée que j'aie de ces méthodes, cependant celle de commencer par dégraisser semble promettre quelqu'avantage : les opérations du dégraissage commencent à ouvrir les fils, & la toile étant, comme l'on dit, *ébroussée*, semble plus disposée à être foulée. Mais la raison la plus essentielle est que ceux qui commencent par dégraisser, font *épincer* une seconde fois en maigre, & que les Epinceuses ont bien plus de facilité à tirer les saletés d'un tissu dégraissé & non foulé, que de celui qni est foulé; parce que le foulon engage dans le corps de l'étoffe les ordures qui échappent à la vue, & qu'on a beaucoup plus de peine à saisir avec les pinces, sans endommager l'étoffe.

D'ailleurs, il est quelquefois bien difficile de tirer entiérement la graisse & le suin d'une étoffe feutrée.

A Louviers, on fait tremper les draps, afin qu'ils soient bien pénétrés d'eau, & pour enlever la colle & l'huile; lorsqu'ils sont bien dégorgés de ces substances, on les bat avec de la terre, on les *épince* avec soin, & on les renvoye à la foulerie pour les faire rentrer selon la proportion qui convient.

La chaleur facilite beaucoup le foulage. Les Chapeliers foulent leurs chapeaux dans de la lie de vin très-chaude; & les pilons procurent aux étoffes une chaleur qui est nécessaire pour remplir parfaitement l'objet qu'on se propose : quelques-uns augmentent cette chaleur, en mettant de l'eau chaude dans les pots ou piles.

Ces idées générales recevront des éclaircissements de ce que nous dirons dans la suite.

Il y a certains ouvrages de laine & de poil qu'on foule à la main; si l'on pouvoit employer ce moyen pour les draps, il arriveroit moins d'accidents; mais comme les pieces de drap sont trop grandes & trop lourdes, il faut abſolument avoir recours à des machines pour cette opération.

Des Moulins à Foulon.

On peut employer différents moteurs pour faire agir ces machines : les chevaux entraînent de grands frais ; le vent eſt incertain ; & comme, indépendamment de la quantité d'eau qui eſt néceſſaire pour faire agir les Moulins, il en faut encore beaucoup pour laver & dégorger les draps ; en ſuppoſant qu'on ſe ſervît du vent pour faire agir les Moulins, il faudroit encore élever avec des pompes l'eau néceſſaire pour dégorger ces étoffes, ce qui ſeroit une dépenſe conſidérable ; c'eſt pour cette raiſon que les Moulins pour fouler & dégorger, ſont preſque toujours établis ſur des Rivieres : à l'égard des *friſes*, elles ſont ſouvent mues par des chevaux.

Une Foulerie doit donc être établie ſur une Riviere ou ſur un Ruiſſeau ; mais autant qu'il eſt poſſible, elle eſt beaucoup mieux placée ſur un Ruiſſeau, parce qu'elle n'y eſt pas ſi ſujette aux inondations & aux groſſes eaux qui la mettent hors d'état de travailler ; & que d'ailleurs le travail d'une Foulerie placée ſur un Ruiſſeau eſt toujours plus régulier par la facilité que l'on a de régler l'eau, & par conſéquent les draps ne ſont pas autant expoſés à avoir des tares ou des trous.

La plupart des Fouleries qui ſont ſur les Rivieres ſont diſpoſées de maniere que l'eau coule ſous les roues à aubes, parce qu'on y manque de chûte : dans beaucoup de celles qui ſont ſur les Ruiſſeaux, l'eau tombe deſſus la roue qu'on nomme *à augets*, & celles-là méritent la préférence, parce que le mouvement en eſt toujours plus *gai* & plus réglé, & qu'il faut moins d'eau pour les faire mouvoir, ce qui eſt bien avantageux quand les eaux ſont baſſes. Au reſte, il eſt rare qu'on ait le choix ; on profite de tous les courants dont on peut diſpoſer.

Il eſt cependant très-important qu'il ſe trouve aſſez d'eau pour que les pilons puiſſent jouer toujours *gaiement* en été comme en hyver : le drap en tourne mieux dans la pile, & il y prend la chaleur qui lui eſt néceſſaire. On ne peut jamais bien laver & parfaitement dégorger avec une eau trouble & vaſeuſe ; les eaux crues qui ne diſſolvent point le ſavon, ne produiſent jamais un auſſi bon effet que les eaux douces.

La plupart des Moulins à foulon ſont très-ſimples ; ils n'ont ni rouets ni lanternes. La roue à aubes ou celle à augets *b* (*Pl. X. fig.* 1) fait tourner l'arbre *a*, qui, au moyen des *leves p*, fait agir les maillets.

On exécute deux manœuvres dans une Foulerie, ſavoir, le *foulage* & le *dégraiſſage ou dégorgeage*. On foule dans un *pot B* (*Fig.* 1), creuſé preſque circulairement dans une groſſe piece de bois. On dégraiſſe, on dégorge, & on lave dans une autre machine (*Fig.* 2) qu'on nomme *dégorgeoir :* la *pile* eſt différente du pot de la foulerie ; elle eſt creuſée en forme d'auge dans l'arbre *d* (*Pl. X*), & le fond eſt preſque horizontal, ou en portion de cercle, dont le centre eſt à l'axe *L* (*Fig.* 2) des maillets : les deux côtés ou *joues* s'élevent perpendiculairement ; le bout de devant eſt un peu creuſé ſur-tout par le bas, & par le haut elle avance un peu. Cette forme eſt très-avantageuſe pour retourner le drap : comme cette machine ſert à quantité d'uſages dans une foulerie, lorſqu'il y a deux pots pour fouler, il faut qu'il y ait 3 *dégorgeoirs*.

Les Moulins à foulon pour l'une & l'autre des méthodes dont nous avons parlé plus haut, ſont de deux conſtructions différentes. Les uns ont leurs pilons en forme de maillets, (*Pl. X. fig.* 1), auſſi les appellerons-nous aſſez ſouvent *Moulins à maillets* : les autres ſont nommés *Moulins façon de Hollande*; les pilons de ceux-ci, (*Pl. XII.*) tombent perpendiculairement comme aux Moulins à piler le Tan, & leurs piles ſont, quand on le veut, exactement fermées par des couliſſes *K*, de ſorte qu'on augmente ou diminue à volonté la chaleur que l'action des pilons produit dans les piles ou pots.

On peut, avec ces Moulins façon de Hollande, fouler au ſavon comme avec ceux à maillets ; on les regarde même d'un œil de préférence, quoique leur conſtruction ſoit plus diſpendieuſe, & leur entretien plus onéreux; mais ils ont l'avantage d'avancer plus l'ouvrage, parce que les coups de maillets ſont plus fréquents ; & le foulage ſe fait mieux parce que l'étoffe s'échauffe plus aiſément. Cela n'empêche pas qu'un Foulonnier habile ne foule très-bien les draps les plus fins avec un Moulin à maillets, & même mieux qu'un Foulonnier de capacité médiocre ne le pourroit faire dans un Moulin façon de Hollande. On trouvera dans l'explication des Figures, une deſcription plus détaillée de ces deux machines, ainſi que du Moulin à dégorger.

Des Ingrédients néceſſaires au Foulage.

LES ingrédients qui ſervent au foulage des draps ſont 1°, la terre glaiſe ou graſſe, appellée *Terre à foulon*, qui eſt une terre plus ou moins griſe, auſſi douce dans les mains que le ſavon, ſoit quand elle eſt ſéche, ſoit quand elle eſt mouillée. Pour que cette terre ſoit bien préparée, il faut avoir dans chaque Foulerie un hangard couvert par deſſus & à jour où on la dépoſe, afin qu'elle y ſeche; car la terre humide ne ſe diſſout que très-difficilement dans l'eau.

La meilleure ſaiſon pour tirer cette terre eſt dans les mois de Mars, Avril & Mai, pour qu'elle ait le temps de ſe ſécher pendant l'été; le mieux ſeroit même d'en faire des proviſions pour deux ans, parce qu'une terre bien ſeche ſe fond dans l'eau preſque auſſi promptement que la chaux.

Le Foulonnier doit avoir une grande attention à bien délayer cette terre ; il doit la viſiter pour en ôter tous les graviers qui pourroient s'y trouver

trouver, & qui dans l'opération feroient des trous au drap.

La bonne terre à foulon doit donc, soit seche, soit humectée, être douce comme du savon, & former une mousse quand on la délaye dans l'eau. Celle qui est rude & alliée de sable, use le drap, coupe la laine & l'empêche de se fouler.

Le seul moyen qu'on employe pour se garantir des graviers, est que le Foulonnier, en faisant fondre sa terre dans des Cuveaux avec de l'eau pour en former une espece de pâte, la manie exactement, ensorte qu'aucun gravier ne puisse lui échapper; il la passe ensuite dans un panier.

Il ne seroit pas impossible de la passer dans une passoire de cuivre, comme les Rafineurs font leurs terres; ou bien, après l'avoir délayée fort claire, on laisseroit précipiter les graviers & le sable; puis en versant ce qui surnageroit dans d'autres Cuveaux, la terre fine & très-grasse s'y précipiteroit exempte de tout gravier.

On trouve de bonne terre à foulon à Essonne sur le chemin de Fontainebleau; en Normandie, près Elbeuf; à la Chapelle-Tireil, près Sédan; à la Chapelle-Bâton en Poitou, &c. Mais il y a de grandes Fabriques où le manque de bonne terre oblige de se servir de savon.

2°. Du savon de Marseille, de Toulon ou de Gênes: les plus gras sont les meilleurs pour fouler les draps teints en laine, c'est-à-dire, ceux qui sont teints avant d'être fabriqués. Dans quelques Provinces, on se sert de savon liquide, sous le nom de *savon noir* ou *gras*.

A l'égard des draps qu'on teint en toile, il faut les mettre en toile hors de graisse avant la teinture; & quand ils sont teints, on les foule au savon.

On foule aussi au savon tous les draps destinés pour blanc uniforme, ou *pour Moine*, de même que ceux qui doivent être teints en écarlatte, ou en autres couleurs pleines.

On verra dans la suite qu'il est très-important de n'employer le savon que quand il est bien dissous dans l'eau. Pour cet effet, on remplit d'eau une chaudiere de cuivre montée sur un fourneau, dont la bouche répond au travers de la muraille dans une autre chambre: on coupe le savon par petits morceaux qu'on jette dans l'eau de la chaudiere; le savon se fond aisément dans cette eau chaude; on le remue avec une spatule jusqu'à ce qu'il forme une espece de gelée; alors il est en état d'être employé.

Un avantage du foulage au savon est qu'il se fait plus promptement; 24 heures sont plus que suffisantes; au lieu qu'à un même degré de chaleur il en faut 36, quand on se sert de l'urine.

3°. On pouroit fouler au savon toute sorte de draps; cependant ceux qui sont destinés à être teints en noir sont ordinairement foulés à l'urine, parce qu'on croit avoir remarqué que l'urine conserve aux draps une douceur qu'il faut ménager, parce que la teinture noire altere toujours cette qualité.

Quoiqu'il y ait des Fabriques où l'on employe l'urine pour les draps de couleur, les Fabricants ne pensent pas tous aussi avantageusement du foulage à l'urine. A Louviers, on prétend qu'elle ôte de la douceur à la laine, & qu'elle fait que la teinture n'est pas solide; en conséquence on évite dans les Manufactures où l'on travaille beaucoup de draps de couleur, d'employer de l'urine, qui a encore cet inconvénient qu'on a bien de la peine à épincer exactement les draps.

Plusieurs conviennent que l'urine donne de la longueur & de la fermeté aux draps; mais ils nient qu'elle puisse leur procurer de la douceur; ils prétendent que son alkali fait crisper les filaments de la laine, qu'il échauffe le drap dans la pile, & qu'il le fait rentrer; & ils soutiennent que l'étoffe n'est pas défilée ni feutrée comme quand on y employe le savon. En employant l'urine, le drap n'a pas besoin d'être dégraissé; il se dégraisse & se foule en même-temps: mais on dit qu'après le dégorgeage, il n'est jamais aussi clair ni aussi net que quand on a employé le savon. Dans les belles Fabriques de M. de Julienne, & de M. Rousseau on ne se sert que de savon; ce qui est une présomption contre l'usage de l'urine. Il semble que l'urine vieille, & par conséquent alkalisée, doit conserver une onctuosité qui peut corriger son âcreté: quelques bons Fabricants prétendent cependant que l'urine en cet état altere le poil, & ils soutiennent qu'il ne faut employer que de l'urine fraîche. Nous nous abstenons de décider cette question qui partage les Fabricants: nous nous bornons à exposer ici les différents sentiments.

4°. Comme les crottins de Brebis sont très-astringents, on ne les employe que vers la fin du foulage; encore tempere-t-on leur action avec de l'huile, que plusieurs regardent comme la meilleure drogue qu'on puisse employer pour faire un bon foulage.

Opération du lavage d'un drap en toile avec l'urine.

On ne lave en toile & à l'urine que des draps pour blanc, pour bleu, pour couleur uniforme, &c. Cette opération se fait avant le foulage au savon, en mettant le drap dans le pot de la machine (*Pl. X. fig.* 1.). A mesure qu'il y entre, on verse par-dessus de l'urine autant qu'il en faut pour le mouiller & le faire tourner; ensuite on lâche l'eau du Ruisseau sur la roue qui fait tourner l'arbre, lequel par le moyen de ses leves fait agir les maillets qui tombent sur le drap dans le pot ou dans la pile de la machine; le mouvement de ces maillets retourne & presse le drap dans le pot, & le force à se bien imbiber d'urine.

On le laisse battre à l'urine environ trois quarts-d'heure, après quoi on le tire du pot pour le remanier & le *lizer* ou *étriquer*. Cette manœuvre que nous décrirons dans la suite sert à étendre l'urine également par-tout; car on en remet où il en manque; de plus, en le rempotant, on en change les plis, & on remédie aux faux plis; on le laisse tourner pendant une heure & demie; pendant ce temps, l'âcreté de l'urine dissout l'huile dont il a été imbibé; & ces deux substances forment un savon que l'eau peut enlever; ainsi quand l'eau qui sort du drap devient blanche & laiteuse, on lui donne durant une heure un petit fil d'eau que l'on fait couler dans le pot; & ensuite, pour rendre le drap net & hors d'urine, on lui donne encore l'eau en abondance pendant une heure, de façon que le lavage d'un drap en toile exige environ quatre heures de temps.

Si, au lieu de dégraisser & de laver le drap, on vouloit le fouler à l'urine; lorsqu'on le rempote, comme il a été dit, on peut le laisser tourner jusqu'à ce qu'il ait pris le foulage; puis on le retire du pot, on le *lize* à deux personnes qui tirent l'une contre l'autre le drap par ses lisieres pour l'étendre & effacer les faux plis qui auroient pu se former; ensuite on le remet dans le pot, & on le laisse tourner jusqu'à ce qu'on s'apperçoive qu'il avance au foulage; alors on le tire encore du pot, on le lize, comme il a été dit, & on présente la mesure dessus pour voir s'il est à sa largeur. On fait des marques avec les plis du drap aux endroits où il est le plus large, & en le rempotant, on le tord aux endroits marqués, plus ou moins fort, suivant qu'il est plus ou moins large: & aux endroits où il est juste, on le met sur son plat dans le pot sans le tordre; car il faut savoir que plus un drap est tordu dans le pot, plus il se foule sur sa largeur, & plus par ce moyen on parvient à le rendre d'une largeur égale.

On doit répéter ces opérations jusqu'à ce que le drap soit d'une largeur égale, & bien foulé; car un drap est réputé foulé lorsqu'il est rentré à la largeur qu'il doit avoir. Mais il faut en même-temps qu'il ait acquis une force convenable; car souvent un drap *happé* au foulage sera à sa largeur, quoiqu'il n'ait pas acquis suffisamment de force; en ce cas il faut le fouler de plat sur sa largeur, puis le dégorger, comme nous le dirons dans la suite.

Autre Lavage ou Dégraissage.

On lave encore les draps en toile d'une autre maniere, si on le juge à propos; mais quoique cette opération dure huit heures, elle convient mieux pour le foulage au savon.

Voici le détail de cette opération, dont le but est d'enlever au drap l'huile dont on a imbibé la laine, & la colle de la chaîne.

Le Foulonnier met tremper le drap pendant huit à dix jours dans le courant d'une Riviere: il doit être plié en deux suivant sa longueur, & retenu par un pieu bien arrondi, & planté au milieu de l'eau : on met ce pieu dans le pli : ce pieu doit être de bois blanc, & avoir trempé quelque temps dans l'eau pour qu'il ne tache pas le drap. On change de temps en temps l'endroit du pli, afin que le drap ne s'échauffe pas en cet endroit, & qu'il ne se fatigue pas en appuyant continuellement sur le pieu qui le retient contre le courant de l'eau. D'autres, pour imbiber d'eau le drap en toile, le mettent dans le pot avec de l'eau claire.

Dans quelques Manufactures, après avoir ainsi fait tremper les draps sept à huit jours dans une eau courante, on les met (comme l'on dit) en *tombeau*; c'est-à-dire, qu'on empile plusieurs pieces les unes sur les autres pour qu'elles s'échauffent par une espece de fermentation, ce qui facilite le dégraissage qu'on fait ensuite avec la terre.

On met pour cette opération le drap dans le pot, dans la pile ou cuvette de la machine à dégorger, & au lieu d'urine on y verse environ deux seaux de terre à dégraisser qu'on distribue dans le drap : on laisse battre le drap en terre environ quatre heures; puis on donne, pendant deux heures, un petit fil d'eau, & ensuite on lui donne pendant deux autres heures toute l'eau nécessaire pour le rendre net & hors de terre ; ce qu'on reconnoît quand l'eau en sort fort claire.

Dans quelques Manufactures, on retire le drap de la pile pour le *houer* au bouillon du Moulin, à l'endroit où l'eau sort de dessous la roue avec rapidité. Quand il a été bien *houé* ou lavé, on le remet dans la pile pour achever de le dégorger, & on lui donne de l'eau en abondance : cette pratique paroît fort bonne.

On suit encore les pratiques suivantes : après avoir distribué la terre dans le drap, on bouche les trous de la machine, & on fait battre ou barbotter pendant un quart-d'heure, donnant de l'eau seulement ce qu'il en faut pour imbiber la terre & le drap; après ce temps on retire le drap pour changer les plis, égaliser la terre & en mettre où il en manque ; on remet le drap dans le pot, où on le laisse battre jusqu'à ce qu'on s'apperçoive que la graisse & la terre sont bien confondues ; alors on débouche les trous de la machine; on lâche sur le drap un filet d'eau pour délayer la terre peu-à-peu, & sans la noyer ; on augmente l'eau à mesure que le lavage s'avance; puis, sur la fin, on en donne en abondance jusqu'à ce qu'elle sorte claire.

Quand c'est un drap qu'on doit *renoper*, il faut prendre garde qu'il n'épaississe & ne se foule pas trop au lavage; car les *Nopeuses* ne pourroient pas, sans lui faire tort, tirer les corps étrangers que le lavage a découverts ; dans ce cas on peut suivre la méthode que nous avons précédemment détaillée ; car il n'y a point d'inconvénient que le drap reste gras, pourvu qu'il soit clair & blanc ; puisque quand même il seroit hors de graisse, il lui faudroit encore une terre pour le disposer à être foulé.

Il eſt bon de faire ſentir qu'entre ces différentes méthodes pour dégraiſſer les draps, il y en a qui ſont ſujettes à quelques inconvénients.

Nous avons dit que dans quelques Manufactures on faiſoit tremper le drap pendant ſept à huit jours dans le courant d'eau qui fait tourner le Moulin, & que l'on avoit ſoin de changer de place le pli qu'il prend ſur la perche ou pieu qui le retient. L'intention eſt de détremper l'huile & la colle de la chaîne, & que le drap étant ainſi lavé, on puiſſe mieux appercevoir les corps étrangers que les *Nopeuſes* doivent ôter : mais n'y a t-il pas à craindre que l'eau ne diminue trop de l'élaſticité de la laine, & encore qu'elle ne la deſſeche trop de ſon gras naturel ; car l'on ſait combien l'onctuoſité eſt importante pour le foulage, & que la laine étant ainſi appauvrie, l'étoffe pourroit ſe déchirer dans le Moulin.

D'ailleurs, pendant ce long ſéjour ſur l'eau, il y a des parties qui étant plus expoſées au ſoleil ſont plus deſſéchés, ce qui occaſionne des *flammes* qui ſont des ondes de différentes couleurs qui paroiſſent ſur la ſuperficie des draps, ſur-tout quand ce ſont des étoffes teintes. Il eſt vrai que l'onctuoſité du ſavon peut rendre à la laine ce qui lui manque, & que l'attention du Foulonnier peut prévenir les flammes ; cependant pour éviter ces inconvénients, on ne les laiſſe, dans pluſieurs Fabriques, tremper que vingt-quatre heures & même moins : auſſi-tôt que le drap eſt bien pénétré d'eau, on le retire, on le laiſſe égoutter trois ou quatre heures ; & après l'avoir plié & mis ſur le plancher, on le couvre pendant dix à douze heures ; la colle & l'huile s'échauffent, s'attendriſſent & ſe trouvent plus en état d'être emportées par la terre détrempée dont on arroſe le drap en le mettant dans la pile.

Lorſqu'on ſent que le drap eſt chaud, on le met en rond dans la pile, (*Pl. X. fig.* 4) ; on l'arroſe d'un bout à l'autre de deux ſeaux de terre bien délayée ; on le laiſſe piler pendant une heure ; on le retire enſuite pour le *liſer* & pour examiner ſi la terre eſt bien répandue dans toute l'étendue de la piece de drap : ſi elle ne l'eſt pas, on en met aux endroits où elle manque.

On remet le drap à la pile, ce qu'on répete juſqu'à ce qu'en le tordant, on en voie ſortir une humeur viſqueuſe, qui indique que la graiſſe a été diſſoute par la terre ; alors on le change de pile, & on le met dans celle à dégorger, en lâchant par-deſſus un filet d'eau qu'on augmente peu à peu. On liſe le drap deux ou trois fois, & on finit cette manœuvre quand on voit que l'eau ſort bien claire de la pile ; enfin on le met laver au ſaut du Moulin, comme il a été dit.

D'après ce que nous venons de rapporter, on voit qu'on peut très-bien dégraiſſer les draps ſans les faire tremper à la riviere, & ſans y employer de la terre ; pour cela, on les imbibe d'eau en les travaillant d'abord dans la pile avec de l'eau pure. On retire le drap pour le laiſſer égoutter, puis on l'empile de nouveau avec un demi-ſeau d'urine & autant d'eau. On le liſe à pluſieurs repriſes, & on le rempile, en donnant toujours, pendant que le Moulin travaille, un filet d'eau, afin de prévenir que le drap ne ſe feutre, ce qui empêcheroit de reconnoître les ordures; on fait marcher le Moulin lentement, pour que le drap ne s'échauffe pas trop en tournant, & qu'il ne ſe feutre pas : il eſt encore néceſſaire que le trou de la pile ſoit ouvert pendant l'opération pour donner facilité aux impuretés de ſortir avec l'eau.

Ordinairement l'urine & l'eau ſuffiſent pour emporter la graiſſe ; mais quand les laines ont été mal dégraiſſées en ſuin, ou quand les draps ſont anciennement fabriqués, on eſt obligé de joindre à l'urine une eau de terre, & de répéter quelquefois cette opération trois ou quatre fois; nonobſtant cela, on eſt preſque toujours obligé de donner encore deux terres avant de les fouler ; mais ce n'eſt qu'après les avoir *nopé* ; nous parlerons de cette opération dans un inſtant : on finit toujours par laver les draps à grande eau. Ce travail dure douze ou quinze heures pour les draps ordinaires, & vingt à vingt-quatre heures pour les draps fins.

Comme le bon dégraiſſage dépend de la qualité de l'huile qu'on a employée pour *l'enſimage* des laines, de la qualité des terres qu'on employe, de la perfection du lavage de la laine, enfin de la nature des eaux, on eſt quelquefois obligé de remettre pluſieurs fois de la terre, quand le ſuin eſt trop adhérent à la laine. Pour connoître ſi les draps en toile ſont bien dégraiſſés, on trempe dans un ſeau d'eau claire un coin du drap, on le frotte dans les mains, & après l'avoir replongé dans l'eau à pluſieurs repriſes, on le préſente au jour : s'il ne paroît aucunes traces jaunes, griſes ou noires, on met le drap au dégorgeoir, en lui donnant d'abord peu d'eau pour le pénétrer; enſuite on donne l'eau en abondance juſqu'à ce qu'elle ſorte bien claire.

Il eſt important que les draps ſoient bien dégraiſſés avant de les mettre au ſavon; car le ſavon qui attendrit la graiſſe ſans la diſſoudre ſuffiſamment, forme une ſubſtance gluante qu'on a bien de la peine à emporter : cependant en Languedoc où l'on manque de bonne terre, on dégraiſſe les draps avec du ſavon noir.

Quand les opérations du dégraiſſage ſont bien faites, les fils ſe ſont ouverts & diposés à recevoir l'opération du foulon dont nous parlerons, après avoir détaillé le travail des *Nopeúſes*.

Du Nopage ou Epinçage.

LE DRAP étant bien lavé & dégraiſſé, ſoit avec de la terre, ſoit avec le ſavon ou l'urine, on l'envoie aux Tondeurs qui le font ſécher ; &

remaniant, de prendre garde s'il foule également : pour cet effet, & en le maniant, on présente de distance en distance la mesure du lés que le drap doit avoir ; & s'il se trouve des endroits où le drap ne soit pas égal, c'est-à-dire, qu'il ne soit point rentré par-tout à la même largeur, on jette du savon sur les endroits plus larges, & on tord ces endroits en remettant le drap dans le pot : cela le fait rentrer ou retrécir plus également.

On continue cette manœuvre, en observant de manier le drap toutes les deux à trois heures, jusqu'à ce qu'il soit réduit à la largeur que l'on veut lui donner ; ce qui s'exécute en plus ou moins de temps, suivant la nature de la laine, la façon dont le drap a été tissu, & encore même suivant la différence des couleurs ; de sorte qu'il faut quelquefois, pour qu'un drap parvienne à être bien foulé, vingt-quatre à trente heures, & d'autres fois quarante-huit ; ensuite on le tire du pot pour être dégorgé.

Remarques sur le Foulage.

QUAND la laine est nouvelle & fine, & que les maillets frappent chacun quarante coups par minute, le drap peut être suffisamment foulé en quinze ou dix-huit heures.

Pour reconnoître si le foulage va bien, on presse entre les doigts un pli du drap ; si la liqueur qui en sort est comme de la crême, c'est un bon signe ; mais si elle est comme de l'eau pure, il faut ajouter du savon, sans quoi la laine, au lieu de se fouler, sortiroit du drap qui deviendroit creux.

Le foulage au savon blanc est le meilleur ; cependant on peut faire un bon foulage avec le savon noir. Les uns foulent à chaud, d'autres à froid, c'est-à-dire, qu'on arrose le drap dans le pot avec de l'eau chaude ou de l'eau froide : on prétend que l'eau chaude convient sur-tout aux draps qui doivent être forts. On foule avec de la terre les draps communs qui sont d'un bas prix ; mais ce foulage ne vaut pas celui qui se fait au savon.

Les accidents qui arrivent au foulage sont ordinairement produits par l'inattention & la négligence du Foulonnier : quelques particules de bois qui peuvent tomber dans le pot font des tarres à l'étoffe ; les petites pierres occasionnent des trous ; un pli qui s'échappe & s'entortille autour de l'arbre, déchire la piece d'un bout à l'autre. Quand les maillets ne tombent pas bien juste à plomb, ils font des cassures qui équivalent à des trous ; si on néglige de retirer souvent le drap pour le manier ou le liser, les faux plis se coupent ; enfin si la piece ne retourne pas bien sous les maillets, le drap se vuide au lieu de se fouler, ou bien il se foule inégalement. Non-seulement ces accidents n'arrivent presque jamais aux Foulonniers attentifs & intelligents, mais même les bons Ouvriers parviennent à tirer parti des laines défectueuses ; & ils savent encore corriger en partie les défauts qu'ils apperçoivent dans les draps en toile. Quand le drap eſt aux trois quarts de la foule, on doit lui donner une eau blanche, pour rendre le ſavon plus coulant; quelquefois on fait marcher debout, c'eſt-à-dire, qu'on foule ſur la longueur (*Fig.* 5), pour *équarrir* la piece. Tout le monde convient qu'un drap bien foulé doit être ferme, corſé, tenant, nerveux, & cependant doux & moëlleux : il ne peut aquérir ces qualités, ſi les différentes parties de la corde ne ſont bien fondues & unies ou liées enſemble ; or cette liaiſon ne ſe peut faire tant que toutes les parties de la corde ne s'éfilochent pas; il faut pour que l'union ſe forme, que la corde ſoit défilée, c'eſt-à-dire, que les fils s'ouvrent & ſe dilatent; & c'eſt à quoi on parvient par un bon dégraiſſage, ainſi qu'en commençant le foulage par une eau de ſavon foible, & en ménageant les coups de maillets.

Comme un drap ne doit pas entrer en foulerie que la corde ne ſoit défilée, c'eſt à tort que les Foulonniers, pour aller plus vîte, mettent beaucoup de ſavon en empilant le drap pour la premiere fois, & qu'ils employent de la fiente de mouton ſi on le foule en graiſſe; ces ingrédients criſpent le poil avant qu'il ſoit en état de ſe lier, il tombe en bourre, & ne forme pas un feutre aſſez ferme pour ſupporter les derniers apprêts.

On aſſure qu'en Angleterre, pour éfiler la corde avant de la mettre au foulon, on ſe ſert de farine, de gruau, d'avoine ou de feves, dont on met à différentes repriſes environ vingt-quatre pintes ſur un drap de trente aunes de long & de cinq quarts de large : ces Manufacturiers diſent qu'en augmentant la doſe du gruau, ils rendent leurs draps d'autant plus fermes. Quelques-uns prétendent que cette ſubſtance farineuſe fait l'effet d'empois ou de colle, mais que cette matiere étrangere doit être préjudiciable au drap : on a peine à ſe perſuader qu'une colle de farine puiſſe réſiſter aux effets de la foulerie, & il eſt plus probable qu'elle agit ſur les poils mêmes d'une façon plus avantageuſe : au reſte, ce point mérite d'être ſoumis à des épreuves.

Dans quelques grandes Fabriques, on foule à la fois deux demi-pieces de drap : cette méthode eſt mauvaiſe. Comme les draps doivent être foulés ſuivant leur qualité, il eſt rare que les Foulonniers prêtent les attentions néceſſaires pour que deux pieces ſoient également foulées. Il vaut mieux tenir les piles moins grandes, & ne fouler à la fois qu'une demi-piece.

A Sédan, les pieces qui ſont de quarante-huit aunes ſur le métier, n'en ſont proprement qu'une; car elles ne ſont point ſéparées, ni pour le foulage, ni pour les apprêts. On ne partage cette piece en deux qu'à la preſſe, toute la longueur de cette piece eſt aſſez également bien foulée; mais ce qu'on allegue contre cet uſage, c'eſt qu'ordinairement un bout de ces pieces eſt moins bien fabriquée que l'autre, parce que l'*Enſuble* ſur laquelle eſt roulée la chaîne étant plus pleine, la chaſſe revenant d'elle-même ſur la trame, frappe beaucoup mieux.

Nous aurions encore plusieurs remarques à faire sur le foulage, mais nous croyons devoir remettre à en parler quand nous aurons expliqué la maniere de fouler à l'urine, dont nous ne ferons mention qu'après avoir parlé du dégorgeage & du dégraissage.

Du Dégorgeage.

Comme on dégorge les draps après le dégraissage, pour qu'il n'y reste point de terre; il est nécessaire aussi de dégorger ceux qui sont foulés au savon ou à l'urine, afin de les mettre, comme l'on dit, hors de savon ou d'urine.

Cela se fait en les *houant* par deux fois à la noue du moulin : on ne *houe* point à Sédan, mais bien dans les Fabriques de Normandie. Quand ils ont été houés, on les met dans le pot de la machine, où on les fait battre durant une heure avec un fil d'eau qu'on lâche par-dessus, ensuite dans le cours d'une autre heure, on leur donne peu à peu toute l'eau nécessaire; il est bon de les manier de temps en temps, pour qu'ils dégorgent également; puis quand l'eau sort bien claire, on les tire de la machine ou pile, & on les renvoie aux Tondeurs pour être lainés & tondus en *harmant*, c'est-à-dire, en premiere eau.

L'harmant est la premiere opération du lainage : on ne donne que trois à quatre voies de chardons, c'est-à-dire, que la piece est tirée au chardon, d'*avallé* en *avallé*, quatre fois d'un bout à l'autre.

Ce lainage ne sert uniquement qu'à effleurer le drap ; il ne tire que le poil *jarreux*, c'est-à-dire, l'excrément du feutre occasionné par le foulon : c'est pour cela qu'on se sert du chardon le plus foible.

Le drap lainé & tondu en harmant, comme je viens de le dire, & comme je l'expliquerai encore dans la suite, est renvoyé à la foulerie pour être dégraissé, & rendu le plus net qu'il est possible.

Du Dégraissage.

Pour dégraisser un drap foulé & tondu en *harmant*, on le met dans la machine, avec deux seaux de terre bien détrempée, qu'on distribue dans le drap à mesure qu'on l'arrange. D'abord on ferme les trous ; on donne un filet d'eau pour dissoudre la terre & mouiller le drap; on laisse couler l'eau dessus pendant un quart-d'heure pour confondre le drap avec la terre; on lise ensuite, pour égaliser la terre & en mettre où il en manque; après quoi on le laisse bien battre avec cette terre dissoute pendant deux ou trois heures, afin qu'elle ait le temps de bien s'incorporer dans le drap; en un mot on laisse battre jusqu'à ce qu'on s'apperçoive que le savon ou la graiſſe, (ſi le drap a été préparé à l'urine), ſont en mouvement, c'eſt-à-dire, qu'il ſe forme une eſpece de ſavon : enſuite on lui donne durant deux ou trois autres heures un fil d'eau ; puis après on lui donne pendant trois à quatre heures toute l'eau néceſſaire pour le mettre hors de terre ; enfin le drap ſe trouvant net, on le retire de la machine, & on le renvoie aux Tondeurs, qui le *pouſſent dans les apprêts* pour achever de le rendre parfait.

Remarques ſur le Dégraiſſage & le Dégorgeage.

Un drap eſt réputé dégraiſſé quand, expoſé au grand jour, il paroît net, & que l'eau en ſort auſſi claire qu'elle y eſt entrée : cependant il s'en faut quelquefois beaucoup qu'il ne ſoit dégraiſſé à fond. Il faut bien examiner s'il ne reſte pas de terre maſtiquée dans le fond du drap, parce qu'en ce cas il faudroit lui donner une eau de ſavon tiede pour diſſoudre le fond de graiſſe, & l'emporter enſuite avec une nouvelle terre.

Ce défaut vient quelquefois de ce que la terre a été mal fondue & mal délayée ; car cette terre qui eſt une eſpece de corroi, ſe poiſſe ſur la place où on la met, & ne ſe diſſout point, ſur-tout quand on ne donne pas l'eau avec ménagement. Il eſt difficile d'appercevoir ce défaut dans le drap blanc ; mais il ſe montre lorſque le drap eſt teint, & eſt encore plus viſible au débouilli ; delà il arrive que l'on impute au Teinturier une faute que le Foulonnier a commiſe.

On peut ſoupçonner ce défaut quand, au ſortir de la teinture, le poil ſe trouve chargé d'une petite gale ; elle ſe voit quand on dégorge le bleu à la foulerie ; car en ces endroits la teinture devient blanchâtre. Les traces que laiſſent les limaſſes en paſſant ſur le drap, produiroient le même effet, ſi on n'avoit pas l'attention, avant de les mettre à la teinture, de les emporter avec un linge mouillé.

Le dégraiſſage, ſur-tout pour les draps de couleur, exige des attentions particulieres ; il y en a qui s'alterent plus aiſément que d'autres qui exigent plus de terre : ceci doit être entendu pour le premier dégraiſſage comme pour celui qu'on fait après la tonture en *harmant.*

Du Foulage en graiſſe ou à l'urine.

Nous avons déja dit qu'on fouloit particuliérement à l'urine les draps qui doivent être teints en noir ; mais nous n'avons alors détaillé cette opération que très-ſuperficiellement : nous allons en parler ici plus amplement.

La colle qui produit de ſi fâcheux effets quand on néglige d'en purger entiérement un drap qu'on veut fouler au ſavon, ne porte aucun préjudice au foulage dont il eſt ici queſtion. L'huile qui eſt déja dans la corde, & celle qu'on qu'on y ajoute, jointe avec la fiente de mouton, détache cette colle, & sert à défiler la corde.

Quand on veut fouler un drap en graisse, on l'envoie à la foulerie après l'avoir bien nettoyé de ses ordures, ainsi qu'on l'a dit plus haut ; on le met en rond dans la pile, en l'arrosant d'un seau d'urine mêlé avec autant d'eau ; on laisse agir les maillets pendant deux heures, après quoi on lui donne la premiere lisée : on le remet dans la pile pour deux ou trois heures ; à cette seconde lisée, on l'arrose d'une livre d'huile, plus ou moins, suivant que le drap a été fabriqué depuis plus ou moins de temps, & on ajoute un peu d'urine. Cette pratique n'est pas la même dans toutes les Fabriques ; car à Sédan où l'on foule à l'urine, on n'ajoute ni huile ni crottin de brebis. Quoi qu'il en soit, on lise le drap une troisieme fois, puis deux heures après on fait la quatrieme lisée ; à cette fois on ajoute une poignée de crottin de brebis tamisé, & délayé dans un peu d'urine : lorsque le drap est aux trois quarts de sa foule, on le foule debout pour le dresser & l'équarrir, & quand il est rendu à la largeur qu'il doit avoir, on le met dans la pile à dégorger.

Du dégorgeage des Draps foulés en graisse.

Nous avons dit comment on dégorgeoit les draps foulés au savon : comme cette opération est un peu différente pour les draps foulés à l'urine, il est nécessaire de parler de ce dégorgeage.

On met le drap dans la pile à dégorger ; on lâche dessus un filet d'eau pour en faire sortir les impuretés ; & pour cet effet, on débouche le trou de la pile ; on manie le drap deux ou trois fois, & l'on continue ce travail, jusqu'à ce que l'eau sorte claire ; alors on le retire de la pile, & on le laisse égoutter pendant sept à huit heures. Comme ce premier lavage n'est fait que pour enlever les impuretés de la superficie du drap, pour le nettoyer à fond ; après qu'il a été bien égoutté, on bouche le trou de la machine à dégraisser, on y remet le drap, & on l'arrose d'un bout à l'autre avec plusieurs seaux de terre bien délayée, & on laisse agir les maillets jusqu'à ce qu'il s'échauffe, & que la terre se soit chargée des impuretés : pendant cet espace de temps, on lise deux ou trois fois pour égaliser la terre ; lorsqu'on s'apperçoit que la graisse est dissoute, on débouche le trou de la pile, & on arrose le drap avec un demi-seau d'urine ; & lâchant un filet d'eau, on fait travailler le moulin pendant trois quarts d'heure, puis on le lise & on le remet dans la pile avec la même quantité d'urine, & le même filet d'eau. On répete cette manœuvre une troisieme & quatrieme fois ; mais on augmente peu-à-peu le filet d'eau jusqu'à ce que l'eau sorte claire ; alors on retire le drap pour le laver au courant de la riviere.

Quand le drap est lainé & tondu en *harmant*, comme nous l'avons déja dit, & comme nous l'expliquerons dans la suite, on le renvoie au foulon pour être dégraissé, de la maniere que nous venons de le dire; puis les Tondeurs y donnent les apprêts nécessaires pour le mettre en état d'être teint: aussi-tôt qu'il est sorti de la teinture, soit en noir soit en bleu, on le renvoie à la foulerie pour y être lavé.

Du lavage des Draps noirs ou bleus.

En sortant des mains des Teinturiers, les draps sont chargés de beaucoup plus de teinture qu'ils n'en peuvent conserver; si l'on négligeoit de les décharger de ce surcroît de teinture, ils tacheroient tout ce qui en approcheroit: il convient donc d'emporter la partie de la teinture qui n'est pas intimement adhérente à la laine; c'est ce qu'on fait par une opération du Foulonnier qu'on nomme le *lavage*, & que je vais décrire.

Le lavage des draps noirs ou bleus, se fait en mettant le drap dans l'auge du dégorgeoir, où on lâche de l'eau pour le laver à fond pendant trois à quatre heures & à grande eau, & pour emporter le *barbouillage* ou la partie de teinture qui n'a pas pénétré le poil. Les Ouvriers appellent cela, *mettre le drap* noir ou bleu, *hors de gras*; ensuite on le tire de l'auge, puis on le remet dans la machine avec environ deux seaux de terre grasse en pâte molle; on bouche les trous de la machine, & on le laisse bien battre en terre, sans y mettre d'eau, durant une demi-heure; on le retire pour le manier, égaliser la terre, & en mettre où il en manque; & quand il a été battu en terre pendant cinq ou six heures, on lui donne un petit fil d'eau pendant quatre à cinq heures, pour délayer peu-à-peu la terre, ce qui s'appelle le *laisser défiler*; après quoi on le remanie, & on le remet dans la machine, où on lui donne toute l'eau nécessaire pour achever de le rendre net, & de temps en temps on le remanie à plusieurs fois, sans quoi il pourroit se mêler & se déchirer.

On voit par l'eau qui en sort, si le drap est net; il faut qu'elle soit aussi claire que celle qui y entre. Si en remaniant le drap, on s'apperçoit qu'il tache encore le linge, il faut le remettre en terre une seconde fois. Cette opération étant faite, on le tire de la machine, & on le renvoie aux Tondeurs qui achevent de l'apprêter. Il faut vingt-cinq ou trente heures pour bien laver un drap teint.

De la Visite au retour du Foulon.

Le drap étant rapporté du Foulon à la Fabrique, est mis à la perche pour voir s'il est de force & de qualité à supporter les apprêts.

Plusieurs des défauts qu'on apperçoit, peuvent être une suite de l'inattention du Foulonnier, mais d'autres ſont tout-à-fait indépendants de ſa vigilance. Comme dans ces viſites où le Foulonnier doit être préſent, pour éviter bien des conteſtations, il faut que le Fabricant ſoit aſſez inſtruit du devoir des Foulonniers pour aſſeoir un jugement équitable entre lui & ſon Ouvrier, nous croyons devoir joindre ici, à ce que nous avons dit du foulage, des réflexions qui pourront avoir leur utilité.

1°, Nous avons dit que le Foulonnier devoit, à ſes différentes liſées, jetter la meſure ſur le drap, pour voir s'il entre également en lez par-tout; & comme cela n'arrive preſque jamais, le Foulonnier doit tordre les endroits larges, & faire fouler à plat les autres. Pour comprendre pourquoi les endroits d'un drap qu'on a tordu rentrent plus vîte en lez que ceux qui ne l'ont pas été, il ſuffit de faire attention à la différente ſituation où ſont, dans la pile, les parties torſes du drap, & celles qui ne le ſont pas. Les premieres ſont placées de façon qu'elles reçoivent les coups de pilon ou mailiets ſur la largeur de l'étoffe, qui étant remplie de trame & peu torſe, ſe feutre aiſément; au lieu que les parties qui ne ſont pas torſes, & qui ont été miſes à plat, reçoivent les coups de pilon ſur la longueur; & comme la chaîne qui fait cette longueur eſt beaucoup plus torſe que la trame, elle ſe foule plus difficilement.

C'eſt pour cette raiſon que les mauvais Fabricants, plus avides de gain, que jaloux de leur réputation, & qui ne s'embarraſſent pas de la qualité de leurs draps, pourvu qu'ils aient la largeur preſcrite, recommandent à leurs Foulonniers de tordre leurs draps, afin qu'ils rentrent plus vîte en lez, & qu'ils aient deux ou trois aunes de plus en longueur, que ceux qui ſont foulés ſur la longueur & ſur la largeur. Quelques-uns, par le même motif, regardent, comme une perfection, de faire fouler *debout* ou à *plat*, ce qui eſt une erreur; car, comme la bonne qualité conſiſte dans un feutre bien lié, ce feutre ſera d'autant plus parfait que la chaîne & la trame ſeront bien fondues l'une dans l'autre; & il faut, pour y parvenir, que les pilons agiſſent tantôt ſur la longueur & tantôt ſur la largeur, c'eſt-à-dire, ſur la chaîne & ſur la trame.

Comme l'inégalité de la largeur d'un drap cauſe ſouvent des conteſtations entre les Fabricants & les Foulonniers, il eſt bon d'examiner d'où elle provient, afin de connoître ſi les Foulonniers doivent être ſeuls reſponſables de ces inconvénients, & de pluſieurs autres accidents qui arrivent aſſez fréquemment dans cette opération, & s'il n'eſt pas juſte que les Fabricants en ſupportent quelquefois leur part.

Les Foulonniers doivent être ſeuls reſponſables des taches de ſavon ou autres, des acrocs & échauffures, parce qu'ils ont pu les éviter en y donnant attention.

Mais ſi les inégalités qu'on remarque viennent de ce que la laine aura été brûlée à la teinture, alors c'eſt le Fabricant ou le Teinturier qui doivent en répondre.

Les inégalités dans la largeur, doivent être ſupportées tantôt par le Fabricant, & tantôt par le Foulonnier; car les draps inégalement tiſſus, ne peuvent rentrer dans le foulage à une largeur égale, parce que les parties moins garnies de trame, rentrent plus promptement en largeur, que celles qui en ſont bien fournies.

Ce défaut arrive encore quand il y a beaucoup de fils de chaîne caſſés, ou quand une chaîne eſt inégalement torſe; car les fils plus tors ſe défilent plus difficilement que ceux qui le ſont moins.

Il ne ſeroit pas juſte de rendre les Foulonniers reſponſables du mauvais ouvrage des Fileuſes & des Tiſſeurs; néanmoins, comme dès les premieres liſées ils s'apperçoivent des endroits qui rentrent plus que les autres; & comme, avec beaucoup d'attention à faire battre tantôt debout, tantôt à plat, ou en tordant ou en mettant plus de ſavon, ils peuvent parvenir à corriger ces défauts, il eſt juſte qu'ils ſupportent une partie, mais non la totalité du dommage, parce que c'eſt aux Fabricants à prendre garde que les Fileuſes & les Tiſſeurs faſſent leur devoir. Les Foulonniers ſont particuliérement dans leur tort, quand le Fabricant les a prévenus des défauts d'une piece en toile, & qu'il leur a recommandé de redoubler d'attention.

Ces détails font voir que le Foulonnier doit bien examiner le drap avant de le mettre dans la pile, & voir s'il eſt bien ou mal tiſſu, pour en ſuivre les mouvements pendant toute l'opération, afin de varier ſes manœuvres, ſoit qu'on le foule en graiſſe, ſoit qu'on le foule avec le ſavon.

S'il apperçoit que la piece eſt mal tiſſue, il doit commencer par la fouler à l'urine, & la finir avec le ſavon : comme cette ſubſtance fait rentrer promptement le drap, il reſteroit peu dans la pile, il paroîtroit épais à la main, mais lâche & mol dans le pied ou dans le fond, & les poils altérés ne pourroient ſupporter les apprêts; au lieu qu'il ménagera ſon poil, & il tiendra plus long-temps ſon drap en pile, s'il foule d'abord à l'urine. Quand le drap commencera à avoir ſa *laize*, il le ſortira de graiſſe avec la terre, comme on l'a dit plus haut; & quand il aura été bien dégraiſſé, il l'achevera avec le ſavon, en ſe conformant à l'uſage ordinaire. Malgré toutes ces attentions, un drap qui aura été très-mal tiſſu ne rendra jamais un bon ſervice; mais il ſeroit injuſte de s'en prendre au Foulonnier.

Il y a des Réglements qui fixent la largeur des draps au ſortir du foulon : le Foulonnier fera bien de tenir ſes draps d'un pouce ou d'un pouce & demi plus étroits que ne le preſcrivent les Réglements, parce que tous les draps augmentent de largeur dans les apprêts qu'on leur donne au retour du foulon, ſans quoi on ne pourroit parvenir à équarrir la piece; ainſi la largeur

largeur des draps doit être comptée au ſortir des apprêts : ſi on étoit même certain qu'on eût donné aux draps en toile une largeur convenable, & que le tiſſage en ait été bien ſerré , on devroit regarder d'un œil de préférence celui qui étant fini ſeroit un peu trop étroit, parce qu'il s'enſuivroit qu'il auroit beaucoup rentré au foulon.

Il ne faut pas prendre à la rigueur la doſe des drogues qu'on a fixée pour dégraiſſer & pour fouler, non plus que le temps des opérations ; car toutes ces choſes varient ſuivant beaucoup de circonſtances : par exemple, ſi un drap eſt ſec & anciennement tiſſé, il faudra lui donner plus d'huile ſi on le foule en graiſſe, que s'il ſortoit du métier ; & ſi on le foule au ſavon, on lui en donnera plus fréquemment. On en uſera de même quand on s'appercevra que le drap ſe pele ou ſe bourre : il en eſt de même d'une laine nouvelle, qui exige moins d'ingrédients qu'une ancienne ; ainſi il eſt toujours à propos d'avertir le Foulonnier de la qualité du drap qu'il a à travailler.

Nous avons dit qu'il étoit commode & avantageux de mettre au courant de l'eau les draps qu'on fait tremper ; mais pour cela il faut pouvoir établir un canal droit d'environ dix toiſes de longueur ſur deux à trois toiſes de largeur : il faut qu'il n'y ait au fond de l'eau, ni vaſe, ni pierres, ni racines, qui pourroient déchirer le drap ; que les bords auſſi ſoient bien nettoyés de ſouches & de racines ; que l'eau ſoit abondante, claire, vive & courante. On peut mettre ſept à huit pieces au trempoir ſur chaque pieu, qui doit avoir au moins un pied de diametre. Les draps qui ont bien trempé pendant cinq à ſix jours, ſe lavent & ſe foulent plus promptement & beaucoup mieux : cependant cette pratique pourroit altérer les couleurs foibles & fauſſes des draps mélangés.

Quoiqu'il ne ſoit pas poſſible de détailler tous les accidents qui arrivent à la Foulerie, cependant pour ne rien omettre d'important ſur un objet auſſi eſſentiel, nous allons parler de ceux qui arrivent le plus ordinairement, & indiquer les moyens d'y remédier.

On voit quelquefois une humeur gluante qui ſe répand ſur la ſuperficie d'un drap qu'on foule au ſavon ; & on en conclut avec raiſon qu'il a été mal dégraiſſé : le meilleur moyen d'enlever cette eſpece de boue qui empêche le feutrage, eſt de donner au drap un demi-ſeau d'urine ; elle diſſout cette boue graſſe, & la corde ſe défile.

Si le même accident arrive aux draps qu'on foule en graiſſe pour y avoir mis d'abord trop d'urine ; comme dans ce cas, le défaut vient de ce que le poil a été trop dégraiſſé, il faut, pour y remédier, lui rendre de l'huile.

Quoiqu'on ſe perſuade avoir pris toutes les précautions néceſſaires, il arrive quelquefois qu'un drap qu'on croyoit net en ſortant de la pile, ſe trouve gras quand il a reçu les derniers apprêts ; voici ce qu'on peut faire pour remédier à cet accident.

On délaye de la terre dans de l'eau, en sorte qu'elle soit liquide comme de la crême douce ; on la laisse reposer un demi-quart-d'heure, afin que le plus grossier de cette terre tombe au fond de la cuve : on prend la superficie de cette eau dont on arrose le drap à sec ; on le met travailler un quart-d'heure dans la pile à fouler ; on le retire pour le liser & voir s'il est également imbibé ; on le remet dans la pile pendant une heure, ayant soin de lui donner de cette eau de terre à mesure qu'il en a besoin ; on le retire de la pile pour le liser, on l'y remet pendant une heure ; & s'il est net, on le met dans la pile à dégorger, en lâchant par-dessus un filet d'eau qu'on augmente peu-à-peu jusqu'à ce qu'elle sorte claire ; mais il ne le faut mettre à dégorger que quand il paroît bien net : on finit par laver le drap au courant d'une Riviere.

On a mis le drap dans la pile à fouler pour qu'il s'échauffe, & on emploie une eau légérement chargée d'une terre fine pour ne point altérer la qualité du drap.

Quelques Foulonniers prétendent avoir le moyen d'élargir le lez d'un drap qui est trop rentré, en le faisant battre ; mais c'est une erreur : tout ce qu'un bon Foulonnier peut faire, c'est de faire plus rentrer son drap sur sa largeur que sur sa longueur, ou le contraire ; mais quelque chose qu'il fasse, ce drap rentrera toujours dans l'un & l'autre sens, au lieu de s'étendre.

Récapitulation abrégée des différentes manieres de fouler, qui sont en usage dans différentes Manufactures.

Premiere Méthode, qu'on suit en Normandie.

Avant de dégraisser un drap, on le met dans un courant d'eau, où il séjourne huit, dix, & jusqu'à quinze jours : le drap étant retiré de la Riviere, on le laisse égoutter ; on le met dans la pile avec deux seaux de terre détrempée ; quand on juge que la graisse est dissoute, on le met au dégorgeoir pour le mettre hors de terre & de graisse.

On le porte aux *Nopeuses* qui l'épluchent. Il revient aux Foulonniers qui, après l'avoir trempé & laissé égoutter, le mettent dans la pile avec sept à huit livres de savon dissous dans de l'eau ; après une heure de foulage, ils lisent le drap, ils le remettent dans le pot ou pile avec un peu de savon, ce qu'ils répetent de deux en deux heures, jusqu'à ce que la *laize* soit revenue à cinq quarts moins une lisiere.

Alors on porte le drap sur deux larges planchers posés en forme de pont sur le travers d'une Riviere, dans laquelle on jette le drap partie par partie, & à chaque fois on le frappe quatre ou cinq fois avec un *Bouloir.* On le passe ainsi deux fois dans le courant de l'eau pour commencer à le dégorger de ſavon ; & on acheve d'enlever le ſavon en le tenant pendant deux heures dans le dégorgeoir.

SECONDE MÉTHODE.

ON MET le drap dans les piles, ſans le faire tremper dans la Riviere, & ſans le dégraiſſer, en un mot, tel qu'il ſe trouve au ſortir du métier.

On y verſe peu-à-peu un ſeau d'urine mêlée avec de l'eau ; après qu'il a reſté dans la pile une heure, on le liſe, on le remet en pile ; & toutes les heures & demie on le liſe : cette opération dure huit à neuf heures ; mais quand on s'apperçoit que la graiſſe ne ſe diſſout pas bien, on ajoute de temps en temps un peu de crottin de brebis.

Quand le drap eſt revenu à une aune un quart, plus une liſiere, on verſe dans le pot, à différentes repriſes, un ſeau d'urine, pour rendre la graiſſe plus coulante ; on le lave au dégorgeoir, & le lendemain on le remet au pot avec une eau de terre & un peu d'urine pour le dégraiſſer ; on finit par le mettre hors de terre & d'urine en le rinçant au dégorgeoir.

TROISIEME MÉTHODE, *qui convient aux gros Draps.*

POUR les draps fins, on employe du ſavon blanc en table ; mais on ne ſe ſert pour dégraiſſer & fouler les gros draps que de ſavon noir ou liquide, & on en emploie treize à quatorze livres tant pour dégraiſſer que pour fouler ; bien entendu qu'on emploie de la terre à peu-près comme pour le foulage à l'urine : quelquefois, pour ménager le ſavon, on ſe ſert d'une leſſive au lieu d'urine ; mais c'eſt une fraude dont les Foulonniers n'ont garde de convenir.

Opérations qui s'exécutent dans la belle Fabrique de Monſieur ROUSSEAU *à Sédan.*

POUR préſenter une ſorte de récapitulation qui remette ſous les yeux du lecteur les opérations dont nous venons de parler plus en détail, je vais expoſer ce qui ſe pratique à Sédan, dans la Fabrique de M. ROUSSEAU : je ne peux choiſir un meilleur exemple.

1°, On lave les draps à la terre avant le foulage.

2°, On les *noppe* en maigre, comme on a fait en gras.

3°, On les renvoie à la Foulerie, où on les prépare par un ſecond lavage avec la terre, afin d'ouvrir les pores du fil, effiler la chaîne & la trame, & les diſpoſer à ſe marier dans le foulage.

4°, On foule avec du ſavon blanc.

5°, On fait dégorger le drap avec de l'eau, & on l'envoie tondre en *harmant.*

6°, Le drap revient à la Foulerie pour être dégraissé : on le bat en terre, afin d'enlever ce qui auroit pu rester de savon ou d'huile.

7°, On donne un filet d'eau, & on l'augmente peu-à-peu pour laver parfaitement le drap qui est ensuite porté aux apprêts.

Pratiques du Languedoc.

COMME les terres sont ordinairement mêlées de sable, on n'en emploie que peu ou point ; on dégraisse & on foule avec du savon liquide. Mais comme ce savon est fait avec de l'huile d'olive & de bonnes cendres, il fait aussi bien que le savon en pain : ce savon cependant est à meilleur marché que celui en pain, parce qu'il est moins cuit, & qu'il conserve plus d'eau que l'autre.

DE L'ATTELIER des Apprêteurs, Laineurs & Tondeurs en général.

QUAND le drap est foulé de tout point, on le rend à l'Apprêteur qui doit lui donner sa derniere perfection. Cet Ouvrier doit examiner avec attention comment le drap a été fabriqué & foulé, pour lui donner les apprêts, relativement à sa qualité ; c'est où les plus habiles se trompent souvent.

Si c'est un drap clos, ferme & fort, l'Ouvrier pourra lui donner tel apprêt qu'il voudra ; si au contraire il est mou, creux & ouvert, il doit le ménager au chardon & avoir continuellement l'œil dessus, pour lui donner de l'eau quand il s'appercevra qu'il en aura besoin ; si le drap n'a pas été autant défilé qu'il devroit l'être à la Foulerie, il pourra par son attention réparer ce défaut.

Pour prendre une idée générale de l'apprêt, il faut savoir qu'il consiste à faire venir le poil sur le drap, & à le ranger par le moyen des griffes du chardon, ensuite couper le poil bien uniment avec de grosses forces ; puis le brosser, le plier, le presser & l'emballer.

Dans les bonnes Fabriques, ce sont les mêmes Ouvriers qui lainent & qui tondent ; & cela est important, parce qu'il faut qu'ils donnent le chardon conformément aux observations qu'ils ont faites en tondant. Comme les Laineurs & les Tondeurs font à Paris deux corps de métiers distincts, il s'ensuit que les apprêts ne sont jamais donnés parfaitement ; & l'on voit quelquefois des draps exactement travaillés en toile & bien foulés, qui sont moins avantageux à la vente par la faute des apprêts, que des draps plus communs, mais mieux apprêtés, & qui par-là méritent la préférence. Cette raison fait que les Drapiers connoisseurs n'aiment point les apprêts faits à Paris. On remédieroit à cet inconvénient qui est considérable, si l'on réunissoit ces deux corps de métier, de sorte que ceux qui lainent seroient aussi Tondeurs.

Je

Je ſuppoſe un drap bien dégraiſſé ; car s'il l'étoit mal, l'Apprêteur ſeroit obligé de le renvoyer à la Foulerie, & en ce cas, il perdroit tous les apprêts qu'il auroit donnés précédemment. On aune ce drap ; & ſuivant ſon aunage, on regle le nombre des *avalées* qu'on doit faire, & auſſi le nombre des *paires de chardons* qu'on doit employer ; car deux avalées doivent conſommer une paire de chardons ; ainſi un drap de vingt aunes ſera diviſé en vingt avalées, & conſommera dix paires & demie de chardons par trait qui eſt toute l'étendue du drap depuis la queue juſqu'à la tête.

Pour ſavoir ce que c'eſt qu'une avalée, il faut être prévenu que pour lainer le drap, on l'étend ſur deux perches, *A A*, *B B*, (*Pl. XIII. fig.* 3), placées de travers à ſix ou ſept pieds d'élévation du plancher ; ces deux perches ſont diſtantes l'une de l'autre de douze à treize pouces, pour que les Laineurs puiſſent paſſer un de leurs bras entre les deux portions du drap qui pendent des perches.

Ces perches ſont établies au-deſſus d'une grande auge de bois *C*, qui eſt d'une forme quarrée, & dont les bords ont quatre pouces de hauteur ; c'eſt ce qu'on nomme le *bac* ; il ſert à recevoir les deux bouts de la piece de drap qui pendent des perches, & à les entretenir mouillés, de ſorte que dans les chaleurs, le bac eſt ſouvent à moitié plein d'eau. Quand deux Laineurs ont travaillé un des bouts de la piece qui pend des perches, ils l'abattent dans le bac, pour qu'une autre portion du drap prenne ſa place. C'eſt cette quantité de drap qu'on fait deſcendre des perches, qu'on nomme une *avalée*. Comme elle doit s'étendre depuis les genoux des Laineurs juſqu'à la hauteur où ils peuvent élever leurs bras, elle eſt d'environ une aune.

Dans quelques Manufactures, au lieu des perches dont nous venons de parler, on ſe ſert, pour les draps communs, d'un tour ou moulinet, compoſé de deux cylindres creux de quinze à ſeize pouces de diametre, & un peu plus longs que le drap n'eſt large, poſés horizontalement & parallélement l'un à l'autre, à trois ou quatre pieds de diſtance entr'eux ; entre les moulinets & à chaque extrêmité, s'élevent deux montants de trois pieds de hauteur, aſſemblés par le haut dans une traverſe. On roule tout le drap ſur le cylindre de derriere, en commençant par la queue ; on paſſe la tête ſur la traverſe, & on l'arrête au cylindre de devant qui eſt garni de clous à crochet. Le drap dans cette ſituation eſt en état d'être lainé, ce qui ſe fait ordinairement par deux hommes qui tiennent à chaque main une croiſée garnie de chardons. Comme cette maniere de lainer fatigue plus le drap que ne font les perches, on ne l'emploie jamais pour les draps fins.

Quelques Fabricants avoient imaginé d'attacher le chardon à la circonférence d'une grande *aſple* qu'on faiſoit tourner, en l'approchant aſſez du drap pour qu'il fût attrapé par les chardons qui étoient à la circonférence.

On a tenté encore de ſubſtituer de petites cardes aux chardons ; mais ces méthodes n'ont point été adoptées : par-tout on met les draps ſur les perches, & on laine à bras, comme on le voit dans la *Planche XIII*, *figure* 3.

Du Grenier aux Chardons.

Les chardons lainiers ou à foulon dont ſe ſervent les Drapiers, ſont les têtes épineuſes (*Fig.* 4) d'une plante que les Botaniſtes nomment *Dipſacus*. Il y en a de ſauvages dont les pointes ſont droites, & qui ne ſont d'aucun uſage pour les Apprêteurs : ceux qu'on cultive pour les vendre aux Ouvriers qui drapent les ouvrages de laine, ont chacune de leurs pointes terminée par un crochet ; plus le crochet eſt ferme & fin, meilleur eſt le chardon ; c'eſt pourquoi on préfere ceux qui ſont bien mûrs & qui ont crû ſur les côteaux, à ceux qui ont été cultivés dans des vallées ; & comme les chardons ſont de meilleure qualité dans les années ſeches que dans les humides, les Fabricants en font proviſion dans les années où les têtes ſe trouvent être de bonne qualité.

Quoique nous ayons dit qu'il faut que les chardons ſoient bien mûrs, il faut cependant les cueillir avant que toutes les fleurs ſoient épanouies : le vrai temps de cueillir les têtes eſt quand pluſieurs étages du bas ſont bien fleuris ; quand on attend que toutes les fleurs ſoient épanouies, les pointes ſe deſſechent, & perdent leur force.

On donne auſſi la préférence aux anciens chardons, parce que les crochets de ceux qui ſont nouvellement cueillis ſont plus tendres que ceux qui ſe ſont deſſéchés dans le magaſin.

Le Grenier, ou la Cabanne dans laquelle on met les chardons, doit avoir beaucoup d'air, afin qu'ils puiſſent ſécher facilement ; car comme le drap eſt mouillé quand on le laine, le chardon qui ſe pénetre d'eau devient mou, & il eſt hors d'état de ſervir juſqu'à ce qu'il ſe ſoit deſſéché.

Ce Grenier eſt garni de Rateliers à neuf étages de hauteur, ſur chacun deſquels il n'y a qu'une même ſorte de chardons ; ſavoir, à l'étage d'en bas qu'on nomme les *premiers*, ou *la premiere ſorte*, ſont les plus doux & les plus uſés ; à l'étage au-deſſus qui ſe nomme les *ſeconds*, les chardons ſont un peu moins uſés ; les *troiſiemes*, les *quatriemes*, les *cinquiemes*, les *ſixiemes* & les *ſeptiemes*, qu'on nomme *demi-poſtels*, encore moins ; & ſuivant leur degré d'uſure, chacun occupe ſon étage, ainſi que les *huitiemes* qui n'ont ſervi qu'une fois, & qu'on nomme *poſtels* : à l'égard des *neuviemes* chardons, ils ſont toujours neufs ; enſorte que tous ces étages forment une progreſſion ou une nuance depuis les plus vieux juſques aux plus neufs qui ſont les neuviemes.

En conſéquence, quand les chardons neufs ont ſervi une fois, ils deviennent *poſtels* ; les poſtels après avoir ſervi une fois, deviennent demi-poſtels ; & ces derniers, après avoir ſervi encore une fois, entrent dans les ſept étages dont nous avons parlé, & ils n'en ſortent plus que pour reprendre leur tour juſqu'à ce qu'ils ſoient uſés.

Pour entretenir le Grenier aux chardons dans l'ordre ci-deſſus ; quand les neufs qui ſont les neuviemes, & les poſtels qui ſont les huitiemes, ont ſervi alternativement chacun une fois, on fait deſcendre les poſtels ou huitiemes, au ſeptieme étage ; & les neuviemes qui étoient neufs d'abord, prennent la place des poſtels ; on en fait établir d'autres par l'Ouvrier qui ſe nomme le *Monteur de Chardons*, (*Pl. XIII. fig.* 2), pour remettre au neuvieme ratelier où doivent être les neufs. Pour faire place aux neufs, on réforme des premiers, & alors les ſeconds deviennent les premiers ; les troiſiemes deviennent les ſeconds, & ainſi des autres.

Cet ordre eſt néceſſaire ; car on verra dans la ſuite qu'il faut toujours commencer par lainer les draps avec des chardons doux, pour tirer peu-à-peu la laine ſans la rompre : les Ouvriers tendent toujours à ſe ſervir de chardons neufs, pour avancer l'ouvrage ; mais moyennant l'ordre qu'on tient dans le Grenier aux chardons, on les oblige de ſe ſervir d'abord des premiers, puis des ſeconds, & enfin des poſtels & des neufs.

On conçoit que quand les crochets ſe ſont remplis de laine, ils ne peuvent plus mordre ſur le drap ; d'ailleurs, comme on juge du lainage par la laine qui reſte dans les chardons, on a ſoin, à meſure que les Laineurs s'en ſont ſervi, tant d'un côté que de l'autre, de les faire nettoyer, & l'on charge de cette opération un enfant de huit à neuf ans (*Fig.* 1), qui avec une petite *curette* en forme de peigne & une broſſe, ôte les *nopes* qui ſe trouvent dans les chardons, & ils les frappent les uns contre les autres pour en faire ſortir l'eau qui ſe trouve dedans ; ils ont ſoin encore que les chardons ſoient tous nettoyés quand les Laineurs en ont fini l'eſpece, afin qu'en allant en chercher d'autres, ils rapportent ſécher ceux qui ſont nettoyés, & qu'ils les remettent au Grenier à la même place où ils les avoient pris.

Pour faire uſage de ces chardons, on les monte ſur trois morceaux de bois qu'on nomme *croiſée* ou *croix* (*Fig.* 5), où ils ſont fortement attachés ſur deux rangs de hauteur. On appelle *une paire de chardons*, une croix garnie de chardons, parce qu'elle a deux faces ; & ce terme eſt d'autant plus convenable que chaque face travaille l'une après l'autre. Voici comment on monte les chardons ſur la croix.

On a une croix de bois (*Fig.* 5), dont la traverſe *AB* eſt double, & le montant *CD* eſt unique ; on paſſe les queues du rang d'en haut, & celles du rang d'en bas entre les deux petites planches qui forment les branches *AB* de la croix ; on place en premier lieu, un chardon du rang d'en haut, qu'on presse contre le montant *CD*; puis un du rang d'en bas qu'on presse de même contre le montant, ensuite un du rang d'en haut, qu'on presse contre le premier chardon, puis un du rang d'en bas; & quand on en a mis trois au rang d'en haut, & trois au rang d'en bas, toutes les queues étant engagées entre les petites planches qui forment la traverse *AB*, on met une septieme tête de chardon *E*, qui appuye contre les deux rangs; ensuite avec une ficelle, on serre bien fort l'une contre l'autre les deux planchettes entre lesquelles sont les queues, & on garnit l'autre bras de la croix; puis on passe la corde sur tous les chardons dans une entaille qui est au haut du montant *C*, & on lie l'un contre l'autre, avec le bout de la même ficelle, les deux autres bras de la croix *D*; alors la croix est garnie de ses chardons, & en état de servir, comme on le voit par la *Figure 6*.

Idée générale des Apprêts.

Il s'agit ici d'une opération bien importante; car un bon Apprêteur répare les défauts des opérations précédentes, au lieu qu'un ignorant gâte le drap qui a été bien fabriqué. Toutes les opérations qui s'exécutent dans les Fabriques concourent sans contredit, à faire un beau drap; mais il y a peu de draps où il ne se trouve quelques défauts qui dépendent tantôt d'une opération, tantôt d'une autre. Le Foulonnier répare une partie de ces défauts, & les apprêts font le reste; mais pour cela il faut que le lainage & le tondage soient faits par les mêmes Ouvriers, ainsi que nous l'avons dit plus haut; & comme il faut que chaque espece de drap soit gouverné suivant sa force; ce travail ne peut être le fruit d'une routine. Pour parvenir à faire un apprêt parfait, il faut de l'expérience & de l'intelligence. La plupart des Apprêteurs sont contents quand ils ont rendu un drap fort & bien couvert. Ces conditions sont à la vérité importantes; mais elles ne suffisent pas; car avec ces qualités, un drap pourroit être, comme l'on dit, *bouché*, de maniere qu'un drap de seconde sorte, bien apprêté, pourroit être préférable à un de premiere sorte qui le seroit mal.

Il est à propos, avant d'entamer le détail des opérations qui regardent cet Attelier, de rapporter en général les vues qu'on se propose. Elles consistent à garnir la superficie du drap d'une laine courte & bien fournie. Pour remplir cet objet, il faut employer de bons chardons, & bien mouiller le drap. Nous avons déja dit en quoi consiste la bonté du chardon.

La seconde condition pour un bon lainage, est que le drap soit bien pénétré d'eau: en général, la laine mouillée se tire sans se rompre; comme elle est plus souple, elle se range mieux: mais cette opération doit varier suivant différentes circonstances.

Les draps fins, & même les draps ordinaires, quoique mal foulés, doivent toujours être trempés dans l'eau, afin que le chardon n'arrache point la laine & ne vuide pas l'étoffe; sans cette attention, ils montreroient bien-tôt la corde.

Les draps rendus extrêmement durs par le foulage, ou fabriqués de grosse laine, veulent être travaillés plus à sec, pour que le chardon fasse plus d'effet.

Pour l'entiere perfection du lainage, on ne fait pas assez d'attention à la qualité de l'eau qu'on emploie pour mouiller le drap, & on emploie l'eau qui se trouve plus à portée. Cependant plusieurs Laineurs soutiennent que l'eau de Riviere douce & corompue, facilite mieux le feutrage & le garnissage, & qu'elle produit un bien meilleur effet que l'eau de puits & l'eau crue; que celles-ci resserrent le poil, & que l'eau de Riviere l'attendrit & ouvre les fils du drap, ce qui est important pour un bon lainage, étant essentiel que le chardon *pique de fond*, sans arracher la laine, ouvre la *duite* pour multiplier le poil, & rendre l'étoffe plus couverte.

Quand on veut voir si les Ouvriers ont bien rempli leur devoir, on présente le drap au grand jour, & on releve la laine avec la main pour examiner si le fond du drap est bien nettoyé ou *dépiété*, c'est-à-dire, également bien garni, & s'il n'y a point de place où le chardon n'a pas tiré la laine; car on doit voir la naissance de tous les poils, pour ainsi dire, comme on voit celle de la soie au velours.

On donne ordinairement trois *voies* de chardons aux draps fins; quelquefois quatre, selon la force du drap. C'est à celui qui est chargé des apprêts à prescrire aux Laineurs & aux Tondeurs ce qu'ils doivent faire.

Comme le lainage est un article important, & comme dans ce travail il faut faire ensorte de ne rien négliger, nous allons, avant que de parler des autres opérations du lainage, dire quelque chose de plusieurs petits détails qui pourroient nous échapper.

Il faut, comme nous l'avons déja dit, deux Ouvriers *D, E* (*Fig.* 3) pour lainer un drap. Ces Ouvriers mettent la piece sur des perches de 5 à 6 pouces de circonférence, en commençant par la queue du drap, & finissant par le chef, & ils font ensorte que la partie qui est en devant & qui doit être travaillée la premiere, tombe en dedans du bac.

Les deux Laineurs ou Apprêteurs (*Fig.* 3) se placent chacun vis-à-vis une lisiere, & tenant d'une main une croix garnie de chardons, & de l'autre une croix vuide, ils mettent le drap entre leurs deux bras, puis chacun attaque la lisiere avec une des faces de son chardon *, en rapprochant les deux bras l'un de l'autre pour serrer le drap entre la croix vuide, & celle qui est garnie de chardons; & ils travaillent comme s'ils brossoient de haut en bas. Ils doivent donner trente-six coups, depuis la perche jus-

* Les deux Laineurs portent ensemble leurs bras en haut, & ils les abaissent en même temps; si l'on a représenté dans la Figure 3, un Ouvrier tenant les bras élevés, & un autre les bras abaissés, c'est pour faire voir quelle est leur attitude dans les deux positions.

qu'à la hauteur de leurs genoux, toujours en avançant de la moitié de la largeur de leur chardon ou d'un demi-chardon, jusqu'à ce que les deux Laineurs se soient croisés au milieu du drap, & de même en reculant vers les lisieres ; ce qu'ils continuent jusqu'à ce que les trente-six coups soient donnés & distribués également, savoir en commençant, quatre coups sur chaque lisiere ; sept coups pour gagner le milieu, & sept autres coups en reculant, ce qui fait en tout trente-six coups : ainsi un coup de chardon est l'espace que l'Ouvrier parcourt sur le drap, depuis la perche jusqu'à ses genoux.

Il faut que les Laineurs placent bien leur chardon, qu'ils le tirent droit & doucement ; car des secousses romproient les filaments, & *effondreroient* le drap.

Les Laineurs doivent augmenter l'eau à mesure qu'ils se servent de chardons plus forts, & ils ne doivent point épargner l'eau quand ils voient que les chardons se chargent de laine, sans quoi ils vuideroient ou effondreroient le drap.

Nous avons suffisamment expliqué ce qu'on doit entendre par une *avalée*; ainsi quand le bout ou avalée qui pend a reçu trente-six coups de chardons, on fait couler le drap sur la perche ; on fait ensuite une seconde avalée pour que le drap qui est lainé, tombe dans le bac, & qu'une autre portion prenne sa place pour être lainée à son tour de trente-six coups de chardons. On continue cette manœuvre jusqu'à ce qu'on soit parvenu au chef de la piece, ce qui s'appelle *une voie de chardon.* On réitere trois fois de suite le lainage ; & quand ces quatre *lainages*, *voies* ou *traits de chardon* sont faits, on dit que le drap est lainé en *premiere eau* ou *d'harmant.* Le terme de *premiere eau* vient de ce qu'on fait tremper le drap dans l'eau toutes les fois qu'on le veut lainer, excepté quelquefois la premiere, lorsqu'en sortant du foulon, on juge le drap assez mouillé. Ce que nous venons de dire, doit faire connoître ce qu'on entend par *lainer* en *premiere*, en *seconde*, en *troisieme* & en *quatrieme eau.* On conçoit encore *qu'une voie* ou *un trait de chardon* est un lainage fait depuis la tête jusqu'à la queue de la piece. Un second lainage, dans toute la longueur de la piece, est *une seconde voie* ; ainsi l'on dit, que le lainage en premiere eau est *de quatre voies*, parce qu'on a lainé quatre fois dans toute la longueur du drap. Comme nous emploierons ces différents termes, il falloit commencer par expliquer leur signification.

Du Lainage en harmant.

APRÈS la visite du drap, au retour du foulon, on le remet à deux Laineurs ou Apprêteurs qui lui donnent deux ou quatre traits de chardon doux, & une coupe, avec des forces peu tranchantes, qu'on nomme *Botres* ou *Désertes*. Cette opération qu'on nomme *harmant*, sert à couper les poils *jareux* que la foulerie a poussés hors du drap ; ainsi pour lainer le drap en harmant, il faut lui donner quatre traits ou quatre voies des premiers chardons ; savoir, des plus usés ou *morts*, afin, disent les Ouvriers, de mettre doucement le drap en train.

Les Laineurs commencent par humecter un peu le drap. Si lorsqu'il revient de la foulerie il n'est pas assez humide, ils le mettent tremper dans un grand baquet, puis ils le posent sur le bac ; ils prennent le bout du drap par la queue, & le font passer par-dessus les perches, ce qui s'appelle *mettre à la perche* ; & chacun tenant leurs chardons d'une de leurs mains par devant le drap, & de l'autre main une croix vuide par derriere pour former un point d'appui, ils lainent le drap, c'est-à-dire, qu'ils en tirent les poils avec les crochets des chardons, qu'ils traînent du haut en bas le plus droit possible, & ils font suivre à l'envers la croix qui n'est point garnie de chardons, mais qui sert à soutenir le drap le long de la route que le chardon suit vers l'endroit : ils donnent de cette façon leurs quatre traits ou voies de chardons, en observant les attentions que nous avons rapportées plus haut. Quelques Fabricants ne font donner que deux traits; mais il paroît plus convenable de tirer le poil à fond.

Une voie de chardons est formée, pour un drap de vingt aunes, de dix paires & demie de chardons ; pour un drap de vingt & une aunes, de onze paires & demie, &c. Mais en supposant que le drap n'a que vingt aunes, le trait sera fait avec dix paires & demie ; & comme il faut donner quatre traits ou voies, on doit, pour un drap de cette longueur, employer quarante-deux paires de chardons, ce qui fait les quatre traits à dix paires & demïe chacun.

Les Laineurs, pour faire leurs quatre traits avec quarante-deux paires de chardons, entr'eux deux, tirent le drap de dessus la perche en vingt & une fois, ou en terme de l'art, en vingt & une *avalées* ; & ils donnent chacun sur chaque avalée trente-six coups de chardons du haut en bas, employant toujours le même côté du chardon ; à la seconde avalée, ils retournent les chardons, & donnent trente-six autres coups. Les chardons après cela passent aux *Nettoyeurs* ; les *Apprêteurs* reprennent d'autres chardons, & continuent leurs opérations jusqu'à ce qu'ils aient employé les quarante-deux paires ; ce qui leur fait chacun vingt & une paires, nombre suffisant pour donner un trait dans toute la longueur d'une piece.

Il y a des Fabriques où l'on passe les draps sur une seule perche ; alors les Laineurs ayant dans chaque main une croix garnie de chardons, lainent des deux mains, & à la fois les deux côtés du drap qui pend de la perche: cette méthode avance l'ouvrage ; mais le drap est, par avalées alternatives, lainé à poil & à contre-poil, ce qui n'est pas un grand inconvénient pour les premieres opérations ; il n'en feroit peut-être pas de même pour les autres, le poil n'étant jamais bien couché aux endroits où il eft lainé à contre-poil ; quoiqu'il n'y ait, fuivant l'ufage ordinaire, que le chardon de devant qui tire, il faut enfuite tirer à contre-poil, ce qui ne fait point de tort pour les premieres opérations.

Après que le drap a été lainé en *harmant*, on le porte fécher ; & quand il eft fec, on le fait tondre en harmant avec des *forces déſertes* qui coupent peu, & on le renvoie à la foulerie pour le dégraiffer, comme nous l'avons dit ci-devant ; car le drap fe trouvant ouvert par le chardon, la terre va chercher le fond de graiffe qui étoit refté dans la corde.

Du Lainage en demi-laine ou en ſeconde eau.

Le lainage en demi-laine eft de la derniere conféquence, fur-tout en blanc ; car pour les couleurs elles viennent mieux au chardon ; mais comme le blanc eft crud, il faut des Laineurs forts & vigoureux qui appuyent le chardon, même dès la premiere & à tous les degrés, c'eft ce qui fait un pied garni. On ne doit employer les chardons neufs que pour réduire la dureté du drap & par néceffité, pour remonter la cabanne ou grenier aux chardons. Il faut, fur la fin de ce lainage que la laine que le chardon a fait venir foit haute comme la laine d'un molleton ; détaillons l'opération.

Quand la piece de drap a été dégraiffée & renvoyée de la foulerie, on la vifite, pour vérifier s'il n'y a point de trous provenants de la faute du foulon ; les Laineurs prennent le drap & le mettent dans un cuveau ; ils jettent de l'eau par-deffus pour le mouiller à fond & également par-tout ; quand il eft bien mouillé, ils ôtent le drap du cuveau, & le mettent égoutter fur un chevalet au moins pendant une heure ; enfuite ils l'arrangent fur le bac, & paffent le bout du drap fur les perches pour le lainer en demi-laine : cette opération doit lui procurer de longs poils.

Pour faire cet apprêt, on commence à lainer le drap avec les premiers chardons qui font les plus doux, & on lui en donne fix traits avec foixante-trois paires de chardons pour un drap de vingt aunes ; ces fix traits donnés, & les chardons reportés au Grenier ou à la Cabanne, on lui donne fix autres traits avec les deuxiemes chardons. Il eft bon de changer ou de rompre les avalées, parce que l'Ouvrier a plus de force au milieu de chaque coup de chardon qu'il donne qu'au haut & au bas ; ainfi pour que la totalité du drap foit lainée également, il faut, comme nous le remarquons, rompre les avalées, c'eft-à-dire, que la partie du drap qui étoit au-deffus de la tête au premier trait, fe trouve au fecond à la hauteur de l'eftomac du Laineur.

Ces fix feconds traits fe donnent à contre-poil des fix premiers ; & quand ils

ils ont été donnés, on reporte les chardons au Grenier, & on donne au drap six autres traits des troisiemes chardons à contre-poil des seconds; autant des quatriemes, à contre-poil des troisiemes, & autant des cinquiemes à contre-poil des quatriemes. On laine de vingt-quatre à trente traits, alternativement à poil & à contre-poil, plus ou moins, suivant la qualité du drap, pour donner du fond & du pied à la laine sans la rompre ; car il y a des draps qui ne peuvent supporter tous les traits, & d'autres à qui il en faut jusqu'à soixante. Sur quoi il faut prendre garde qu'à la fin de ce lainage le drap ne soit point trop mou, & lui laisser de la force pour la troisieme eau : si le drap est fort, il faut le tondre un peu plus qu'entre-deux laines ; s'il est foible, on le tond entre deux laines seulement.

Je dois remarquer que l'usage de donner à la seconde eau des traits à poil & à contre-poil est bon pour les draps destinés à être teints en noir, parce qu'au moyen de cette pratique, les poils n'étant pas parfaitement couchés, le drap en est plus velouté. Sur la fin de ce lainage, il faut même traverser les deux bouts, c'est-à-dire, prendre un chardon pour chaque Ouvrier, de deux degrés plus fort que celui qui a servi sur la demi-laine pour garnir les deux bouts qui n'ont point été tirés à contre-poil. Il ne faut point non plus que le drap soit en pleine eau à ce lainage, attendu que le chardon ne tireroit qu'un poil jarreux ; & cependant il est à propos de le maintenir dans une certaine humidité ; car l'eau est nécessaire pour empêcher la laine de se rompre. Le lainage à contre-poil ne convient point aux draps de couleur, parce que comme leur mérite consiste à avoir l'éclat de la soie, il faut que les poils en soient bien couchés ; ainsi quand il s'agit de draps de couleur, on laine toujours à contre-poil, à la troisieme eau ; mais comme après le second lainage on doit toujours lainer à poil, on coud les deux bouts du drap ensemble, afin que le drap tourne autour des perches comme une chaîne sans fin, & on le laine à poil en lui donnant cinq traits des sixiemes chardons composés de cinquante-deux paires & demie. Cela fait, on reporte les chardons à la Cabanne, & on donne au drap trois voies des septiemes chardons composés de trente & une paires & demie que l'on reporte aussi à la Cabanne, pour donner au drap un trait des huitiemes que l'on nomme *postels* composés de dix paires & demie, & encore un trait avec les neuviemes chardons qui sont les neufs; ensuite on découd le drap, & au lieu de tirer l'avalée par devant, on la tire par derriere, & on acheve de lainer le drap à poil, en lui donnant un trait des neuviemes chardons de dix paires & demie.

Il est de l'attention & du devoir des Laineurs de donner au drap, à chaque changement de chardon, le même degré d'eau, sans quoi la laine se trouvant seche se romproit, & le drap seroit *énervé*.

Quand les Laineurs ont fini de lainer le drap en demi-laine, ils le *tablent*, c'eſt-à-dire, qu'ils le replient ; & ſur un des bouts de la piece pliée & tablée, ils paſſent une corde pour l'attacher & le laiſſer égoutter, avant que de le porter au ſéchoir.

Le lainage en ſeconde eau eſt de vingt-quatre voies de chardons. On vient de voir qu'il ſe fait préciſément comme le lainage en premiere eau, mais avec des chardons plus vifs & moins uſés. Il faut veiller ſur les Laineurs ; car, pour avancer l'ouvrage, ils ſont toujours diſpoſés à ſe ſervir de chardons neufs ou peu uſés. Le lainage eſt beaucoup plus parfait quand on tire peu-à-peu les poils avec des chardons qui ne ſont pas trop rudes ; il faut, comme diſent les Ouvriers, débrouiller la laine ; le chardon doux ne tire que la laine extérieure : à chaque lainage on augmente le degré du chardon pour pénétrer plus avant dans le drap ; enfin on lui donne le chardon le plus fort pour aller juſqu'au cœur du drap.

Le drap étant ſéché, eſt remis au Tondeur pour le tondre en demi-laine par deux fois avec des forces très-tranchantes ; & delà, il repaſſe aux Laineurs pour le lainer en troiſieme eau.

Je laiſſe à part tout le travail des Tondeurs, afin de ſuivre ſans interruption celui des Laineurs.

Du Lainage en troiſieme eau.

QUAND le drap eſt bien foulé, & qu'il n'a point été trop fatigué à la demi-laine, il doit prendre du corps quand on eſt près de lui donner le chardon de la cinquieme ſorte ; comme il commence alors à ſe draper, on augmente peu-à-peu la force du chardon juſqu'à ce qu'il devienne un peu mollet, ou *maniant*, comme l'on dit ; mais il faut lui ménager de la force pour l'apprêt en dernier lainage.

Ce troiſieme lainage ſert à nettoyer le poil à fond, à le coucher & le ranger.

Dans cette opération, comme on laine toujours à poil, les Laineurs commencent par coudre les deux bouts du drap enſemble ; mais ils doivent obſerver de changer de liſieres toutes les quatre voies, parce qu'ordinairement il ſe trouve un Laineur plus fort que l'autre, & ſans l'attention dont nous venons de parler, un côté du drap ſeroit plus lainé que l'autre. Après avoir couſu les deux bouts du drap, ils le remettent dans le cuveau pour le mouiller à fond ; puis ils l'en retirent, &, ſans le laiſſer égoutter, parce qu'il faut qu'il ſoit fort baigné d'eau, ils le mettent ſur le bac où ils le rangent, & lui donnent encore de l'eau qu'ils verſent par-deſſus ; enfin ils font paſſer les deux perches dans le drap, & les remettent à leurs places pour lainer le drap en troiſieme eau.

On laine en troiſieme eau, en donnant trois ou quatre voies des premiers chardons composés de trente & une paires & demie pour vingt aunes ; trois voies des deuxiemes ; deux voies des troisiemes, composés de vingt & une paires ; deux voies des quatriemes, & deux voies des cinquiemes chardons.

Les Laineurs observent, quand ils sont prêts à donner la derniere voie des cinquiemes, de découdre auparavant le drap ; & au lieu de tirer leur avalée par-devant dans ce dernier trait, ils la tirent par derriere pour achever de le lainer par la queue du drap.

Le lainage en troisieme eau est donc de trente-quatre voies de chardons ; & il se fait de même que les deux précédents, c'est-à-dire, qu'on donne au drap quarante coups ou traces de chardons à chaque avalée, & toujours, en se servant vers la fin de chardons plus vifs, si toutefois la qualité du drap le permet. Cela fait, les Laineurs mettent égoutter le drap, & ils le font sécher, pour être ensuite envoyé aux Tondeurs qui le tondent deux, trois ou quatre fois, suivant que le fond du drap le permet.

Les draps teints en laine sont quelquefois lainés & tondus en quatrieme & en cinquieme eau, jusqu'à ce qu'ils fassent un beau drapé.

Observations sur les Apprêts.

1°, QUAND les draps doivent rester blancs, & qu'ils ne sont pas destinés à être teints en noir ou en bleu, les Laineurs les font tremper une quatrieme fois, & ils les lainent pour la quatrieme & derniere fois. Ce lainage est seulement de douze voies de chardon. Ensuite on les met sécher au grand air ; lorsqu'ils sont secs, les Tondeurs achevent de les tondre ; ordinairement ils leur donnent dix à onze coups en tout, y compris la coupe de l'envers & celle en premiere eau dont nous avons parlé.

2°, Aux Andelis, on ne donne que sept à huit coups, y compris celle de l'envers.

3°, Si le drap doit être teint en noir, en bleu, en jaune ou autres couleurs unies ; les Tondeurs doivent apporter beaucoup de soin à les tondre en troisieme eau ; après quoi on les porte à la teinture.

4°, Nous disons qu'il faut tondre avec beaucoup de soin les draps qui doivent être teints, parce qu'il est difficile de les beaucoup tondre après, d'autant que les couleurs n'entrent que médiocrement dans l'intérieur de la corde, & que la tonte blanchiroit le drap ; cependant on ne tond pas extrêmement près les draps qu'on destine à être teints en écarlate, parce qu'une laine un peu haute fait paroître la couleur écarlate plus vive & plus brillante, l'éclat de la couleur n'étant que sur la superficie de la laine. Il ne faut pas non plus tondre de trop près les draps destinés à être mis en noir ; mais quand ils ont été teints en noir, on ne peut leur donner trop de coupe ; plus ils en reçoivent, plus le poil eſt arrondi, plus les draps ſont tranchés, plus ils ſont doux & beaux.

5°, Il faut s'attacher à bien lainer les draps, ſur-tout ceux qui ſont deſtinés à être teints en noir, bleu, écarlate & en autres couleurs unies, parce qu'étant une fois teints on ne peut les lainer de nouveau ſans détruire une grande partie de la couleur, attendu qu'elle ne pénetre pas dans le fond de la corde.

6°, Il ne faut point permettre aux Tondeurs de trop rebrouſſer le drap, ſur-tout aux coupes d'apprêt, parce qu'une coupe trop approchée dégrade le drap, & lui ôte ſa tranche & ſon brillant : ceci regarde principalement les draps noirs & écarlates.

7°, On dit que les Anglois ont une maniere particuliere de lainer leurs draps. Quand ils ſont revenus du foulon, on les met tremper ſix à huit heures dans de l'eau nette ; & après les avoir laiſſé égoutter, au lieu de les paſſer ſur les perches, on les met ſur une table rembourée, couverte d'une forte toile & un peu bombée dans le milieu. Cette table eſt un peu plus longue que la largeur du drap ; ſes pieds ſont poſés dans un grand bac de quinze à dix-huit pouces de profondeur ; & à ſept ou huit pouces du fond, il y a une claie d'oſier pour recevoir le drap à meſure qu'on le laine ; cette claie permet à l'eau qui ſort du drap de s'écouler, en même-temps qu'elle garantit le drap des mal-propretés. On plie le drap ſur le derriere de la claie, & on place le chef ſur la table qui eſt élevée à la hauteur de la poitrine de l'Ouvrier.

Les Laineurs tiennent à chaque main une croiſée garnie de chardons qu'ils trempent dans de l'eau claire qui eſt à leur portée & dont ils arroſent la partie du drap qui eſt ſur la table ; ils travaillent, en faiſant agir la chardon ſuivant la largeur de la table ; ils donnent à chaque tablée trente-cinq à quarante coups de chardon ; la premiere tablée étant lainée, ils la tirent en en bas ſur la claie pour travailler celle qui ſuit comme la premiere, & ainſi des autres juſqu'à la fin de la piece qui pour lors a reçu une voie.

On recommence ce travail pour lui donner de nouvelles tablées, autant qu'on juge que le drap en a beſoin. Les draps fins reçoivent quatre eaux, les ordinaires deux, & les communs une.

Les croiſées de chardon dont les Anglois ſe ſervent à la troiſieme eau ont trois rangs de chardons les uns ſur les autres. Il ſemble qu'un drap ainſi étendu ſur une table bien rembourée eſt dans une poſition avantageuſe pour que le poil ſe tire aiſément & ſans endommager la fermeté du feutre.

8°, Les draps étant teints, ſoit en noir ſoit en bleu, on les va viſiter en teinture pour voir s'il n'y a point de tarres & de trous avant que de les remettre pour la derniere fois au Foulonnier qui doit les laver, & les dégorger, comme on l'a expliqué plus haut.

Quand

Quand ce ſont des draps noirs, il faut ſur-tout les laver ſur le champ; car plus ils reſtent ſans être lavés, plus ils durciſſent, ſur-tout dans les chaleurs, parce que le ſel de la couperoſe qui s'éleve dans le poil y laiſſe des taches griſâtres, où il ne paroît point de poil. Nous parlerons du *ſtricage*, lorſque nous aurons dit quelque choſe des préparations qu'on peut donner aux draps deſtinés à faire des redingotes, des ſurtouts, des manteaux, ou des habits pour les Troupes.

Des Draps pour Redingotes, Surtouts, & Habits de Soldats.

Il est bon de rapporter ici une petite préparation qu'il eſt à-propos de donner aux draps qu'on deſtine pour faire les redingotes, ſurtouts, & même ceux qu'on deſtine pour l'habillement des Troupes, afin de les rendre impénétrables à la pluie. Cette façon conſiſte à leur donner une bonne voie de chardon mort à l'envers & à l'endroit, avant de les fouler.

On commence donc à donner une voie de chardon mort, chardon devant, chardon derriere, de ſorte que le drap ſoit en même-temps lainé à poil & à contre-poil; enſuite on le plie en trois, on l'empile à la foulerie pour le faire travailler pendant trois heures avec de l'eau ſeule pour lui faire prendre lainage; après quoi on retire le drap pour lui donner une voie de chardon ſur le côté qui a été en dehors; en reployant le drap, on met en dedans le côté qui étoit en dehors; on empile la piece, & on la fait travailler pendant deux heures; on la retire encore pour mettre en dedans le côté qui a été l'envers le premier, & qui devient l'endroit de la piece; alors on lui donne du ſavon, & on le foule à la maniere ordinaire.

La laine de la ſuperficie du drap ſe trouvant dégagée de la corde par le moyen du chardon, eſt plus diſpoſée à ſe défiler; le feutre augmente de plus en plus pendant que le drap ſe foule, & enfin il devient feutré comme l'étoffe d'un chapeau ſur laquelle l'eau gliſſe.

La maniere d'apprêter ces draps, conſiſte à leur donner deux bonnes voies de chardon mort du côté de l'endroit, pour en ôter la laine morte & *jareuſe* que l'action des pilons a fait pouſſer ſur la ſuperficie; & enſuite deux coupes, à l'endroit de la piece, & une à l'envers. On penſe qu'il eſt tout-à-fait inutile, pour ne pas dire nuiſible, de donner d'autres apprêts aux draps deſtinés pour les Troupes. Un plus fort lainage & plus de coupes de tonture leur donneroient véritablement plus d'œil & plus d'apparence; mais ces opérations les affoibliroient; & comme ils ont plus beſoin de bonne qualité que de brillant, le ſimple apprêt qu'on vient de dire paroît leur ſuffire: quelques-uns portent cela à l'excès, & prétendent qu'on ne doit preſque pas tondre les draps deſtinés pour les Troupes, & qu'une longue laine les fait durer davantage; parce que, diſent-ils, pendant que la laine s'uſe, le corps du drap ne souffre pas. Ce sentiment est une erreur d'autant plus grande que c'est cette longue laine qui le fait user plus vîte. La raison est, qu'une longue laine retient sur un habit la pluie plus long-temps, le rend plus difficile à sécher, & la poussiere y tient davantage, laquelle jointe à l'humidité, ronge & pourrit la corde en peu de temps ; au lieu qu'à un drap dont le chardon a ôté la laine *jareuse* de la superficie, & qui est bien tondu, la poussiere n'y tient pas, l'eau coule dessus, & il se seche plus vîte, ce qui contribue à le faire durer plus long-temps : cette longue laine ne sert qu'à cacher une grosse & vilaine corde que le chardon n'a pu couvrir. Il est certain que les apprêts donnés à-propos ne nuisent jamais, même à un drap grossier : pour peu que la corde d'un drap soit d'une certaine finesse, le *jare* étant ôté par le chardon, il ne peut être tondu de trop près ; car c'est une erreur de filer gros le drap pour les Troupes. L'expérience montre qu'en filant d'une certaine finesse, & augmentant les fils de la chaîne à proportion, les draps sont d'un meilleur service.

Ce ne sont pas les draps les plus épais, & où il entre beaucoup de laine qui durent davantage. Cette qualité vient principalement d'un tissage serré & d'un foulage bien condensé : or le gros fil est contraire à ces deux opérations : en voici la raison. Quand le fil de la chaîne est filé gros, il ne se croise pas bien sur le métier, & il empêche par-là les fils de la trame de s'approcher parfaitement ; ils laissent entr'eux un intervalle que l'opération du foulon ne peut remplir exactement ; tout ce que cette opération peut faire, c'est d'enfler les fils, mais sans parvenir à les lier & à les feutrer les uns avec les autres ; d'où il arrive que les draps faits de gros fils, faute de liaison, se cassent plus aisément que ceux dont la filature est d'une moyenne grosseur ; parce que la chaîne de ces derniers se croisant mieux sur le métier, & la trame s'approchant davantage, le foulon alors a plus de facilité à les lier & à les condenser ensemble ; ce qui rend le drap de bon usé.

Du Stricage ou Lainage qui se fait après le lavage des Draps fins.

QUAND le drap a été lavé & qu'il est de retour de la foulerie, il doit être visité pour voir s'il n'y a point de trous ; ensuite on le remet aux Laineurs pour le *striquer*, ce qui se fait, en mettant le drap sur le bac ; & l'on jette de l'eau dessus pour qu'il soit bien mouillé & couvert d'eau avant que de lui donner ses derniers traits : on fait passer ensuite le bout de la tête du drap par-dessus les perches, & on lui donne, toujours baignant dans l'eau, 3, 4, 5 & 6 traits avec de vieux chardons morts, ou bien une voie des premiers chardons de dix paires & demie pour vingt aunes, & un autre trait avec de vieilles cardes. Cela fait, on table le drap, & on le porte à la rame pour y être mis à son aunage & équarré à sa largeur : le drap étant cloué sur les rames, les Tondeurs, avec de vieilles cardes, courent le drap le long de la rame, & d'autres avec des brosses, le courent aussi pour lui coucher le poil ; après quoi on le laisse sécher en cet état.

Propriétés des Forces & de la Tonte des Draps.

A VOIR travailler un Tondeur, on s'imagineroit qu'il ne fatigue pas ; cependant il est reconnu que le métier de Tondeur est le plus rude de toute la Fabrique : les Tondeurs fatiguent encore plus quand ils ont de mauvaises forces, ou qu'elles sont mal *émoulues*. Dans ce travail, tous les membres sont en action, & continuellement tendus pour tenir la force en respect ; le talon de la main droite est sur-tout la partie qui fatigue le plus ; aussi les Apprentifs se plaignent-ils qu'ils souffrent de tous leurs membres, & sur-tout du bras droit qui leur devient enflé.

On a dit plus haut qu'après qu'on a donné chaque lainage ou chaque eau aux draps, on les faisoit sécher, & qu'ensuite les Tondeurs en coupoient la laine que le chardon avoit tirée du drap : ces tontes successives sont nécessaires ; car si l'on donnoit tous les lainages sans tondre, la superficie de l'étoffe se trouvant couverte des premieres laines, le chardon ne pourroit plus faire son effet sur le fond du drap ; au lieu que la laine étant coupée entre chaque lainage, le chardon couvre la corde d'une nouvelle laine. Il faut que chaque coupe soit bien unie ; car les sillons qu'on nomme *écriteaux*, empêcheroient le chardon de tirer de nouvelle laine ; & ce défaut, s'il étoit considérable, seroit très-difficile à réparer.

Je dis s'il étoit considérable ; car il a passé en proverbe de dire : *Point de Tondeurs sans écriteaux*, qui sont de petits sillons que les Tondeurs font au drap lorsqu'ils vont trop vîte à cette besogne. On auroit tort de faire un crime aux Tondeurs pour des écriteaux, sur-tout aux premieres coupes comme à l'harmant ; mais ils doivent être moins considérables à la demi-laine, encore moins à la troisieme : les coupes d'apprêt doivent être tondues uniment & bien battues, pour que le drap puisse acquérir de la tranche, c'est-à-dire, le brillant dont il est susceptible.

Avant de parler du tondage des draps, il est à-propos de donner une idée de ce qui est nécessaire pour cette opération.

De la Table des Tondeurs.

IL Y A sous la table sur laquelle doivent travailler deux Tondeurs, un *ratelier* ou *faudet*, *A* (*Pl. XIV. Fig.* 1 & 7), pour recevoir la piece de drap. Il faut que la table *B* (*Fig.* 1. 6 & 7), soit garnie ou rembourée avec des *nopes*, ou *bourres* provenantes de la tonte des draps ; & l'on y ajoute une double couverture de toile de coutil qu'on lace par dessous la table, & qu'on cloue sur ses deux bouts (*Fig.* 6), afin que cette garniture soit bien ferme, & qu'elle soit rembourée bien quarrément, pour que la force puisse couper en pointe, en talon & par le milieu, en un mot dans toute sa longueur.

Cette table a dix pieds de long sur $\frac{4}{11}$ d'aune de largeur ; elle est posée sur deux forts treteaux *C*, *D* (*Fig.* 1, & 7) ; les pieds de l'un sont plus courts que ceux de l'autre, ensorte que la table a dix à douze pouces de pente sur sa longueur.

Au bas de cette table est un marche-pied *E*, sur lequel les Tondeurs montent pour travailler ; il doit avoir la même pente que la table.

Des Forces.

Pour réussir dans cette opération, il faut être pourvu de bonnes forces ; ce sont des especes de grands ciseaux (*Fig.* 3), composés de deux feuilles ou couteaux *AB*, d'environ deux pieds de longueur, dont les bras se terminent en deux branches ou verges *CD*, qui se joignent par un ressort *E* en forme d'anneau. Ce ressort sert à ouvrir la lame ; le dessus & le dessous de chaque couteau se nomme *planche* ; ainsi *plancher* une force, c'est diminuer l'épaisseur de ses couteaux. Le couteau *A*, qui est celui qu'on pose sur la table à tondre est appellé *femelle* ; son tranchant doit être planché fort mince, afin qu'il puisse entrer en laine & la couper plus près de la corde : ce tranchant est formé par un biseau très-peu sensible ; on charge ce couteau femelle de 50, 70 ou 80 livres de poids, selon la qualité des draps, pour donner de l'assiette & de la fermeté à la force, & pour la faire entrer en laine.

L'autre couteau *B*, que l'on nomme *mâle*, passe sur le premier en travaillant ; son tranchant n'est pas si mince que celui de la femelle ; il est terminé par un biseau beaucoup plus sensible & plus large. Le biseau du *mâle* est plus épais, afin d'être en état de supporter l'effort du marteau dont l'Émouleur se sert, pour former son tranchant, après l'avoir passé sur la meule ; car il ne frappe presque point sur celui de la femelle.

On donne le mouvement à la force par le moyen d'une courroie de cuir *F* (*Fig.* 5) attachée par un bout au dos de la femelle, & par l'autre au manche d'une petite mailloche *G*, qui tourne sur le dos du *mâle* : c'est la méthode qu'on suit en Normandie. Dans les Manufactures du Languedoc, & dans quelques autres Manufactures où l'on suit les usages de Hollande, les Ouvriers, au lieu de se servir de la mailloche, passent la courroie entre leur pouce & leurs doigts, tenant dans la même main un morceau de bois qui tourne sur le dos du *mâle*, & qui le fait approcher de la femelle.

La

La perfection d'une force consiste à être d'une trempe dure, & qui cependant ne graine pas ; elle doit, dans ses couteaux, avoir une certaine forme ou contour qui rend le travail plus facile, & la met en état de couper la laine de plus près ; c'est ce qu'on nomme dans les Fabriques *être d'un bon calibre ;* on appelle *une force précise*, celle qui embrasse réguliérement la table du Tondeur : une *force plate* ne peut gueres être précise.

Les tranchants doivent être sans *molieres*, *pailles*, ni *filandres* : ces deux derniers défauts viennent de la trempe ; & le premier, de ce que la chaleur n'a pas été égale dans toute la longueur du tranchant ; car pour la perfection de la trempe, il est nécessaire non-seulement d'avoir un certain degré de chaleur hors duquel on ne réussit pas, mais il faut encore que cette chaleur soit égale par-tout, afin que le tranchant soit également dur dans toute sa longueur.

Les filandres sont de petites cassures ou pailles qui arrivent plus ordinairement aux tranchants des femelles qui n'ont presque pas de fer pour soutenir l'acier.

Lorsqu'il y a des filandres au tranchant de la femelle, le biseau du *mâle* venant à porter sur ces petites cassures, les augmente peu à peu, & le morceau se détache, alors la force ne peut plus servir.

Enfin un des points principaux de la perfection des forces consiste dans une finesse de monture qui exige de la précision, soit à l'égard des planches de la force, qui doivent être très-minces, soit pour la netteté & la vivacité de leurs biseaux.

Les forces sont faites avec de bon fer, & les tranchants sont garnis d'une lame d'acier de trois ou quatre pouces de largeur ; on conçoit que cette lame d'acier est soudée sous la planche qui forme le *mâle*, & sur la planche qu'on nomme *la femelle*, afin qu'en coulant l'une sur l'autre dans le travail, elles puissent couper la laine. Il faut que les deux couteaux soient trempés d'une même dureté, sans quoi le couteau le plus dur entameroit l'autre.

Les couteaux ou planches, les branches & l'anneau se fabriquent dans les grosses forges d'où on les tire simplement dégrossies. Ce sont des Forgerons particuliers qui les finissent, les *calibrent*, les *augent* & les *cosinent*, après avoir soudé les lames d'acier : expliquons ces termes.

Calibrer une force, c'est donner aux couteaux, sur leur plat, un tel contour qu'ils puissent se coucher exactement sur la table des Tondeurs qui est bombée dans le milieu ; car malgré cette courbure il faut que la force pose dans toute sa longueur sur le drap. Il est vrai que les Tondeurs pourroient former leur table suivant le calibre de leur force ; mais si le calibre se trouve trop grand, la force fatiguera l'Ouvrier, parce qu'elle ne glissera pas si aisément en travaillant ; si elle est trop peu calibrée, elle glissera trop vîte, & le Tondeur ne pourra bien battre ses coupes : ainsi le Forgeron doit observer un milieu entre ces deux inconvénients.

Auger une force, c'eſt donner au couteau un certain contour en aile de moulin qui fait entrer ſes tranchants en laine ; & c'eſt pour cette raiſon qu'on tient le biſeau de la femelle fort mince pour couper la laine fort près ; le couteau mâle doit être plus augé que le couteau femelle, & former un angle plus aigu, le couteau femelle devant être plus plat pour couler aiſément ſur la table.

Le *coſinage* eſt encore un autre contour que doivent avoir les deux couteaux de la force, ſur leur tranchant : comme ils ſont un peu plus larges à la pointe qu'au talon, il faut que les tranchants ſoient un tant ſoit peu concaves. Cette diſpoſition fait qu'ils coupent la laine dans le même inſtant, & d'un bout à l'autre dans toute la largeur de la tablée ; au lieu que ſi les tranchants étoient tout droits, la pointe & le talon ne couperoient qu'après que le milieu auroit coupé : cette courbure eſt preſque imperceptible, ſur-tout au couteau femelle. C'eſt dans ces trois contours que conſiſte particuliérement la difficulté de forger les forces. Mais il eſt encore aſſez difficile de les bien émoudre ; il faut pour cela tenir les lames bien à plat ſur la meule, & n'appuyer pas plus ſur un endroit de la planche que ſur un autre, afin qu'elle ſoit bien unie ; il faut avoir la même attention pour le biſeau. On n'y peut réuſſir qu'en ayant une meule bien ronde & le coup d'œil juſte, & que l'Émouleur ait aſſez de force pour bien manier ces planches.

Les forces étant émoulues, il faut les *ranger* au marteau ſur la *raſſiette*, qui eſt une eſpece d'enclume, pour réparer les petits défauts qui ont pû arriver en les planchant ; car s'il reſtoit des inégalités, il arriveroit que le ciſeau mâle venant à paſſer ſur le défaut du ciſeau femelle, il ne couperoit pas la laine également à ces endroits. Ces défauts-là font manquer en partie ; auſſi les Tondeurs ont-ils bien de la peine à faire de bon ouvrage quand ils n'ont point un Émouleur habile ; & quand ils ont une force qui va bien, ils la ménagent comme une choſe très-précieuſe. Ces défauts du couteau femelle font de petits ſillons ou *manquûres* ſur une partie des tablées ; les mêmes ſillons ſe formeroient s'il y avoit des défauts au biſeau du couteau mâle : en un mot, il faut que les deux couteaux ſoient bien planchés, & que les biſeaux ſoient bien unis & exactement droits pour bien trancher la laine.

On ragrée ou l'on *range* les forces, en donnant des coups de marteau ſur le mâle, aux endroits qui n'approchent pas, afin que les tranchants ſe touchent dans toute leur longueur, & qu'on n'apperçoive aucun jour en fermant les forces.

Le défaut le plus ordinaire des forces eſt que la trempe eſt tantôt trop dure, & que d'autres fois elle ne l'eſt pas aſſez ; dans le ſecond cas, les tranchants s'émouſſent en peu de temps, & ils ne font plus que hacher la laine, ce qui rend la coupe baveuſe & point tranchée : dans le premier cas, la moindre choſe les fait grainer, ce qui cauſe des traces ſur la ſuperficie du drap.

De plus, les forces que l'on fabrique en France ont l'anneau plus petit que celles d'Angleterre, ce qui les rend difficiles à mener, & les rend trop roides. Les meilleures forces pour les draps fins ſont communément celles d'Angleterre : leur calibre eſt fait avec préciſion ; elles ſont très-tranchantes, & faites avec un acier très-fin.

La façon de monter une force pour la mettre en état de travailler, eſt de la poſer de travers ſur la table, & de la charger de plaques de plomb *H*, (*Fig.* 5) ; les uns en mettent plus, & d'autres moins. Suppoſons (*Fig.* 7), qu'on en mette quatre *a,b,c,d* : la premiere plaque *a*, ſe nomme *plomb de pointe* ; celles *b*, *c*, *d*, *plombs de talon.* Ces plombs ſont contre la manique ou billete *e*, qui eſt une piece de bois, à un bout de laquelle eſt attachée la ficelle qui tient les plombs & la bride ou corroie qui paſſe ſous la mailloche.

Le bas de la manique ou billete eſt lié au dos de la femelle : auprès du talon eſt un crochet de fer *K* qui embraſſe le dos de ce couteau. Ce crochet excede d'un pouce ou environ une piece de bois *I* (*Fig.* 8), qui ſe nomme *taſſeau*, auquel le crochet qui le traverſe eſt aſſujetti à demeure par le moyen d'un écrou *k* : au haut du taſſeau eſt un trou dans lequel paſſe une corroie *F* qui embraſſe par ſon autre bout la mailloche *G*.

Toutes ces pieces ſont repréſentées ſéparément les unes des autres, & cotées des mêmes lettres.

Quand l'anneau des forces eſt trop léger, quelques Tondeurs, pour rendre la force plus aiſée à manier dans le tondage, ajoutent au bout de l'anneau un poids de plomb d'environ trois livres ; de maniere que la charge de la force eſt de cent livres, plus ou moins, ſuivant l'eſpece d'étoffe que l'on tond.

On nomme *mailloche* l'inſtrument *G* (*Fig.* 8), qui eſt de bois, & qui ſert lui ſeul à faire agir la force.

La table & la force étant ajuſtées, comme nous venons de le dire, le Tondeur eſt en état de travailler.

Du Tondage des Draps.

POUR faire cette opération, il faut deux Tondeurs, chacun avec une force. Ils mettent la piece de drap ſur le ratelier ou ſaudet *A* (*Fig.* 1 & 7,) & ils font paſſer le bout de la piece *L* par-deſſus la table ; après quoi ils montent ſur le marche-pied *E* ; & ils attachent la piece de drap par les liſieres à la table avec cinq ou ſix crochets *M*. Ils doivent prendre garde qu'il n'y ait point de plis, parce que les forces en paſſant deſſus les couperoient infailliblement, & feroient des trous ou des pinces.

Le drap étant ainſi mis en table, les Tondeurs (*Fig.* 2) relevent le poil du drap avec la *rebrouſſe* ou avec la *lame N O* (*Fig.* 4) ; après quoi ils tondent le drap, & quand ils ſont au bas de la table, ils recouchent ou *ſtriquent* ce qu'ils ont tondu avec la rebrouſſe ou une vieille carde *B O* (*Fig.* 7). Cette tablée étant finie, on en recommence une autre. Voici comme on fait agir la force : le Tondeur (*Fig.* 1) paſſe ſa main gauche dans la bride qui ſe poſe ſur la mailloche qui eſt ſur le dos du couteau mâle ; il fait monter ce couteau ſur la femelle, & tient la force en ouvrage ou en reſpect par le moyen de la billete qu'il tient avec les doigts de la main droite ; puis ſerrant la force contre lui avec le talon de la même main qui poſe contre la branche du mâle, il coupe le poil en démarchant doucement ſans donner, que le moins qu'il eſt poſſible, du branle à la force.

Quand on commence une ſeconde coupe, il faut changer la diſpoſition de la tablée, pour que ce qui, à la premiere coupe, répondoit à la pointe & au talon des ciſeaux, ſe trouve placé au milieu de la table, & puiſſe répondre au milieu des lames, afin de rendre la tonture plus égale.

A chaque tablée les Tondeurs trempent un doigt dans de l'huile & en frottent légérement le couteau femelle ; il eſt inutile d'encimer le couteau mâle, mais ſeulement le couteau femelle en deſſus, parce que le couteau mâle ſe trouve encimé en venant à couler ſur le couteau femelle : cette huile graiſſe le couteau mâle, afin qu'il coule mieux, & que les tranchans ne ſe détrempent point.

Il faut ſur-tout défendre aux Tondeurs de ſe ſervir, pour encimer, d'aucune graiſſe ou flambart ; car le drap qui prendroit de la graiſſe ſe rempliroit de pouſſiere.

Il eſt d'uſage dans beaucoup de Fabriques, de mettre deux Tondeurs ſur chaque table ; & chaque Tondeur fait la moitié d'une tablée. Dans d'autres, il n'y a qu'un ſeul Tondeur ſur chaque table. Quand il y a deux Tondeurs, ils fatiguent moins, parce que chacun n'a à tondre que la moitié de la largeur du drap ; mais comme il eſt rare que les deux forces travaillent également bien, & que les deux Ouvriers ſoient auſſi habiles l'un que l'autre, il arrive ſouvent que la moitié de la largeur d'un drap eſt mieux tondue que l'autre : c'eſt pour cela que quelques Fabricants préferent de ne ſe ſervir que d'un ſeul Tondeur.

Pour qu'un drap ſoit bien tondu, il faut qu'il ſoit bien battu, bien approché, ſans écriteaux, ni ſillons ni queues de rat, &c, ſur-tout aux dernieres tontes.

Nous allons ſuivre, les unes après les autres, les différentes opérations des Tondeurs.

PREMIERE

PREMIERE OPÉRATION du Tondage : *coupe en harmant.*

LA PREMIERE opération du tondage se nomme, comme nous l'avons déja dit, *tondre en harmant*, ce qui consiste en une seule coupe ou tonte que l'on donne aux draps déja foulés & lainés en harmant avec des forces *désertes*, c'est-à-dire, peu tranchantes ; après quoi on les renvoie à la foulerie pour être dégraissés ; car comme le chardon a tiré des poils de l'intérieur, ces poils restent un peu imbus d'huile & de savon qu'il faut emporter ; mais après ce dégraissage on les juge en état de recevoir tous les autres apprêts de la tonture : ainsi on les tond en demi-laine, comme il a été expliqué.

SECONDE OPÉRATION : *coupe en demi-laine.*

LE DRAP, après avoir été lainé en demi-laine, est remis aux Tondeurs pour lui donner deux ou trois coupes plus ou moins, suivant sa qualité, avec des forces nouvellement émoulues & très-tranchantes, moins cependant que celles dont on se sert pour préparer les coupes d'apprêt ; car il n'est pas possible que la tranche paroisse, parce qu'elle a encore beaucoup de lainage à supporter ; c'est ce qu'on appelle *tondre en demi-laine*. Ensuite le drap repasse aux Laineurs pour être lainé en troisieme eau.

Si c'est un drap pour blanc ou pour écarlate, &c ; après qu'il a été lainé en troisieme eau, on le porte à la rame, pour y être mis à son aunage, & équarri selon sa largeur.

Le drap étant ainsi ramé, les Tondeurs courent la piece avec des vieilles cardes, le long de la rame, pendant que d'autres suivent avec des brosses, afin de bien coucher le poil ; cela fait, on le laisse sécher.

Visite des Draps que l'on tond.

QUAND un drap a eu ses deux coupes en demi-laine, on le visite pour voir s'il n'a ni *écriteaux*, ni *mâchures*, ni *témoins*, ni *banqueroutes*, ni *entre-deux*, ni *queues de rat*, ni *ancrure* ; ensuite on le laine, & on le tond en troisieme eau : il est à propos d'expliquer ces termes.

Les *écriteaux* sont des coups de force, ou des sillons trop marqués ; ce qui arrive quand l'Ouvrier, pour avancer l'ouvrage, veut prendre trop de laine à la fois dans ses ciseaux ; quelquefois aussi, quand une force serre trop sur les tranchants, il se fait des écriteaux. Un petit écriteau ne fait point de tort au drap, sur-tout dans les premieres tontes : on ne doit pas faire de reproches aux Tondeurs sur des choses qui n'entraînent aucune imperfection.

Les *entre-deux* arrivent, quand on a trop tablé, parce qu'une partie reste sans être tondue.

On fait des *queues de rat*, quand on tond ſur de faux plis.

L'ancrure ſe dit, quand on laiſſe fléchir la force en démarchant ; & cet accident arrive, ſur-tout aux forces trop évidées au talon par l'Emouleur.

Mâchure ſe dit, quand la force, au lieu de couper le poil, le ſerre entre les deux lames ou planches de la force. Les *fenêtres* ou *dindriures* occaſionnent ce défaut.

On appelle des *témoins*, quand le Tondeur d'en haut ne deſcend pas aſſez bas pour croiſer l'endroit où ſon camarade a commencé, ou quand il laiſſe un endroit ſans être tondu.

Banqueroute ſe dit, quand un Tondeur table plus avant que ſa force n'a coupé. *Banqueroute* ſe dit encore, quand un Tondeur étant à la fin de ſa piece, laiſſe, ſans être tondu, un bout de piece qui n'eſt pas aſſez long pour faire une tablée.

Pour faire la viſite dont nous parlons, on poſe le drap ſur une table, au grand jour. On paſſe la main à contre-poil pour relever la laine à différents endroits de la totalité de la piece ; par ce moyen on voit ſi le poil eſt coupé bien uniment, s'il eſt bien arrondi & bien roulant, & s'il a quelques-uns des défauts dont nous venons de parler plus haut. On doit auſſi examiner ſi le drap a été aſſez *approché*, & tondu aſſez près à la troiſieme eau, pour que le chardon puiſſe ranger le fond du drap ; mais en général il faut plus approcher un drap fort qu'un foible : on regarde auſſi ſi le drap a été bien garni par le chardon.

Enfin on doit examiner avec grande attention ſi le drap ne paroît pas gras ; car dans l'examen qu'on a fait au ſortir du foulon, on n'eſt point abſolument certain qu'il ne reſte point de graiſſe au fond du drap. Une petite quantité de graiſſe ne ſe manifeſte point quand le drap eſt mouillé ; mais elle s'apperçoit dans le cours des apprêts, lorſque le drap a été expoſé au ſoleil, & qu'une partie de la laine a été emportée : ſi le foulage en harmant n'a donc pas ſuffiſamment dégraiſſé le drap, il faut le renvoyer à la foulerie ; & il faut auſſi faire retondre les pieces qui ne l'ont été qu'imparfaitement.

TROISIEME OPÉRATION : *tondre en troiſieme eau.*

LE DRAP pour blanc ou pour écarlate &c. étant bien ſéché, les Tondeurs lui donnent 4, 5 & 6 coupes, ſuivant ſa qualité ; & à la fin de chaque tablée ou de chaque piece que les Tondeurs ont tondue, ils prennent une vieille carde pour ranger & coucher le poil du drap qu'ils avoient été obligés de relever avec la rebrouſſe ou la lame. Ce tondage, dans ces ſortes de draps, ſe nomme *tondre en troiſieme eau, & en dernier apprêt.*

Il ne faut point permettre aux Tondeurs de trop rebrouſſer le poil aux dernieres coupes, ſur-tout à celles d'apprêt ; le pied du drap en ſeroit dégarni, ce qui diminue de ſon brillant, ou, en terme de Fabrique, ce qui nuit à la tranche : mais pour l'*harmant*, on rebrouſſe avec une rebrouſſe à dents *O* (*Pl. XIV. Fig.* 4) : quant aux autres coupes, les rebrouſſes *N* (*Fig.* 4), n'ont point de dents.

On emploie pour ces opérations des forces qui ont ſervi à tondre en demi-laine ; ſi elles étoient fort tranchantes, elles ne couperoient pas le poil ſi uniment; mais il faut qu'elles le ſoient plus que pour tondre en harmant; ainſi les forces nouvellement émoulues ſervent pour tondre en demi-laine; quand elles ont ſervi quelque-temps à cet uſage, elles ſervent pour les deux dernieres coupes, & enſuite on les emploie pour tondre en harmant.

Toutes ces ſortes de draps ſont tondues d'envers, c'eſt-à-dire, à l'envers d'une coupe, que l'on doit donner bien uniment.

QUATRIEME OPÉRATION.

JE CROIS avoir déja dit que le Tondeur doit avoir ſoin de rompre les tablées aux coupes d'apprêt, c'eſt-à-dire, de mettre en talon ce qui étoit en pointe ; parce qu'ordinairement on approche plus en talon qu'en pointe, vu qu'au planchage de la femelle, l'Émouleur eſt plus diſpoſé à appuyer le talon ſur la meule, parce qu'il eſt plus en force ; ce qui rend le talon trop évuidé : la force alors eſt ſujette à *criteller*, c'eſt-à-dire, à faire de petits écriteaux ; ce qui fait un mauvais ouvrage.

On tond en troiſieme eau, comme on vient de le dire, les draps deſtinés à être teints en noir ; & on leur donne deux, trois, ou un plus grand nombre de coupes, ſuivant leur qualité ; après quoi on les porte à la teinture ; & quand ils ont été teints, lavés, ſtriqués, on les fait ramer. Dans la Manufacture de M. de Julienne, on donne quatre eaux, afin que les apprêts en ſoient plus parfaits.

Quand les draps deſtinés pour écarlate ont été lavés & tondus à fin, avant de les envoyer à la teinture, on les *litte* ; ce qui ſe fait, en couſant une petite corde au bord de chaque liſiere en-dedans, tant à l'envers qu'à l'endroit, pour empêcher que la teinture n'y prenne, afin de conſerver un filet blanc qui ſe trouve entre la liſiere noire & le drap teint, ce qui releve l'éclat de l'écarlate.

Mettre aux Rames.

QUAND le drap a reçu la derniere eau, avant que les Tondeurs lui donnent la derniere coupe d'apprêt, il faut le ramer pour le dreſſer & l'équarrir.

Les rames ſont un aſſemblage de pieces de charpente de ſept à huit pouces d'équarrissage qui forment une barriere d'environ six pieds de hauteur, & d'une longueur suffisante pour étendre les plus longues pieces de drap. Cette barriere est formée par des poteaux debout solidement affermis en terre, & liés à leur bout supérieur par des pieces horizontales. Vers le bas, il y a un pareil cours de pieces horizontales, dont les extrémités sont reçues dans de larges rainures qui sont aux poteaux, ce qui fait qu'on peut les hausser, les baisser à volonté, & les assujettir à la hauteur qu'on veut, avec des chevilles de fer : les deux cours de traverses horizontales sont garnis dans toute leur longueur de clous à crochet, ainsi que le premier poteau vertical.

On accroche la piece de drap par un bout à ce premier poteau ; & l'autre bout est accroché de même à un chevron de trois pouces de large sur deux d'épaisseur, plus long que la largeur du drap : à cette piece mobile est une poulie dans laquelle on passe une corde dont un bout est attaché au dernier poteau vertical ; un Ouvrier tient l'autre bout de cette corde, & en la tirant, il tend le drap tant & si peu qu'il veut, dans le sens de sa longueur ; quand le drap a été rendu à la longueur convenable, l'Ouvrier arrête la corde à un des poteaux, afin que le drap conserve le degré de tension qu'on lui a donné ; alors on accroche les lisieres aux crochets des solives horizontales du haut, ensuite à celles d'en bas. Si le drap est trop étroit, on l'élargit en appuyant sur les solives du bas qui sont mobiles, & qu'on écarte de celles d'en haut ; quand le drap est parvenu à la largeur qu'il doit avoir, on arrête les travées d'en bas avec les chevilles qui passent dans des trous faits aux poteaux.

On conçoit par cet exposé que les rames servent à tendre les draps dans le sens de leur longueur & dans celui de leur largeur.

Cette tension est nécessaire pour que les draps aient précisément & dans toute leur longueur, la largeur qu'ils doivent avoir, & qu'on n'a pas pû leur donner dans le foulage, outre qu'elle efface les ribaudieres & faux plis que les maillets auroient pû leur donner. Mais comme il y avoit des Fabricants qui, pour augmenter leur aunage, tendoient prodigieusement leurs draps sur les rames, il en résultoit que ces draps se retiroient beaucoup quand ils ressentoient quelque humidité, & en outre ils éprouvoient un dommage considérable dans leur qualité. Pour obvier à cet inconvénient, il est dit, par les Réglements, qu'un drap fabriqué qu'on mouilleroit & qui ne se retireroit que d'un seizieme sur la largeur d'un drap de cinq quarts, & d'une demi-aune sur la longueur d'un drap de vingt aunes, seroit réputé bien fabriqué. Une plus grande retraite emporte une amende, & même confiscation quand elle est trop considérable. (Voyez l'Arrêt du 20 Février 1718.) Enfin on laisse le drap sécher sur les rames.

Les draps blancs destinés à être teints en écarlate ou en autre couleur, ne ne ſont point ramés ou tendus ſur leur longueur, mais ſeulement équarris.

A l'égard des draps teints en piece, on ne les rame que quand ils ſont revenus de la teinture, & qu'ils ont été lavés & dégorgés, comme on l'a dit plus haut.

Pour qu'un Ouvrier ne tende pas trop un drap à la rame ſur ſa largeur, la piece porte un plomb de l'auneur juré; s'il s'en écartoit, il ſeroit condamné à l'amende : & il peut connoître aiſément la longueur que porte ſon drap, parce que les aunes ſont marquées dans toute la longueur des rames.

Cette opération qui eſt néceſſaire peut donc occaſionner des fraudes. Tous les draps fabriqués, ſoit en couleurs mélangées, ſoit ceux qui doivent reſter dans leur couleur naturelle, ou ceux qui ont été teints tout fabriqués, doivent, comme nous venons de le dire, être mis ſur les rames. Si une piece ſe trouve trop étroite d'une liſiere, il n'y a point d'inconvénient à la ramener à ſon trait, pourvu qu'on ſe détermine à perdre quelque choſe ſur l'aunage, comme un quart ou un tiers d'aune. Sur quoi il eſt bon de remarquer que, par le lainage & le tondage, le drap étant toujours tendu ſur ſa longueur, une piece de dix-huit à vingt aunes gagne environ une demi-aune ſur ſa longueur. Quand on n'eſt pas obligé d'élargir les draps ſur la rame, on peut leur conſerver cet avantage de longueur, quoique certainement il ſe perdra par l'emploi qu'on en fera, ou quand on le mouillera. Mais on ne peut ſe diſpenſer de conſerver au Fabriquant ce bénéfice de longueur, quand, pour bien équarrir le drap, effacer les plis qui auroient pu être faits chez les Rentrayeurs, les Teinturiers & les Foulonniers, on n'eſt pas obligé de beaucoup tirailler le drap ſur la largeur; mais quand un drap a néceſſairement été trop tiré ſur ſa largeur, il faut ſe déterminer à perdre quelque choſe ſur la longueur, ſinon on eſt dans le cas de la fraude.

Cinquieme et derniere Opération : Du Tondage des Draps qu'on nomme friſés.

Le tondage ou la tonture des draps noirs dont on a parlé en dernier lieu, s'appelle *tondage en dernier apprêt.* Ces draps reçoivent, comme on l'a dit, trois, quatre & cinq coupes, plus ou moins, ſuivant leur qualité, & il faut que toutes ces coupes ſoient bien unies.

On tond auſſi tous les draps d'envers d'une ſeule coupe; puis on friſe quelquefois les draps noirs d'envers, ce qui dépend du goût des pays où ils doivent être vendus; ainſi, on friſe les uns à l'envers, & les autres ne le ſont pas.

Des perfections que doivent avoir les Draps bien apprêtés.

1°, Ils doivent être bien garnis d'une laine courte & bien *peuplée.*

2°, Le poil doit être bien tranché, tondu fort près & uniment.

3°, Quand on renverse le poil, on ne doit découvrir que très-peu la corde, & appercevoir un fond clair & piqueté, c'est-à-dire, qu'on doit entrevoir la chaîne qui forme un sablé.

4°, La substance de l'étoffe doit être mollette & douce au toucher, sans être lâche : toutefois cette mollesse doit être proportionnée à la finesse du drap ; car il ne seroit pas raisonnable d'exiger qu'un drap fait avec une laine de France, fût aussi doux au toucher que celui qu'on feroit avec une prime d'Espagne.

5°, Il faut que les couleurs soient bien fondues dans les draps mêlés, & bien distribuées dans les draps jaspés.

Nous ne parlons point de l'œil brillant & soyeux qu'on donne aux draps de couleur : ce lustre n'est qu'un accessoire, dont nous n'avons point encore parlé.

On ne frise jamais que l'envers des draps noirs & fins qu'on fournit pour Paris : cette opération est commune à plusieurs autres étoffes auxquelles on donne la même façon.

De la Frise.

On frise plusieurs étoffes de laine, & particuliérement les ratines. Cette opération consiste à rouler les uns sur les autres les poils qui couvrent la superficie de l'étoffe, & qu'on laisse pour cette raison un peu longs, de sorte qu'un nombre de ces filaments étant réunis par petits paquets & roulés les uns sur les autres, forment autant de petits boutons. On juge bien que cette opération ne donne aucune force à l'étoffe, que les boutons se détachent au service, & que par la suite l'étoffe devient rase ; mais on a trouvé qu'il étoit agréable d'avoir une étoffe comme sablée ou couverte d'un nombre considérable de petits boutons qui se touchent presque les uns les autres. S'il ne s'agissoit que de ratiner un petit morceau d'étoffe, il suffiroit de l'étendre & de l'attacher sur une table rembourée bien ferme & le plus plat qu'il seroit possible, prendre ensuite une planche sur laquelle on auroit étendu de la cole-forte, & saupoudrée du sable assez fin, & faire ce que les Apprêteurs de drap nomment *une tuile*, & dont nous parlerons dans la suite ; il n'y auroit qu'à appuyer cette tuile sur la surface du drap qu'on veut ratiner, & lui imprimer un mouvement rapide & circulaire, les poils en se joignant, s'entortilleroient les uns sur les autres, & le morceau d'étoffe se trouveroit ratiné. Mais ce moyen qui est peu expéditif & fatiguant, ne seroit pas praticable en grand ni pour un nombre considérable de pieces d'étoffe qu'on voudroit friser ; c'est ce qui a fait imaginer d'exécuter cette opération par le moyen d'une machine très-ingénieuse & très-expéditive, que l'on nomme *frise* : nous en donnerons par la suite une description particuliere & détaillée.

Du Pontillage & Rentrayage des Draps.

LES DRAPS de toute espece, après avoir été tondus en dernier apprêt, ainsi que les draps noirs après qu'ils ont été frisés, sont portés à *l'Épontilleuse* : cette Ouvriere, ainsi que les Nopeuses, a le soin de tirer avec des pinces les pailles & les nœuds qu'elle peut appercevoir. La Rentrayeuse répare encore les trous & les tarres qui peuvent s'y trouver. Ces rentraites ne font pas de tort aux draps, à moins qu'elles ne soient fort grandes ; mais elles font préjudice au Fabricant par la dépense qu'elles lui occasionnent. Un Fabricant de bonne foi doit marquer sur la lisiere, avec une ficelle, les tarres un peu considérables, afin que les Tailleurs puissent les éviter en taillant les habits. Après ces opérations, on remet ces draps à un Ouvrier qui doit les brosser.

Du Couchage, Brossage & Tuilage.

QUAND un drap a passé par toutes les préparations que nous venons de décrire, on le couche sur une table semblable à celle de la *Planche XV*, (*Fig.* 1), qui est inclinée vers le grand jour, qu'il faut prendre de face, au lieu que les Tondeurs prennent le jour de côté. Cette table est garnie de *nopes*, comme la table des Tondeurs, & couverte d'un tapis de drap.

C'est-là où l'on donne le dernier apprêt, qu'on appelle *brosser* & ensuite *tuiler* ; ce qui s'exécute en metttant le drap sur le *faudet* qui est sous la table. On fait passer le bout du drap par-dessus la table, puis l'Ouvrier avec une tuile qu'il tient à deux mains, couche, par plusieurs traits, le poil du drap ; & à la fin de chaque tablée, il prend un balai de bouleau qui est sur la table, & dont les rameaux sont dépouillés de leur écorce, il balaye le drap pour ôter la poussiere ; il continue cette opération d'un bout à l'autre de la piece, & la répete cinq à six fois, afin que le drap soit bien net, & le poil bien rangé : cela fait, il plie ou double le drap en long par le milieu, en mettant l'endroit dedans, & les deux lisieres l'une sur l'autre ; il roule ensuite la piece & la porte à la presse.

Ce qu'on nomme la *tuile* est un morceau de bois léger épais d'un bon pouce, long environ de deux pieds & demi, suivant la largeur du drap, & large de cinq à six pouces ; il est enduit d'un côté de mastic fait avec de la poix résine & de la cire, ou avec de la colle forte. Sur ces enduits, on saupoudre à travers un tamis pendant que le mastic ou la colle sont encore chauds, du verre pilé, du grais, du sable fin, ou, suivant quelques-uns, de la limaille de fer ; c'est ce côté de la tuile qui est rude, mais d'un plan parfait, qu'on fait agir sur le drap toujours d'un même sens pour en coucher le poil : on tient cet instrument à deux mains ; un autre Ouvrier mene la brosse ou le balai avant qu'on passe la tuile une 2e ou 3e fois.

Dans quelques Fabriques, on brosse & on tuile les draps quand ils sont parfaitement secs ; & cela est nécessaire quand on entremêle le pressage d'un tuilage. Ceux qui suivent cet usage tuilent les draps, puis ils les pressent, ensuite ils les tuilent pour une seconde fois ; après quoi ils les pressent encore.

De la Presse.

LES presses des Fabricants de draps sont de bois, garnies d'étriers de fer. Pour donner une idée de leur grandeur, nous allons prendre pour exemple celles de la Fabrique de M. de Julienne qui sont d'une grandeur moyenne. Les jumelles *A, B* (*Pl. XV Fig.* 2 & 3.) ont huit pieds, deux à trois pouces de hauteur, & dix à onze pouces d'équarrissage. La distance d'une jumelle à l'autre est de trois pieds quatre pouces, les plats-bords *C*, sous lesquels on met les pieces pour les presser, ont quatre pouces d'épaisseur, & les plateaux *O*, qu'on met entre chaque piece de drap sont épais d'un pouce. La lanterne *G*, les vis *E*, l'écrou *F*, sont proportionnés à la force des jumelles. On y peut presser quatre pieces à la fois ; & l'on met quatre hommes sur le levier *I*, pour serrer la vis.

Dans certaines Fabriques, les presses sont beaucoup plus grandes ; & l'on met au bout du levier un moulinet *L*, qui aide à presser, au moyen d'un cable qui se roule sur un treuil vertical, qui augmente beaucoup la force. Il y a des Fabricants qui ont des presses dont la vis est de fer, & l'écrou de cuivre : celles-ci pressent beaucoup plus fort que celles de bois.

On dit que les Anglois laissent très-long-temps leurs draps en presse. A Sédan, on les y laisse au moins deux fois vingt-quatre heures ; mais quand il s'agit de draps de couleur qu'on veut lustrer en les laissant séjourner long-temps sous la presse, les poils prennent un pli qui est permanent ; ainsi il est toujours avantageux de laisser long-temps ces draps sous la presse, jusqu'à ce qu'ils ayent perdu leur chaleur.

Après le *tuilage* le drap étant roulé, comme on l'a dit, le Presseur (*Fig.6*) le *table*, c'est-à-dire, qu'il le plie en zigzag de la largeur des cartons qu'il met entre chaque pli ; si ce sont des draps noirs, comme ils ne demandent pas beaucoup de presse, on retire les cartons à mesure qu'on les plie.

Il y a donc plusieurs manieres de passer les draps à la presse. On presse à froid les draps noirs & ceux en écarlate ; à chaud & en vélin, ceux auxquels on veut donner beaucoup de lustre. Nous allons décrire ces différentes pratiques.

Si

Si c'eſt un drap noir, on retire les cartons qui, dans cette eſpece, n'ont ſervi qu'à régler la grandeur des plis ; & le drap étant plié eſt mis ſous la preſſe pour y être ſeulement *écati*. Ces draps n'ont pas beſoin d'être preſſés au vélin ; ils ne ſéjournent même pas long-temps ſous la preſſe, parce que le luſtre diminueroit le velouté que doit avoir le noir & même l'écarlate.

Ainſi, pour *écatir* les draps, on les plie d'abord en deux ſur la largeur, l'endroit en dedans ; puis on les plie ſur la longueur, à peu-près comme on les voit dans les magaſins des Marchands Drapiers, à l'exception que les plis ſur la longueur, ſont plus larges qu'on ne les voit chez les Marchands : on ne fait que quinze ou vingt plis dans la longueur d'une piece. On met, comme il a été dit, entre chacun de ces plis, un carton fin qui touche les deux côtés du drap par ſon endroit ; on en met auſſi de plus communs qui touchent l'envers ; ces cartons ſont auſſi larges que les plis du drap qui ne les déborde qu'à l'endroit des plis. Comme les liſieres ſont plus épaiſſes que le drap, elles empêcheroient les draps d'être preſſés ſi l'on n'augmentoit pas l'épaiſſeur du drap en mettant de temps en temps pluſieurs cartons du côté de l'envers du drap, ſans quoi on feroit de faux plis. J'ai dit qu'on mettoit à l'endroit du drap, des cartons fins : ces cartons ſont faits comme ceux des cartes à jouer, avec des feuilles de papier collées les unes ſur les autres : comme ils ſont fermes & unis, ils ſont préférables à ceux qui ſont faits de pâte de papier : (*voyez* l'Art du Cartonnier.)

On met deſſus & deſſous la piece de drap ainſi encartée, un plateau de bois *D* aſſez mince, par-deſſus, une autre piece auſſi encartée, & ainſi juſqu'à trois & quatre, & l'on termine la portée de la preſſe par une piece de bois ou plateau de quatre pouces d'épaiſſeur. On preſſe fortement ces piles de drap (*Fig.* 7) ; on les laiſſe vingt-quatre heures plus ou moins ſous la preſſe ; enſuite on deſſerre la preſſe, on retire les cartons, on déplie le drap ſur ſa longueur, & on le replie de nouveau, non dans les mêmes plis, mais de façon que les endroits qui débordoient les cartons, & qui par conſéquent n'ont point été preſſés, ſoient mis à la place des endroits du drap qui ont été preſſés ; ceux-ci à leur tour débordent le carton qu'on met cette fois-ci ſur les endroits non preſſés. On remet les pieces à la preſſe avec les mêmes plateaux de bois ; & lorſqu'ils y ont reſté douze à treize heures, on les en retire, & on les livre en cet état aux Marchands.

Cette légere préparation à la preſſe eſt bonne pour les draps noirs & écarlate ; mais pour ceux qu'on veut luſtrés, il faut les laiſſer trois jours ſous la preſſe, pour la premiere fois ; pour la ſeconde quatre jours ; & pour la troiſieme ſix à ſept jours, & même plus long-temps ſi l'on n'a pas beſoin de la preſſe.

Pour donner encore un plus beau luſtre au drap, on preſſe au vélin ;

particuliérement les draps blancs pour uniforme, & tous les autres draps fins de couleur. Cela se fait en mettant entre chaque pli & vers l'endroit du drap, un vélin, & à l'envers un ou deux cartons, suivant l'épaisseur des lisieres : les draps ainsi pliés sont en état d'être mis sous la presse; mais plusieurs Fabricants, avant de les y mettre, commencent par placer au fond de la presse une forte plaque de fer, chaude; dessus cette plaque, plusieurs cartons ou un plateau de bois; dessus ce plateau, une piece de drap; & par-dessus la piece de drap on met encore un plateau ou des cartons avec une plaque de fer, chaude, en dessus; & l'on en fait autant entre chaque piece s'il y en a plusieurs à presser.

Cette méthode n'est pas généralement approuvée, & elle seroit absolument mauvaise si les plaques de fer qu'on emploie étoient trop chaudes.

Dans d'autres Manufactures, on met entre chaque pli du drap des plaques de tôle ou de cuivre chauffées, à l'envers du drap, & entre deux cartons. Cette méthode rend les draps plus durs au toucher; & pour que les draps contractent moins de roideur, on les humecte un peu un jour ou deux avant de les mettre à la presse; le lustre qu'ils acquierent par ce moyen est aisément emporté par la pluie. Quelques-uns se contentent de faire chauffer les cartons; & ils n'humectent le drap que près des lisieres.

Dans les bonnes Fabriques, on ne met que trois plaques, une dessous la piece, une au milieu & une par-dessus; encore ces plaques sont-elles très-peu chauffées.

Comme on aime que les draps soient très-lustrés & satinés, on les arrose quelquefois, avant de les mettre pour la premiere fois à la presse, avec une eau très-claire de gomme arabique. Il est constant que cette gomme jointe à la chaleur, *écatit* le drap de telle façon qu'il devient dur & roide; mais lorsqu'il est exposé pour la premiere fois à la pluie, cet apprêt se convertit en taches, le poil se releve, la corde se montre, & le drap devient lâche & mou; cet apprêt n'est donc propre qu'à fasciner les yeux de l'acheteur.

Comme on ne peut mettre d'apprêt aux draps qu'on presse à froid, l'Apprêteur est alors obligé de tondre plus ras, & les draps en conservent plus long-temps leur beauté. Ces draps étant mis sous presse, comme on vient de le dire, on les y laisse quelquefois trois à quatre jours, ensuite on les tire de la presse pour les changer & les retourner; l'on y remet les mêmes vélins & cartons, & on les remet sous presse sans plaques chaudes; on les laisse encore ainsi deux, trois & même jusqu'à six & sept jours. Toutes les opérations que nous venons de détailler étant faites, on tire les draps de la presse pour en ôter les vélins & cartons, & on les replie encore dans d'autres plis; on les remet sous la presse pour achever de les écatir au degré qui convient, après quoi on les retire pour les mettre dans des toilettes, & on les range ainsi entoilés sous la presse pour en former un ballot.

Récapitulation des Apprêts à la presse.

Il suit de ce que nous venons de dire :

1°, Qu'il ne faut pas se proposer de donner du lustre aux draps en noir & en écarlate, & qu'on ne doit pas les presser autant que les autres ; enfin qu'il faut les presser à froid.

2°, Que les draps mêlés, auxquels on veut donner du lustre, peuvent être lustrés à froid, d'une façon très-durable, pourvu qu'on ait de fortes presses, & qu'on puisse y laisser les draps très-long-temps. Au reste, cet apprêt, qui exige bien du temps, ne convient qu'aux draps bien corsés.

3°, Il n'y a point d'inconvénient à presser à chaud, quand on n'emploie qu'une chaleur modérée : l'expérience des cheveux que l'on frise au feu, prouve que la chaleur fait conserver aux poils le contour qu'on leur donne ; il n'y a pas même d'inconvénient que le drap qu'on presse à chaud soit légérement humecté.

4°, On diminue beaucoup du maniement du drap, quand on le mouille beaucoup en le mettant à la presse, & quand on excite une grande chaleur par le moyen des plaques de fer chaudes : il y a même certaines couleurs qui ne peuvent supporter cet apprêt.

5°, Il ne faut jamais employer d'eau gommée : elle peut à la vérité donner du brillant aux draps ; mais cet éclat se détruit à la moindre humidité.

Connoissances nécessaires pour juger de la qualité des Draps fabriqués.

1°, Quand la laine n'a pas été assez cardée, les ploques qui en proviennent ne fournissant pas également leur soie, le fil est d'inégale grosseur : on reconnoît cette imperfection dans le drap en le maniant, parce qu'alors on peut juger s'il est également fort par-tout.

2°, Nous avons dit qu'il falloit éviter d'employer des laines de moutons morts. On reconnoît ce défaut en maniant le drap qui se trouve mollasse & sans soutien, parce que cette mauvaise laine se détruit lors des apprêts.

3°, Il faut que les lisieres soient égales par-tout ; qu'elles ne soient pas plus lâches dans un endroit que dans un autre ; & que la largeur de l'étoffe soit par-tout la même.

4°, Selon les différentes qualités du drap, on emploie des laines plus ou moins fines, ce qu'on connoît à leur douceur.

5°, On ne doit point fabriquer d'étoffe au-dessous d'une demi-aune de largeur ; chaque espece doit être uniforme par-tout ; & tous les aunages doivent se rapporter à l'aune de Paris.

6°, Tous les draps doivent être marqués en tête, du nom de l'Ouvrier, & porter le plomb de la fabrique.

7°, On doit faire, à la lisiere, des marques qui indiquent aux Tailleurs les endroits où il y a des rentrayures considérables.

8°, Pour connoître si une étoffe teinte en écarlate est de bon teint, on en fait tremper un morceau dans du vinaigre distillé : il doit conserver sa couleur en séchant.

9°, On peut éprouver la bonté du teint des draps de couleur en les roulant sur une carte, & les exposant à l'air : si la teinture est bonne, il doit y avoir peu de différence entre la partie qui a été frappée par le soleil & celle qui est restée à l'ombre.

10°, Pour juger de la perfection d'un drap, il faut, avec le pouce mouillé, en relever le poil, & en ôter l'apprêt autant qu'il est possible ; on voit alors si le drap est bien tondu ; on juge de la finesse du filage, de la proportion de la chaîne avec la trame, & si le drap est bien serré : quelquefois, pour mieux examiner la corde, on brûle le poil qui la recouvre.

EXPLICATION DES FIGURES
DE L'ART DU DRAPIER.

PLANCHE I.

On voit dans la Vignette (*Figure* 1), des laines lavées qu'on a mis ſécher ſur des perches poſées horizontalement, & ſoutenues par un bâti de Menuiſerie : *A*, le bâti ; *C*, la laine qui pend aux perches.

La *Figure* 2 repréſente un Ouvrier qui bat de la laine avec deux baguettes. Cette laine eſt poſée ſur une claie à claire-voie, faite par un Vannier, ou ſur des cordes tendues, comme on le voit dans la *figure* 3 ; ces claies de bois, ou ces cordes tendues, ſont ſupportées par un pied de table (*fig.* 5), revêtu de planches, tel qu'on le voit (*fig.* 2 & 4), pour retenir la pouſſiere qui ſort de la laine, & l'empêcher de ſe répandre ailleurs : voyez *figures* 2 & 4.

On voit dans la *Figure* 6, deux jeunes gens qui *pluſent*, c'eſt-à-dire, qui épluchent de la laine, dont ils retranchent les poils qui ont été poiſſés par la marque que l'on fait aux moutons, & qui ôtent les brins de paille ou de chanvre, en un mot tout ce qui pourroit altérer la pureté de la laine.

PLANCHE II.

Cette Planche eſt uniquement employée à faire connoître un très-bon inſtrument dont on fait un grand uſage dans la Manufacture des Gobelins, & qu'on nomme *le Loup*.

La *Figure* 1 repréſente le loup fermé ; *A*, eſt le deſſus ; *B*, le devant ; *C*, le derriere ; *K*, une manivelle. Le tout enſemble ne fait voir qu'un corps d'armoire.

Dans la *Figure* 2, les volets *D*, *E*, d'un des côtés du loup ſont ouverts ; & ceux de l'autre côté ont été enlevés. On apperçoit au-deſſous de la traverſe *F G*, une claie *N N*, pliée circulairement, ſur laquelle on met la laine épluchée avant de la battre : au-deſſus de la traverſe *F G*, on voit un moulinet formé de quatre traverſes *L*, *L*, qui ſont armées de dents de fer *M*, *M* : *K* eſt une manivelle qui fait tourner fort rapidement ce moulinet.

Dans la *Figure* 3, le loup eſt vu de face, & les mêmes parties y ſont repréſentées & indiquées par les mêmes lettres ; *FG*, traverſe ; *N N*, claie pliée circulairement ; *L*, une des traverſes du moulinet ; *M*, *M*, les dents de fer dont ces traverſes ſont armées ; *K*, la manivelle qui fait tourner le moulinet.

Dans la *Figure* 4, le dessus du loup paroît enlevé pour laisser voir le moulinet *LL*, la manivelle *K*, & les volets *D*, *D* ouverts.

La *Figure* 5 fait voir un des bouts du loup dépouillé des planches qui le recouvrent : on apperçoit les quatre ailes du moulinet *L*, *L*, les dents de fer *M*, *M*, & toute l'étendue de la claie *NN*.

PLANCHE III.

Figure 1, Ouvrier qui répand de l'huile avec ses doigts sur la laine qui est dans un bac ou graissoir. En *A*, est un autre Ouvrier qui fait un paquet de laine graissée pour la porter au Drousseur.

Figure 2, Drousseur en action de travail : on le voit sur son chevalet, jambe de-çà, jambe de-là, qui tire à lui avec ses deux mains la carde ou *droussette* supérieure.

La *Figure* 3 fait voir comment on enmagasine la laine suivant ses différentes qualités & les différentes préparations qu'elle a subi. Dans le fond, on voit de la laine qui est étendue sur des perches.

La *Figure* 4 représente deux grandes cardes ou *droussettes* ; *A*, est la carde qui reste fixée ; *B*, celle que l'on fait mouvoir à deux mains.

Figure 5, Boîte qui est au bout du chevalet, & qu'on nomme le *métier* ; *D*, caisse où l'on met la laine qui doit être droussée ; *E*, carde fixée sur cette boîte par quatre crampons *a*, *a*.

Figure 6, Banc ou pied du chevalet sur lequel l'Ouvrier est assis, comme on le voit dans la *figure* 2.

Figure 7, Le chevalet en entier ; *A*, ses pieds ; *B*, l'endroit où s'asseoit l'Ouvrier ; *D*, caisse où l'on met la laine qui doit être cardée ; *E*, carde fixe ; *G*, carde mobile.

Figure 8, Le même chevalet vu par-derriere.

PLANCHE IV.

Figure 1, Ouvrier qui carde sur son genou & qui se sert de petites cardes pour faire ce qu'on appelle des *ploquettes*.

Fig. 2, Fileuses.

Figure 3, Ouvrier qui fait des *échecs* ou écheveaux.

Figure 4, Petite carde à travailler sur le genou.

Figure 5, *B*, Broche de bois préparée pour être mise sur le rouet ou tour ; *C*, fait voir comment on ajuste cette broche sur le rouet.

Figure 6, Rouet monté & préparé pour filer ; *A*, la table ; *B*, la broche ; *D*, la carde : la ligne pleine indique une corde ouverte ; la ligne ponctuée indique une corde croisée ; *E*, roue.

Figure 7, La partie de l'aspe où l'on ajuste des roues pour compter les sons, par le moyen desquels on fait les écheveaux d'une même longueur de fil ; *A*, essieu de l'aspe ; la partie *B* de cet essieu est taillée en pignon ; *C*, roue dentée dont l'essieu *D* est taillé en pignon ; *E*, grande roue dentée qui ne fait qu'un tour, pendant que la manivelle en a fait soixante ; c'est cette roue qui fait frapper les sons.

Figure 8, Aspe monté & prêt à travailler ; *A*, essieu de l'aspe, dont la partie *B* est taillée en pignon ; *C*, petite roue dentée dont l'essieu est pareillement taillé en pignon ; *E*, grande roue dentée qui fait frapper les sons ; *F*, le marteau qui les frappe ; *G*, traverses de l'aspe sur lesquelles se forme l'échec ou écheveau *I*, à mesure que la laine filée se dévide de dessus la broche ; *H*, *K*, sont des échecs roulés & en état d'être portés au magasin.

PLANCHE V.

La *Figure* 1, représente ce qu'on nomme un *Canelier*, qui est une espece de chevalet portant deux étages différents *E F* & *G H*, de broches, dans lesquelles on met des bobines ou bobinaux chargés de fil pour faire la chaîne ; au-devant de ces bobines sont tendus d'autres fils *a b* & *c d*, qui empêchent que ceux de la chaîne ne se confondent ; *B*, les vingt fils réunis en faisceau au point *C*, *D*, & croisés de sorte que ceux qui passent sur la cheville *D*, passent sous la cheville *C* ; & ceux qui passent sous la cheville *D*, passent sur la cheville *C* ; *A*, bobine vuide.

Figure 2, Ourdisseuse en action de travailler ; *E F G H*, le canelier ; *K*, tous les fils réunis dans une des mains de l'Ourdisseuse, qui fait tourner de son autre main l'instrument qu'on nomme *Ourdissoir* : au haut de cet ourdissoir, sont des chevilles *B*, *C*, *D*, qui servent à faire la grande croisée de la tête d'une piece ; & en bas, sont les chevilles *E*, où se fait la petite croisée de la queue de la piece : on arrête ces croisées avec des rubans, comme on le voit dans la *figure* 3.

Figure 4, Ouvriere qui ôte une chaîne de dessus l'ourdissoir, qui l'entrelasse & la lie pour qu'elle ne s'emmêle point, comme on le voit dans la *figure* 5.

Figure 6, Deux Ouvriers qui collent une chaîne en la trempant dans l'eau de colle ; après quoi ils la tordent, pour en faire sortir ce qu'on nomme le *brevet*, c'est-à-dire, ce que la laine auroit pû prendre de trop de colle.

Figure 7, Rouet pour bobiner ou pour charger de fil des bobines semblables à celles qui sont marquées *A* (*fig.* 1).

La *Figure* 8 représente en petit le *pental* ou *penteur*, qui consiste en plusieurs perches sur lesquelles on étend les chaînes nouvellement collées pour les faire sécher.

PLANCHE VI.

Cette planche est destinée à donner une idée des opérations de l'ourdissage.

La *Figure* 1 fait voir la maniere de pouvoir distinguer les fils *A*, qui appartiennent à l'étage d'en haut du canelier, d'avec les fils *B*, qui appartiennent à l'étage d'en bas du même canelier : tous ces fils sont réunis en *L*; la palette *F*, sert à entretenir ces fils séparés les uns des autres. Il est donc essentiel que tous ces fils puissent se distinguer pour former la grande croisée, telle qu'elle est représentée par la *figure* 2 ; les quatre fils *a*, *b*, *c*, *d*, étant réunis en *A*, sont attachés à la cheville *B* ; on sépare les fils des deux étages du canelier au moyen de la planchette *F* ; on croise alternativement les fils *a c* & les fils *b d*, comme dans la *figure* 3 ; & en place du pouce & du doigt index qui ont servi à former cette croisure, on employe les chevilles *C* & *D* (*fig.* 2) ; puis tous les fils étant réunis en *L*, on passe d'abord les quatre fils réunis derriere la cheville *G*, ensuite devant la cheville *H*, ensuite autour de la cheville *I*; & en remontant, ce faisceau passe derriere la cheville *H*, & sur la cheville *G* ; alors on reporte ce faisceau *K* sur la cheville *E* ; & comme par le moyen de la planchette *F*, on peut aisément distinguer les fils d'en haut *d b*, des fils d'en bas *a c*, on fait, en remontant, la même croisure que nous avons détaillée ci-devant : alors, ce qu'on nomme une *portée*, est finie.

La *Figure* 4 fait voir encore plus sensiblement la maniere dont les fils sont croisés sur les chevilles *B*, *C*, *D* ; car on peut suivre d'un bout à l'autre la route de chacun de ces fils par les lettres qui les indiquent.

La *Figure* 5 représente précisément la même chose que la *figure* 2 ; & les croisures y sont représentées par les mêmes lettres : elle est particuliérement destinée à faire voir comment on pourroit s'y prendre pour ourdir une longue chaîne sur une muraille, & la plier sur les chevilles *M, N, O, P* : la ligne pleine marque la demi-portée qu'on fait en premier lieu, & la ligne ponctuée, l'autre demi-portée qui acheve la portée entiere. On ne suit point cette méthode dans les Fabriques de draps, parce qu'il est bien plus commode de se servir de l'ourdissoir de la *figure* 6, qui est ici représenté plus en grand que sur la *Planche V*. On voit que les chevilles du haut de l'ourdissoir *E*, *F*, *G* (*fig.* 6), répondent aux chevilles *C*, *D*, *E* des *figures* 2 & 5 ; & que les chevilles *I*, *H*, de l'ourdissoir de la *figure* 6, répondent aux chevilles *I*, *H*, des *figures* 2 & 5.

Comme une chaîne ne pourroit pas se bien travailler si elle étoit formée de fils d'inégale grosseur, les Tisseurs se servent d'un moyen bien simple pour reconnoître si les fils qu'ils doivent employer pour ourdir une chaîne, sont d'une même grosseur : ils font avec les deux sortes de fils *a c* & *f d* (*figure* 7) (*fig.* 7) qu'ils veulent comparer, deux faiſceaux, formés d'un pareil nombre de fils; ils les plient & les enlaſſent l'un dans l'autre, comme on le voit en *a b c* & *f e d* (*fig.* 7); puis ils tordent le tout enſemble comme dans la *figure* 8 : ſi les deux cordons *A* & *B*, qui ſont néceſſairement également tords, ſe montrent d'une même groſſeur, ils en concluent que les fils ſont égaux en groſſeur; car l'inégalité de groſſeur des deux cordons rend ſenſible celle des fils.

PLANCHE VII.

Figure 1, La grande enſouple repréſentée en *A*, eſt un gros rouleau de bois plus long que le métier n'a de largeur: c'eſt ſur cette enſouple qu'on roule les fils qui doivent compoſer la chaîne. On voit au milieu de ce rouleau une profonde rainure, dans laquelle ſe met le *verdillon* dont nous allons parler. *Y*, eſt une perche de bois appellée *verdillon*, qu'on paſſe dans l'anſe que forment les demi-portées en ſe repliant pour former la portée entiere, & l'on paſſe la corde *y* dans la croiſure des demi-portées; ainſi le verdillon tient ici lieu de la cheville *I*, & la corde, de la cheville *H*, que l'on voit (*Planche VI, figure* 2). On place le verdillon, ſur la longueur duquel on a rangé les portées, dans la rainure de la grande enſouple; *Z*, eſt le *voteau*; *a b c d* eſt le chaſſis qui retient les chevilles entre chacune deſquelles paſſent une demi-portée; *V*, *V*, deux perches, ou une perche & une corde qui paſſent dans la grande croiſée, en place des chevilles *C*, *D*, de la *figure* 2, (*Planche VI*), & qui tiennent en état la grande croiſée.

La *Figure* 2 eſt une coupe tranſverſale de la grande enſouple & du voteau; *A*, l'enſouple; *Y*, le verdillon placé dans la rainure de l'enſouple; *Z*, la coupe du voteau; *e*, *f*, deux fils qui repréſentent les demi-portées qui paſſent des deux côtés des chevilles du voteau.

Figure 3, Voteau deſſiné en grand & hors de proportion; *a b c d* chaſſis qui aſſujettit les chevilles *g*, *g*, *g*; *Y*, le verdillon. On voit ici comment les demi-portées paſſent entre les chevilles du voteau.

Figure 4, Métier monté & vu par derriere; *Y*, le verdillon placé dans la rainure de la grande enſouple; *A*, la grande enſouple ſur laquelle on roule la chaîne avec des chevilles qui ſervent de leviers : il devroit y avoir deux Ouvriers repréſentés ſur l'enſouple; mais on n'en a mis qu'un pour éviter la confuſion. On voit de l'autre côté un autre Ouvrier qui tient la chaîne bien ferme : cette chaîne paſſe par deſſus la traverſe d'en haut du métier; &, pour qu'elle s'étende bien dans toute la longueur de la grande enſouple *A*, les demi portées paſſent entre les chevilles du voteau *Z*. On n'a mis ici qu'un ſeul Ouvrier, au lieu de deux, pour tenir le voteau par chaque bout, par la même raiſon que ci-deſſus. Les fils paſſent par-deſſus la batte & le *rot R*; on ôte ordinairement le rot pour monter la chaîne; *e,f*, montants du derriere du métier; *g*, *h*, montants du devant: ces montants sont liés les uns avec les autres par plusieurs traverses, que l'on voit représentées dans la *figure* 4. *T*, *T*, deux bobines placées au haut du métier, chargés de fil de chaîne pour réparer ceux qui se rompent; *W*, *épées* qui soutiennent la batte & le rot; *I*, *encouloire* ou *poitriniere* qui porte une fente dans laquelle passe l'étoffe tissue pour aller se rouler sur la petite ensouple; *G*, petite ensouple sur laquelle on roule l'étoffe qui est tissue; *M*, *N*, les deux marches sur lesquelles montent les Tisseurs ou Tisserants: il faut deux Tisserants pour travailler un drap; *O*, endroit où s'attachent les marches.

Figure 5, Le même métier vu encore par-derriere; *e,f,g,h*, montants du métier assujettis par plusieurs traverses; *M,N*, les marches; *T,T*, les bobines chargées de fil de chaîne; *W*, une des épées qui soutiennent la batte; *E*, poulies ou mouffles dans lesquelles passent les lassets *n*, qui soutiennent les lames; *Q*, les deux lames, savoir, celle du pas de devant, & celle du pas de derriere; *i*, les liais ou tringles de bois où sont attachées les lisses qui forment les lames; *G*, petite ensouple de dessous, placée sur le devant du métier. On voit outre cela deux Tisserants qui lient les fils de chaîne un à un avec les fils de penne, avant de commencer la piece.

La *Figure 6* représente quelques pieces détachées du métier; *Y*, le verdillon garni d'un bout à l'autre de fils de chaîne; *Q*, les lames; *l, m, n, o*, liais ou tringles de bois qui portent les tisses qui, par leur assemblage, forment les lames; *I P R*, la batte; *P*, le rot; *I*, le sommier; *R*, le chapeau sur lequel les Tisserants mettent la main pour faire agir la batte; *q*, *q*, fils de chaîne liés par paquets pour que les portées ne se confondent pas les unes avec les autres: on les délie pour les joindre fil à fil avec les fils de penne, comme le font les Ouvriers de la *figure* 5.

Dans la *Figure* 7, on voit la chaîne roulée sur la grande ensouple *A*; on passe des cordes, ou plus ordinairement des baguettes *V*, pour conserver la grande croisée jusqu'à ce qu'on coupe les fils; la piece étant sur le métier, on réunit ensuite ces fils par paquets *q* (*fig. 6*), pour les lier avec les fils de penne.

La *Figure* 8 représente la coupe transversale d'une lame *I*; *m*, coupe des liais; *n*, une lisse avec la maille dans laquelle un fil de chaîne doit passer.

PLANCHE VIII.

Cette Planche fait voir une piece montée sur le métier, en l'état où on la travaille.

Figure 1, Le métier vu par-devant; *e,f*, montants ou chandeliers du du devant; *g*, le haut des montants du derriere du métier; *Q*, les lames en place; *l*, *m*, les liais; *E*, les mouffles ou poulies; *n*, les lassets qui sufpendent les lames ; *T*, bobines ſur leſquelles on devide du fil de chaîne pour réparer les fils qui rompent. La chaſſe eſt compoſée des épées *W*, du rot *P*, qui eſt tenu entre le chapeau *R* & le ſommier *I* : la lettre *I*, marque auſſi la couloire ou poitriniere par laquelle paſſe l'étoffe qui eſt tiſſue ; *L*, planche inclinée comme un pulpître, ſur laquelle les Tiſſeurs s'apuyent en travaillant ; *d*, boîte attachée à cette planche, & dans laquelle on met les ſépoules ; *G*, la petite enſouple ſur laquelle ſe roule l'étoffe tiſſue, & d'où elle tombe dans le faudet *X*. On voit au bout de la petite enſouple les chevilles qui ſervent pour la tourner, & le linguet qui l'empêche de ſe dérouler ; *O*, le derriere des marches avec la cheville qui les traverſe ; *BBB*, la chaîne pour les liſieres ; *S*, étoffe tiſſue & qui tombe dans le faudet.

Figure 2, Le même métier vu par derriere ; *e f* & *g h*, chandeliers ou montants du métier ; *B*, chaîne des liſieres qui s'étend depuis la grande enſouple *A* : elle paſſe par-deſſus le métier, & elle eſt raſſemblée en pelotte ; *B* 2, poids qui tiennent la chaîne des liſieres médiocrement tendue ; *E*, poulies ou mouffles ; *n*, laſſets qui ſuſpendent les lames *Q* par les liais ; *l*, *m*, épées de la chaſſe *W* qui ſoutiennent le rot : on apperçoit en *P* une partie du chapeau & du ſommier de la batte ; *s*, étoffe travaillée, en partie roulée ſur la petite enſouple *G*, & dont une autre partie tombe dans le faudet *X* ; *M N*, les marches vues par devant ; *d*, la boîte où l'on met les ſépoules ; *b*, petite broche de bois qui paſſe dans la ſépoule ; *c*, reſſorts qui arrêtent la ſépoule dans la poche de la navette.

Figure 3, Deux navettes, dont une eſt placée comme elle doit être dans la chaîne quand on la lance ; l'autre eſt poſée ſur le côté pour faire voir la ſépoule dans la poche *a*.

PLANCHE IX.

La *Figure* 1 repréſente une Ouvriere *ſépouleuſe* qui charge des ſépoules avec du fil de trame.

Figure 2, Métier monté, & deux Tiſſerants ſur les marches & en action de travailler : celui de la droite lance ſa navette, que celui de la gauche ſe diſpoſe à recevoir : ils ont l'un & l'autre une main ſur le chapeau de la chaſſe ; comme toutes les pieces de ce métier ſont indiquées par les mêmes lettres que dans les figures précédentes, nous n'entrerons dans aucun détail.

Figure 3, Métier vu par un des bouts ; *e f* & *g h*, montants du devant & du derriere ; *A*, la grande enſouple ; *Q*, les lames ; *R*, le chapeau de la batte ; au-deſſous eſt le rot, & encore plus bas le ſommier ; *G*, la petite enſouple.

La *Figure* 4 repréſente le métier coupé par le milieu, de l'avant à l'arriere ; *A*, la grande enſouple ſur laquelle la chaîne eſt roulée ; *Q*, les lames qui séparent en deux les fils de la chaîne pour former le pas de devant & le pas de derriere : on voit l'angle où l'on doit lancer la navette ; *S*, piece de drap travaillée, qui après avoir passé dans l'encouloire *I*, se roule ensuite sur la petite ensouple *G*, & tombe dans le faudet *X* ; *I* 2, planche inclinée sur laquelle les Ouvriers s'appuyent en travaillant : on voit encore les marches *M*, *N*, & les porte-marches qui répondent aux lames ; *O*, est l'endroit où sont attachées les marches : on voit au-dessous le marche-pied sur lequel les Tisserands se placent, quand ils ne sont pas sur les marches : la mouffle, la chasse, & tout ce qui lui appartient sont cottées des mêmes lettres que dans les figures précédentes.

PLANCHE X.

On a représenté sur cette Planche deux machines à fouler les draps.

La *Figure* 1 représente un moulin à maillets ; *a*, l'arbre tournant qui est emporté par la roue à aubes *b* : cet arbre est garni dans sa longueur de cames ou levées *p*, qui soulevent les maillets par la partie *M* ; *N*, coin qui sert à affermir le maillet *C* sur son manche *M* : ces manches sont traversés en *K* par un boulon *L* qui est le centre de leur mouvement : les maillets *C* ont une dent ou échancrure en *O* ; *A*, très-grosse piece de bois dans laquelle sont creusées les piles ou pots *B*. Il y a toujours deux maillets qui frappent dans la même pile, ainsi qu'on le voit ici représenté : chaque couple de maillets est séparée par une piece de bois *R*, qui leur sert de conducteur : on voit en *Q*, une chaîne à laquelle on accroche les maillets lorsqu'on ne veut pas qu'ils travaillent.

La *Figure* 2 qu'on appelle dans quelques Fabriques *la machine*, est un *dégorgeoir* : les maillets sont suspendus presque perpendiculairement par le tourillon *L*, qui est le centre de leur mouvement ; ils frappent presque horizontalement, mais avec bien moins de force que les maillets de la premiere figure ; *a*, arbre tournant qui porte les cames *p*, lesquelles attrappent les manches des maillets par la partie *M* ; *c*, maillet fermement attaché au manche *K* par le coin *N* : ce maillet est arrondi, & il a une dent en *O* ; *B*, pile creusée dans une piece de bois qui s'étend jusqu'en *d* : la piece de bois *A*, doit être très-forte pour n'être point ébranlée par les coups des maillets ; *b*, est le dessous de la pile qui doit être très-près du dessous des maillets *c*.

La *Figure* 3 est uniquement destinée à faire voir une roulette *S*, que l'on ajuste quelquefois à la piece *M*, & qui diminue le frottement des cames *p*, en donnant plus de facilité à la machine de tourner.

Figure 4, Pile ou *pot* du moulin de la *figure* 1, dans lequel on voit la piece de drap roulée & pliée en rond : on l'arrange quelquefois en zig-zag, comme dans la *figure* 5.

PLANCHE

PLANCHE XI.

Cette Planche repréſente en perſpective le moulin à maillets de la *fig.* 1, (*Planche X*). On voit dans ces plans perſpectifs quatre paires de maillets, au lieu que ſur la *Planche X*, on n'en a pu repréſenter qu'un ſeul.

Figure 1, *b*, la roue à aube ; *a*, l'arbre tournant qui porte les cames *p* ; *A*, forte piece de bois, dans laquelle ſont creuſées les piles ou pots ; *c*, les maillets ; *R*, Priſons, pieces de bois qui ſéparent les maillets deux à deux ; *HG*, bâti de forte charpente, qui renferme & aſſujettit les priſons *R* ; au-deſſus eſt un treuil *T*, qui ſert à ſoulever les maillets qu'on ne veut point faire travailler ; ſur la circonférence des roues ſont des cordes ſans fin, qui ſervent à faire tourner le treuil ; *K*, les manches des maillets ; *L*, l'axe de ces maillets : cet axe traverſe les montants *h* qui ſont aſſemblés haut & bas dans les traverſes *i*, *g* ; *I E F*, cage de charpente qui renferme toute la machine : *VV*, dalle qui porte de l'eau aux piles ; *a*, petit filet d'eau pour rafraîchir l'axe de l'arbre qui porte les cames ; *Q*, chaînes auxquelles on accroche les maillets levés.

Cette explication eſt relative auſſi à la *figure* 2, où les mêmes lettres indiquent les mêmes choſes.

Figure 3, coupe d'un pot par ſon milieu : comme on a employé les mêmes lettres que pour les figures précédentes, je ferai ſeulement remarquer que le maillet *C* (*figures* 3 & 4), n'eſt ainſi taillé par deux dents aiguës, que quand on foule de groſſes étoffes ; car ces dents pourroient endommager les draps fins.

PLANCHE XII.

Cette Planche repréſente un moulin à foulon, dit *moulin de Hollande*, où les pilons ſont verticaux.

La *Figure* 1 repréſente le moulin vu de face ; on voit dans la *figure* 2, le même moulin repréſenté de côté ; *b*, roue à aubes ; *B*, roue en hériſſon poſée ſur le même arbre *c* que la roue *b* : cet hériſſon engrene dans une lanterne *D*, qui emporte l'arbre *E*, qui porte les cames qui ſervent à élever les pilons *F*, reçus entre des pieces *Q* & *L*, qui ſervent de conducteurs : le bas des pilons *G* eſt taillé par des dents qui contribuent à faire tourner l'étoffe dans le pot ou la pile *H* : on ferme par devant le deſſus des piles avec des volets *K*, au moyen de quoi l'étoffe qui y eſt renfermée s'échauffe, ce qui favoriſe le foulage ; il y a à chaque pilon vers le point *T*, un lévier pour ſoulever les pilons lorſqu'on ne veut pas qu'ils travaillent : ce moulin à pilons eſt très-bon pour les grandes Manufactures.

PLANCHE XIII.

Cette Planche représente le travail des Laineurs, dont la fonction est de tirer les poils du drap avec les griffes d'une plante, que les Botanistes nomment *Dipsacus seu Carduus Fullonum*, & que les Ouvriers appellent *Chardon à lainer* : une tête de cette sorte de chardon est représentée dans la *figure* 4 ; on y voit les crochets qui doivent prendre dans la laine ; ces chardons se montent sur une croix (*figure* 5), comme on l'a représenté dans la *figure 6* ; un Ouvrier (*figure* 2) monte les chardons sur cette croix : on voit (*fig.* 3) des Ouvriers au travail. La piece de drap passée sur les deux perches *A A*, *B B*, pend dans le bac *C*, & deux Ouvriers *D E*, tiennent dans une de leurs mains une croix garnie de chardons, & dans l'autre une croix vuide telle qu'elle est représentée dans la *figure* 5 : cette croix sans chardons, forme un point d'appui à celle qui en porte & qui tire le poil de la piece du drap. On a représenté par la *figure* 3, un Ouvrier *D*, qui a les bras élevés, & un autre *E*, qui les a baissés ; l'un & l'autre cependant élevent & abaissent en même-temps leurs bras ; mais il nous a paru convenable de les représenter dans les deux positions. Le jeune Ouvrier représenté dans la *figure* 1, est occupé à nettoyer les chardons avant de les reporter à la cabanne.

PLANCHE XIV.

Cette Planche représente les opérations du tondage des draps.

Figure 1, deux Tondeurs en attitude ; *B*, table des Tondeurs supportée par les traiteaux *C D* : cette table est représentée par-dessous dans la *figure 6*. Le drap *L* tombe dans un faudet *A*, & il est attaché à la table par des crochets *M M*, que l'on voit représentés plus en grand dans la *figure* 4. Les ciseaux dont se servent les Tondeurs sont formés de deux lames ou couteaux *A B* (*figure* 3), qui ont deux branches *C D*, lesquelles sont jointes par un ressort *E*.

Pour mettre les ciseaux en état de servir, on charge une des lames *A*, d'un poids *H* (*figure* 5) ; pour faire agir ces grandes & pesantes lames, on attache à la lame *A*, la piece *I* (*Figures* 5 & 8) ; & sur la lame *B*, la piece *G*, & ces deux pieces se joignent par une courroie *F* : de plus, on attache la piece *e* à la branche *C* : alors l'Ouvrier saisissant de la main gauche la piece *e*, il affermit sur la table la lame *A*, & de sa droite la mailloche cotée *G* ; il pousse en dehors cette mailloche *G*, qui fait glisser la lame *B* sur la lame *A*. On voit à côté des *figures* 5 & 8, les mêmes pieces séparées, dont on peut prendre une idée plus précise. On a représenté dans la *Figure* 7, la position des ciseaux sur la table : & on s'est à dessein écarté des regles de la perſpective qu'on a obſervées dans la *figure* 1, pour mieux faire voir la poſition de ces ciſeaux ſur la table.

La *figure* 2 repréſente deux Tondeurs occupés à relever le poil d'une piece de drap avec les inſtruments *N*, *O* de la *figure* 4.

PLANCHE XV.

Figure 1, Ouvrier Apprêteur qui couche le poil d'une piece de drap avec une petite planche qu'on appelle *tuile* : la piece de drap eſt poſée ſur un ſaudet ſous la table ; l'Ouvrier la fait paſſer partie à partie ſur la table, & il couche le poil avec la tuile qui eſt garnie ſur la face extérieure de maſtic & de ſable.

Figure 2, Preſſe pour les pieces de drap ; *A*, *A*, les jumelles entre leſquelles on met le drap ſur le ſommier *D* ; *B*, *B*, le haut des jumelles ; *F*, le chapeau qui porte l'écrou, & qui eſt fermement aſſemblé aux jumelles, & fortifié encore par des liens & étriers de fer ; *E*, vis ; *G*, lanterne ; *C*, fort plateau qui poſe ſur les pieces de drap.

Figure 3, La même preſſe garnie de pluſieurs pieces de drap, entre chacune deſquelles on met une planche épaiſſe *O* : on voit ici le lévier *I*, qui eſt engagé dans la lanterne *G* : quelquefois, pour augmenter la force de la preſſion, on ajoute le treuil vertical *K*.

Au-deſſous de la *figure* 3, on voit la même preſſe repréſentée en plan.

Figure 4, Coupe de cette preſſe.

La *Figure* 5 fait voir quelques pieces détachées de la preſſe ; *G*, lanterne ; *H*, un des plateaux de la lanterne ; *D*, planches pour mettre entre les pieces de drap.

Figure 6, Ouvrier Apprêteur occupé à plier une piece de drap pour la mettre enſuite à la preſſe.

Figure 7, Pieces de drap arrangées comme elles le doivent être pour être miſes à la preſſe.

EXPLICATION

De plusieurs Termes qui sont en usage dans l'Art de la Draperie.

A

Agnelin : la laine dite *d'Agnelin* est celle que l'on tire des peaux d'agneaux, & qui n'a pas assez de corps pour soutenir les apprêts.

Ancrure : défaut qui se trouve dans un drap par la faute des Tondeurs : *voyez page* 118.

Apprester un drap : c'est le lainer, le tondre, le passer à la presse ; en un mot, lui donner toutes les façons qu'il doit avoir après qu'il a été foulé, 96.

Approché : quand un drap est tondu fort ras, on dit qu'il est *bien approché*, 116.

Aspe : devidoir qui sert pour faire les échets, ou perrots, 39.

Avalée : se dit de la quantité de drap qui s'étend depuis l'endroit où peuvent agir les Laineurs, jusqu'à la hauteur de leurs genoux.

Auger : se dit d'un certain contour en aile de moulin que l'on donne aux couteaux ou planches de la force dont se servent les Tondeurs, 114.

B

Bac : espece d'auge de bois dans laquelle on met la laine qu'on veut graisser : on le nomme quelquefois *graissoir*, page 28.

Le bac des Apprêteurs sert à entretenir le drap humide pendant qu'on le laine, 97.

Bain : les Dégraisseurs & les Teinturiers nomment ainsi la liqueur imprégnée d'urine ou de substance colorante qui est dans la chaudiere.

Balle : une balle de laine est un gros paquet renfermé par un emballage. Mais il est bon d'avertir à l'occasion de la note qui est au bas de la *page* 3, qu'on appelle proprement *ballin*, l'enveloppe de la balle ; cette enveloppe est un gros tissu de chanvre : les Marchands de laine défalquent par estimation le poids de cet emballage, sur la totalité de celui d'une balle de laine.

Banqueroute : défaut qui provient du travail des Tondeurs, 118.

Barres : les barres dans un drap, sont les endroits où l'on remarque des changements de couleur, ou de lustre, & qui s'étendent suivant la largeur du drap.

Basses-laines : on appelle ainsi les laines les moins estimées du Royaume.

Baudet : on appelle ainsi le chevalet dont les *Drousseurs* se servent. 29.

Billette. Voyez *Manique*.

Biseau, Chanfrein qui forme le tranchant des couteaux des forces, 113.

Bobiner : charger de fil de chaîne des bobines qui sont des morceaux de bois tournés & creusés en gouttiere.

Botres : on appelle ainsi les forces qui sont peu tranchantes, 102.

Bouts de broche : défaut dans la filature, 37.

Branche : on appelle ainsi une demi-portée. Voyez *Portée*.

Brevet : on nomme ainsi l'eau de colle qui sort de la chaîne lorsqu'on l'exprime après l'y avoir trempée.

C

Cabanne aux Chardons : c'est l'endroit où l'on arrange graduellement les chardons : on l'appelle aussi *Grenier aux Chardons*.

Cadencer : terme de Cardeur. On dit qu'une carde *cadence bien*, quand tous les fils sont d'une même grosseur, d'une même longueur & d'une même élasticité, & qu'ils travaillent tous également, 25.

Calibre : on dit qu'une force est *d'un bon calibre*, quand les planches dont elle est composée, ont une courbure convenable, 113.

Cannelier : chevalet qui porte les bobines chargées de fils de chaîne, 45.

Carde : instrument composé d'une planche couverte d'un cuir hérissé de pointes de fil de fer : il y en a de différentes formes, 23.

Cavalier : en terme de Cardier, c'est un fil ou une dent qui se trouve plus longue que les autres, 25.

Cavaliere : on appelle une *laine cavaliere*, celle qui n'est point mélangée, & qui est bien triée : ce terme n'a lieu que pour les laines d'Espagne.

Chaîne : la chaîne d'une piece de drap ou de toile est composée de fils étendus sur le métier dans toute la longueur que l'on veut donner à la piece.

Chaîne ouverte & fermée, *voy. page* 64.

Chapeau. Voyez *Chasse*.

Chasse : espece de chassis mobile qui sert à frapper la trame à travers les ouvertures de la chaîne. La chasse est formée par deux pieces verticales, qu'on nomme *épées*, & par deux autres horizontales qui assujettissent le *rot* ; l'une se nomme le *Chapeau*, & l'autre le *Sommier*.

Cheval : on dit qu'une Ourdisseuse a fait un *Cheval*, quand en remontant la seconde demi-

demi-portée sur l'ourdissoir, elle manque à suivre les révolutions de la premiere demi-portée : *voyez page* 48.

Clairures : ce sont des défauts qu'on remarque dans les draps qui ne sont pas tissus & frappés uniformément, *66*.

Corsé, se dit d'un drap qui a beaucoup de corps, qui est bien fourni de laine. On dit aussi tout simplement *drap qui a du corps* : dans quelques Fabriques, on employe le terme de *Corsage*.

Coupes. Les *coupes* qui se font pour trancher le poil avec les forces, se distinguent en *coupes en harmant*, *coupes en demi-laines* & *coupes d'apprêt* : celles-ci sont les dernieres.

Courant. Voyez *Lingard*.

Couteaux : on se sert quelquefois de ce terme pour dire les *planches d'une force*.

Criteler : pour dire faire des *Écriteaux*, ce qui est un défaut dans le drap. Voyez ce mot, *& page* 119.

Cuissette : c'est la même chose que *demi-portée*. Voyez *Portée*.

D

Dégorgeoir · moulins où les maillets frappent horizontalement : ils servent à laver & à dégorger les étoffes.

Dégorger : dégorger un drap, c'est le battre à grande eau dans la machine qu'on nomme *Dégorgeoir*, pour le nettoyer de la terre, du savon, ou de l'urine : on dégorge aussi les draps teints en couleur pleine.

Dépiété : un drap *dépiété* est celui qui est également bien garni, où il n'y a point de place qui n'ait été attaquée par le chardon.

Désertes : *Forces désertes*, sont des forces peu tranchantes. Voyez *Botres*, *& page* 103.

Dressoir : outil du Cardier ou Faiseur de cardes, qui sert à redresser les dents des cardes, 25.

Drousser : *voyez page* 28.

Droussettes : grandes cardes pour travailler la laine. Voyez *Cardes*, *& page* 23.

Duitte : on appelle ainsi le fil de trame qu'on lance avec la navette entre les intervalles des fils de la chaîne. *Double Duitte* : défaut qui provient de ce que les fils de la trame se trouvent doubles en quelques endroits, *66*.

E

Eau : on laine en premiere, seconde, troisieme & quatrieme *eau* : c'est ainsi qu'on distingue les différentes voies de chardon, 102.

Ebroussé : terme de Foulonnier ; c'est comme qui diroit *efilé*.

Ecati : on *écatit* les draps noirs & écarlates qu'on ne veut pas lustrer : c'est-à-dire, qu'aux apprêts, on se contente de les presser médiocrement & sans cartons, 125.

Echets : synonyme d'*écheveau*, 39.

Ecriteaux : terme de Tondeur pour exprimer les sillons qu'on fait dans les poils d'une piece avec les forces, 111.

Effondrer un drap aux apprests : c'est rompre la laine au lieu de la tirer à la superficie ; ce qui arrive quand on laine à sec, & lorsqu'on emploie d'abord des chardons neufs.

Encouloire : c'est une forte piece de bois qui est à l'avant du métier : elle est traversée suivant sa longueur par une grande fente dans laquelle passe l'étoffe à mesure qu'elle est tissue.

Énervé : un drap *énervé* est celui qui ayant été fatigué aux apprêts a perdu sa force & son *maniement*.

Enfrayure. Voyez *Monture*.

Enseigne : c'est une marque que les Ourdisseuses font à chaque tour de l'ourdissoir 40.

Ensimer de la laine : c'est l'imbiber d'huile, 27.

Ensouple : grande & petite *ensouple* : Rouleaux qui sont partie du métier des Tisseurs : les fils sont roulés sur la grande ensouple, & l'étoffe tissue est roulée sur la petite.

Enverser un drap : c'est le travailler avec des chardons usés pour emporter ce que les Nopeuses ont détaché du drap ; car si les nopes, bourgeons ou nœuds restoient sur la laine du drap, le foulon les y attacheroit, & ces corps étrangers occasionneroient des défauts : le mot *enverser* vient de ce que ces corps étrangers sont à l'envers.

Épinçeuses. Voyez *Nopeuses*.

Esquive. Voyez la note *page* 38.

Etain : on nomme ainsi les laines qu'on peigne & qu'on ne carde pas, 22.

Étocage : opération de carder sur les *Etoqueresses*.

Étoqueresse : sorte de carde, 26.

F

Faudet : espece de cage à jour qu'on met sous les métiers & les tables pour empêcher que le drap ne tombe à terre & qu'il ne se salisse.

Femelle : on nomme ainsi l'une des planches ou lames des forces, 112.

Fermée : on dit qu'une carde est fermée, quand les dents en sont trop rapprochées, 25.

Feutre, Feutré, Feutrage : c'est le seul entrelacement des poils fins des animaux qui forme le tissu des chapeaux : quoique les draps soient tissus en toile, les poils de la laine se feutrent au foulon, ce qui fait la différence d'un drap d'avec une étoffe non foulée.

Filandres : défaut des planches, lames ou couteaux des forces, 113.

FLAMMES : ce sont des ondes de différentes couleurs qui paroissent à la superficie de l'étoffe.

FORCES : grands ciseaux dont se servent les Tondeurs, *voyez page* 112.

FORT-NOUER : faute que font les Tisserands en nouant un fil du pas de devant avec un fil du pas de derriere, *61*.

FOURBANDRÉ : on appelle laine *fourbandrée*, celle qui est mélangée de diverses sortes de laines.

FRISE : machine qui sert à ratiner différentes étoffes de laine, en roulant les poils en forme de petites houpes ou boutons.

FRISER UNE CHAINE : *Voyez page* 43, *lig.* 15, c'est la secouer & la faire courir l'espace de deux ou trois aunes sur le plancher en tenant un bout de la piece dans la main, pour pouvoir la jetter & la retirer, la secouer d'un côté & d'un autre : alors la chaîne s'ouvre, les fils se détachent, la colle s'imbibe également, & la corde se gripe de maniere qu'elle paroît frisée.

G

GARNI : un drap bien garni est celui dont les poils sont bien feutrés.

GENOU : on dit qu'un fil *fait le genou* quand, au lieu d'être tendu bien droit, il se replie, *68*.

GRAISSOIR. Voyez *Bac*.

H

HABILLER UNE CARDE : c'est ôter avec une lime-douce ou une pierre à éguiser le morfil des fils de fer.

HARMANT : la tonture en *harmant* est la premiere qui se fait au drap ; comme le premier lainage se nomme *en harmant*, 202.

HAUTES-LAINES : on nomme ainsi les laines les plus parfaites du Royaume.

HORS DE PAS : quand la chaîne est *hors de pas*, le Tisserand ne peut travailler, *61*.

HOUETEAU. Voyez *Vateau*.

J

JARRE : nom que l'on donne à une laine grossiere prise sur les jarrets de l'animal, qui fournissent des poils longs, durs & grossiers : une *laine jarreuse*, est celle qui est mêlée de ces sortes de poils.

JARREUX : les poils jarreux sont ceux qui étant de mauvaise qualité, se feutrent mal au foulon, & se rompent sous le chardon, au lieu de se tirer.

L

LAINAGE : opération des Apprêteurs qui tirent la laine du fond du drap avec des chardons : le *lainage en demi-laine*, se donne après le lainage en harmant, 104, *106*.

LAIZE OU LEZ : largeur du drap ; il est important qu'une piece de drap ait exactement *la laize* ou la même largeur dans toute son étendue.

LAME : espece de couteau sans tranchant ni dents, qui sert à coucher le poil, 116.

LAMES DU TISSERAND : ce sont des fils qu'on nomme *lisses*, qui s'attachent haut & bas à des tringles de bois qui s'appellent *liais* ; au milieu des lisses est un anneau appellé *maille*, dans lequel passe chaque fil, *56*.

LAMIER : Ouvrier qui fait les *lames*.

LARDURE : on nomme *lardures* les endroits où la duitte passe dessus ou dessous plusieurs fils de la chaîne de suite, *67*.

LIAIS. Voyez *Lames*.

LINGARD : fil de chaîne qu'on devide sur une bobine placée au haut du métier, & qui sert à réparer les fils de chaîne qui se rompent.

LISER OU MANIER un drap qu'on foule, c'est l'ôter du pot & le tirer par les lisieres, pour détruire les faux-plis ; examiner s'il rentre également en laize ; voir si le savon ou la terre sont distribués également, 84.

LISIERES : tissu dont on borde les draps : il est beaucoup plus fort que l'étoffe, & sert à accrocher la piece sur les tables des Tondeurs ou sur les rames, *62*.

LISSES. Voyez *Lames*.

LOQUETTES. Voyez *Ploques*.

LOUP : instrument pour nettoyer la laine. *Voyez sa description, page* 19.

M

MACHURES : défaut des Tondeurs, quand leurs forces ne coupent pas bien, 117 & 118.

MAILLOCHE : partie de la monture des forces, 115.

MALE : on nomme ainsi l'une des planches ou lames des forces, 112.

MANIANT : un drap *maniant* est celui qu'on trouve mollet au toucher.

MANIER. Voyez *Liser, & page* 84.

MANIQUE OU BILLETTE : partie de la monture des forces, 115.

MAQUE. Voyez *Son*.

MÉTIER : les Tisseurs ou Tisserands montent les chaînes sur un métier pour les tisser ensuite avec la trame, & former l'étoffe ; ce métier est composé d'un assez grand nombre de pieces. Voyez-en la description, 54 *& suiv.* On donne aussi ce nom à la partie du baudet des Drousseurs qui soutient les droussettes, & dans lequel on met la laine qu'on veut drousser, *29*.

MOLIERE : Défaut qui se rencontre dans les planches des forces, 113.

MONTEUR DE CHARDONS : celui qui arrange & attache les chardons sur des *croix* ou *croisées*.

MONTURE DE DROUSSETTES : on nomme

ainsi une laine très-chargée d'huile, qu'on travaille sur les drouffettes neuves pour les mettre en train, *29*.

MORTS ou MORETS : on nomme ainsi les chardons qui sont fort usés.

MOULIN A FOULON : machine qui pile & foule les étoffes : il y en a de deux especes outre les dégorgeoirs ; savoir, ceux à maillets & ceux à pilons, *75*.

MOUTADE. Voyez *Doubles duittes*.

N

NAGEANTE : on dit qu'une drouffette ou carde est *nageante*, quand les dents ne résistent pas assez à l'effort de la laine : les vieilles cardes deviennent *nageantes*, *29*.

NAVETTE : petit instrument en forme de bateau, qui sert à faire passer la trame entre les fils de la chaîne.

NETTOYEUR : les Nettoyeurs de chardons sont de petits garçons qui reçoivent les croisées de chardon des Laineurs, pour en ôter les *nopes* qui restent engagées entre les crochets.

NOPE : bourre qui provient de la tonte des draps.

NOPEUSES : Ouvrieres qui tirent avec des pinces toutes les *nopes*, c'est-à-dire, les corps étrangers qui se trouvent mêlés dans le drap tissu, 82.

O

OURDIR : c'est disposer les fils de la chaîne d'une étoffe d'une maniere convenable pour les monter sur le métier du Tisserand.

OURDISSOIR : espece de devidoir ou d'aspe posé verticalement, & qui sert à former les portées de la chaîne, 45.

OUVERTE : on dit qu'une carde est *ouverte*, quand les dents en sont trop écartées, 25.

P

PAILLES : défaut des planches, ou lames, ou couteaux des forces, 113.

PAS : comme la moitié des fils d'une chaîne doit être élevée & l'autre baissée dans l'action du métier, on distingue ces deux parties de fils, en ceux du *pas d'en haut*, & ceux du *pas d'en bas* ; ou pour mieux dire, *pas de devant* & *pas de derriere*, *46*.

PAS-DE-CHAT : défaut du drap, endroits où il manque des fils de chaîne, *66*.

PEIGNON : laine courte & jarreuse qui s'amasse dans les peignes, quand on fait de l'étain ; ou dans les cardes, quand on prépare la laine pour les draps.

PENNE : fils qui restent du côté de la petite ensouple, & sur lesquels on noue les fils de la chaîne.

PENTURE ou PENTAL : on nomme ainsi une disposition de perches qui servent à étendre la chaîne pour la faire sécher quand elle a été collée, *53*.

PERCHE : *mettre un drap à la perche*, c'est le passer sur une perche pour examiner successivement au jour & à contre-jour la piece dans toute sa longueur, & en reconnoître les défauts, ou pour en ôter les corps étrangers qui peuvent y être restés.

PERROTS : écheveaux de fil de trame, *39*.

PEUPLÉ : on dit qu'un drap est bien *peuplé* quand il est bien garni de poils, 122.

PILE. Voyez *Pot*.

PLANCHES : on nomme ainsi les lames des forces : *plancher une force*, c'est l'émoudre. L'une de ces lames s'appelle *planche mâle*, & l'autre *femelle*, 112.

PLOCAGE : l'opération de carder sur les *ploquereffes*.

PLOMB : on charge les forces de deux plombs, dont l'un se nomme *plomb de pointe*, & l'autre *plomb de talon*, 115.

PLOQUERESSES : sorte de cardes, *26*.

PLOQUES : on appelle ainsi les feuillets de laine cardée, *36*.

PLUSER : éplucher de la laine, en tirer les petits corps étrangers qui y sont mêlés, 21.

POINTES : défaut des Fileuses, 37.

POUTILLAGE : cette opération consiste à tirer avec des pinces toutes les *pontilles*, c'est-à-dire, les petits corps étrangers qui restent adhérents au drap, 123.

PORTÉES : les *portées* & *demi-portées* sont des faisceaux d'un certain nombre de fils de chaîne, formés sur l'ourdissoir, *46*.

POSTELS : on nomme ainsi les chardons qui sont les plus forts après ceux qui n'ont pas encore servi.

POT : le pot d'un moulin à foulon est l'endroit où l'on met les pieces de drap pour recevoir les coups de pilon ou de maillets qui doivent le fouler.

PRÉCISE : on dit qu'une force est *précise* quand elle embrasse exactement la table des Tondeurs, 113.

PRÉPARER : *préparer un drap*, 83.

PRIME : on désigne par ce terme les laines d'Espagne de premiere qualité : elles sont prises sur le dos de l'animal jusqu'à la moitié des côtes : les sortes inférieures sont dites *secondes* & *tierces*.

Q

QUEUE DE RAT : défaut dans le travail des Tondeurs, *116* & 118.

R

RAMES : bâti de charpente sur lequel on tend & on équarrit les pieces de drap, 120.

RANGER : on appelle *ranger les forces*, lorsqu'on frappe à petits coups de marteau sur la planche mâle, aux endroits où les tranchants ne se touchent pas assez, 114.

RATEAU. Voyez *Vateau*.

ADDITIONS

ADDITIONS ET CORRECTIONS *sur l'Art du Drapier.*

J'AI dit que M. ROUSSEAU avoit bien voulu lire nos Mémoires sur l'Art du Drapier, & me fournir plusieurs remarques qui assurément doivent rendre notre travail plus parfait. Comme j'ai uniquement en vue la satisfaction du Public, je me fais un vrai plaisir de les publier, & il m'a paru qu'il convenoit de le faire dans un article particulier & séparé du reste de l'Ouvrage : j'y joindrai les fautes d'impression qu'on a pu y découvrir.

Page 2. J'ai dit, qu'on teignoit quelquefois en écheveaux les laines filées en blanc. J'aurois dû avertir que cette méthode n'est point praticable pour les draps d'une seule couleur, à moins qu'ils ne soient très-grossiers, ou pour les draps flambés & chinés. Comme on est obligé, pour ces sortes de draps, de réserver certaines parties blanches, on enveloppe de fil ou de ficelle quelques endroits des écheveaux qu'on veut qui restent blancs avant de les plonger dans la teinture ; & comme la teinture ne peut prendre aux endroits recouverts de ficelle, ces écheveaux, au sortir de la cuve, sont en partie teints, & restent en partie blancs. C'est ensuite aux Tisseurs à faire rapporter, en travaillant, & relativement au dessein qu'ils veulent exécuter, le blanc avec le blanc & les endroits teints avec ceux qui le sont.

Mais on ne pourroit parvenir à faire un drap en couleur pleine & bien unie, parce que toutes les parties d'une même laine ne prennent jamais également la teinture ; il se trouve toujours des floccons de laine plus grossiere & jarreuse soit d'agnelins, soit de laine morte, qui prennent la teinture plus imparfaitement ou plus lentement ; c'est pourquoi, avant de donner les laines aux Drousseurs, on fait placer avec plus d'attention les laines teintes, que celles qui doivent rester en blanc, pour ôter tous les floccons qui n'ont pas bien pris la teinture, parce qu'ils formeroient des barres dans le drap.

Pag. 3. Nous disons, *qu'ordinairement les balles de laines d'Espagne pesent environ* 250 *à* 300 *liv.* ; & *pag.* 4, 225 *ou* 250. sur quoi il n'est pas hors de propos de remarquer que les balles de laines d'Espagne pesent ordinairement 210 à 220 liv. On les appelle alors *balles régulières :* il s'en trouve de plus pesantes ; mais ce sont des balles refaites à Bilbao, soit parce que le balin étoit mauvais, soit pour la commodité du transport ; les Fabricants aiment moins ces balles refaites que les balles régulieres, parce que souvent on trouve du chanvre mêlé dans l'intérieur.

M. ROUSSEAU me fait observer que les droits que les laines payent à la sortie d'Espagne, montent à 45 réaux de Veillon par arobe du poids de 25 livres ; ce qui fait à peu près 11. liv. 5 f. de notre monnoie. Rendue dans les Fabriques de Sédan, cette laine d'Espagne revient à 50 pour cent de plus qu'à un Fabricant d'Espagne qui l'emploie dans ce Royaume. Ces droits de sortie sont égaux pour toutes les laines, excepté pour les communes d'Estramadour qui payent quelque chose de moins. Il faut ajouter à cela, que les draps fabriqués qu'on envoye en Espagne payent, pour différents droits, à l'entrée de ce Royaume, 23 pour cent, & outre cela 10 livres par cent de frais. Malgré cette inégalité de 83 pour cent que supportent nos Fabriques, nos draps sont cependant moins chers à Madrid & à Cadix, que ceux de même laine que l'on fabrique en Espagne, à cause de l'intelligence de nos Fabricants & de la main-d'œuvre qui est moins chere en France.

Pag. 4, *Polac ;* lisez : Paular.... *Jéronimites ;* lisez, Hiéronymites... A la note *de Polac de quadraloupe ;* lisez, de *Paular de Guadaloupe*, *de Negnette de Luco*, &c.

Pag. 4, A l'occasion de ce qui est dit sur les Prairies, M. ROUSSEAU remarque que les prairies de la plupart des provinces d'Espagne réputées les plus propres à fournir de bonnes laines sont montagneuses comme celles du Dauphiné, du Vivarais, de la Savoie, &c. Le Royaume de Léon est principalement rempli de montagnes ; l'herbe qui y croît est d'une finesse extrême, & bien préférable à celle des vallées & même des plaines, pour la nourriture des moutons, dont la finesse de la laine dépend bien moins qu'on ne pense du climat, que de la qualité des pâturages ; car, ajoute-t-il, on remarque que dans les troupeaux d'une même province, la laine de ceux qui sont établis à mi-côte est plus fine que celle des moutons qui paissent au pied de la même montagne ; c'est ce qui fait que les laines des piles de Castille & de Léon ne sont pas toutes de même qualité.

Les plus beaux troupeaux ne sortent pas de la Castille & de Léon ; ils vont de l'un à l'autre pendant toute l'année ; de maniere qu'ils ne couchent gueres deux nuits au même endroit. Les propriétaires des grands troupeaux ont des terres tout le long de la route, ou bien ils en louent. Les propriétaires des piles de l'Escurial & du Paular ont des laines supérieures à toutes les autres, parce que ces deux Monasteres possedent les meilleurs pâturages dans les deux Royaumes.

Nous ajouterons encore que ce qui est appellé (*pag.* 4) *Ségonces* & *Léonisses*, est plus communément connu sous les noms de *Ségovie* & *Léonoise*.

Pag. 6. A l'occasion de ce que nous avons dit des *laines fourbandrées*, *marinées* & *échauffées* en magasin, M. Rousseau remarque que si des laines arrivent humides, ou si on les dépose dans un magasin humide, la laine s'y échauffe, elle y fermente, la graisse se recuit, elle se desséche, & elle s'attache si intimement à la laine, qu'on a bien de la peine à l'enlever; alors cette laine contracte une mauvaise odeur, & elle prend un œil roux. C'est pourquoi, quand nous disons plus bas qu'on estime la laine qui a un œil rouge, il faut entendre ce rouge de carmin qui est particulier aux laines d'Espagne, mais non pas un roux terne qui indique une abondance de suin endurci.

Lorsqu'on laisse les laines s'échauffer encore plus dans le magasin, elles s'y alterent, elles y perdent toute leur force, & deviennent incapables de soutenir les apprêts.

Il ne faut pas, remarque M. Rousseau, s'en tenir dans le choix des laines au son dont nous parlons, (*pag.* 6); car on peut rendre le son moëlleux en exposant la laine à la vapeur de l'eau: du moins faut-il connoître cette fraude pour n'en être pas la duppe.

Quand nous avons dit (*pag.* 6) que les laines de *Dixme* qui sont mêlées de laines de différentes qualités, ne sont propres qu'à faire les draps noirs & mélangés, il faut entendre toujours que ce sont des laines triées avec soin, & d'une même sorte; car, comme le remarque M. Rousseau, si ces laines sont mélangées de grosses & de fines, elles feront une filasse & un tissu inégal; le drap ne sera pas également couvert; &, à la fin des apprêts, il sera barré; ce qui est un défaut, même dans les draps noirs.

M. Rousseau pense qu'une laine décheoit de qualité, & qu'elle devient dure & coriace quand on la conserve plus de deux ans en gras. Il pense, comme nous, sur les laines de Portugal qui viennent d'Estramadoure & d'Andalousie.

Pag. 13. A Sédan & dans les autres Fabriques où l'on emploie des laines d'Espagne, on ne dégraisse point à l'eau chaude, mais à l'urine, comme nous l'expliquons dans la suite; ainsi le lavage dont nous avons parlé, ne convient que pour les laines du pays qu'on achete en toison & en suin, & il tient lieu du lavage simple à la riviere que font les Marchands de laine; quand dans les Fabriques on a mis tremper dans une eau de suin de vieilles laines dont le suin est trop endurci pour être emporté par l'urine, on n'est pas dispensé de les passer à l'urine après que le suin a été attendri par le moyen que nous expliquons à la *pag.* 13.

Pag. 14, lig. 16. *On l'y laisse un quart-d'heure:* lisez, 5 *ou* 6 *minutes*. Car si on laissoit la laine trop long-temps dans l'urine, ce bain est si actif qu'il attaqueroit le corps de la laine, & la durciroit.

Même pag. lig. 16. *En la promenant sur la superficie du bain.* Il est mieux de plonger la laine au fond, où on la remue: le Dégraisseur juge, selon la facilité ou la résistance qu'il éprouve en l'enfonçant, si le bain est suffisamment chaud & assez chargé d'urine; connoissance qu'il acquiert par l'expérience.

Pag. 15. lig. 9: *On peut dégraisser très-bien, &c.* Nous avons déja fait une restriction sur cette maniere de dégraisser. M. Rousseau ne l'approuve cependant pas; & il dit qu'on s'est quelquefois bien trouvé d'étendre de la vieille laine sur une volette au-dessus de la vapeur de l'eau bouillante; qu'elle s'y ouvre & devient plus aisée à dégraisser par le moyen de l'urine. On peut encore parvenir au même but par différents moyens.

Pag. 19, lig. 19. *Cependant quelques-uns prétendent, &c.* M. Rousseau pense, & je crois que c'est avec raison, que cette opinion n'est admise dans aucune Fabrique de draps fins, prime ou seconde d'Espagne.

Pag. 23, *lig.* 26. Je parle avantageusement des cardes de Hollande; cependant dans la note (*b*) de la même page, je dis qu'on fait de très-bonnes cardes à Sédan. M. Rousseau confirme ma note, & dit qu'il y a à Sédan un Ouvrier nommé Day qui en fait de très-parfaites en tout genre, plaqueresses, étoqueresses & repasseresses, soit en diagonale, ou en échiquier, enfin de quelque forme qu'on les lui commande; c'est ce même Ouvrier qui en fournit à M. de Julienne, ainsi qu'à plusieurs autres grands Fabricants: il emploie pour certaines cardes du fil bien plus fin que celui dont on garnit celles du N°. 7.

Pag. 27 *&* 28. J'ai dit, *que les sentiments étoient partagés sur la quantité d'huile qu'il falloit donner à la laine qu'on destine pour la chaîne ou pour la trame.*

M. Rousseau pense que comme le fil de chaîne est d'une laine moins rompue dans les cardes & les drousfetes que le fil de trame, & que d'ailleurs il est plus tors, il a plus de force & qu'il n'a pas besoin d'autant d'huile pour être filé fin, parce que la laine est plus longue; au lieu que la trame est d'une laine plus courte & qu'elle doit rester veule; qu'il n'y a que la quantité d'huile qui lie ensemble les brins de laine & qui empêche les ploques de se rompre, outre qu'elle leur donne la facilité de s'alonger.

J'ai dit *que la colle ne prendroit pas sur un fil trop gras.* M. Rousseau ajoute dans ses remarques, que l'huile a bien plus de peine à quitter la chaîne dans l'opération du dégraissage, qu'à se séparer de la trame qui est plus ouverte.

On lit (*pag.* 28.) *que dans la plupart des Fabriques on emploie de l'huile de Séville*, &c. Cela est vrai ; mais M. Rousseau est persuadé qu'il faut toujours essayer de consommer par préférence les matieres que fournit le Royaume ; il ajoute qu'on emploie maintenant plus d'huile de Provence que de Séville ; qu'on en trouve de grasse dans cette province, & qui revient à meilleur marché que celle qu'on tire de l'étranger ; qu'il ne s'agit que d'avoir un bon Commissionnaire, & que l'on trouvera sûrement de l'avantage à employer l'huile de Provence.

Pag. 30, lig. 27 ; *les laines imparfaites* : lisez *les droussettes imparfaites.*

Pag. 34, *lig.* 13, *Tout ce qu'on peut faire pour la ménager* (la laine), *c'est d'employer des cardes très-fines & fort serrées.* M. Rousseau dit qu'il est mieux de la faire passer d'abord par des cardes très-larges, & de ne l'amener que par degrés aux plus fines.

Pag. 35, lig. 15. *il est bon de savoir en général, &c.* Cette proposition *en général*, qui est assez vraie, a cependant besoin de l'éclaircissement que me fournit M. Rousseau. Sur une chaîne, dit-il, qui péseroit 40 livres, il n'y auroit communément que 4 ½ liv. d'huile, & par conséquent 35 liv. ½ de laine ; & sur 60 liv. de trame, il y auroit 12. liv. d'huile ; par conséquent il resteroit 48 liv. de laine : d'où il s'ensuit que la chaîne seroit à la trame, comme 35 ½ est à 48, ce qui n'est pas, quoiqu'on ne puisse pas assigner une proportion juste, parce que cela varie à chaque piece.

Dans la balance qu'un Fabricant fait au bout de chaque mois ou au bout de l'année, il se trouve qu'il a consommé, à peu de chose près, ⅓ de la laine en chaîne & ⅔ en trame : la trame qui entre dans une piece de drap pese cependant plus de deux fois la chaîne ; mais cette différence vient de l'excédent de l'huile.

Pag. 39, lig. 28. *Ce nombre de sons est réputé pour une livre.* A Sédan, où l'aspe a 1 aune ⅓ de tour, il faut 22 maques pour faire un échet ; la maque est de 44 tours de l'aspe, ainsi l'échet a 968 tours de l'aspe, ou bien 1290 ⅔ d'aunes ; il faut six échets & demi pour une livre ; ainsi une livre de laine filée en chaîne doit donner 8389 ⅓ d'aunes de fil en 6292 tours de l'aspe.

Quant à la trame, M. Rousseau la paye à la livre, suivant qu'elle est filée fin, & sans la mesurer sur l'aspe.

Pag. 39, lig. 23 ; *il est de 660* : lisez ; *de 720 révolutions.*

Pag. 39, lig. 24 ; *de 600 révolutions* : lisez, *de 660 révolutions.*

Pag. 40, lig. 2 ; *& le perrot de trame seulement* 60 ; lisez, 600.

Pag. 40, lig. 5 ; *deux écheveaux* : lisez, *deux ou trois écheveaux.* Et ensuite, lig. 11 ; *trois échets* : lisez, *deux ou trois échets.*

Pag. 40, lig. 4 ; 1210 : lisez, 1290 ⅔ de fil en 22 maques, de 44 tours de l'aspe chacun.

Pag. 40, lig. 7 ; *époules* : lisez, *sépoules.*

Pag. 41, lig. 1 ; *Lingat* : lisez, *Lingar.*

M. Rousseau approuve la définition que j'ai donnée de l'enseigne dans la note du bas de la page ; elle a cinq fois la longueur de la navette, ou 5 aunes de Brabant, ou 3 aunes ⅙ de Paris.

Pag. 43, lig. 7 ; *espouble* : lisez, *sépoule.*

Pag. 43, lig. 7 : *Cette portion de drap, &c.* Ce qui est dit ici est vrai : cependant M. Rousseau ajoute pour plus grand éclaircissement, que ce défaut vient de ce qu'une sépoule de trame & qui est par conséquent torse, se trouvant tissue à côté d'une sépoule douce, l'une foule beaucoup & l'autre point du tout ; ce qui fait que la partie qui a beaucoup foulé devient plus courte & fait griper l'autre qui devient plus longue ; ce qui produit des *ribotures* ou rides qui regnent dans toute la largeur du drap. On occasionne des faux plis lorsqu'on tord le drap au foulage ; ce défaut qui est irréparable est sensible jusqu'à ce que le drap soit usé. Ces rides ne permettent pas au chardon de tirer le poil, ni à la force de le couper : voilà pourquoi ces endroits restent sans apprêt & montrent la corde. Il arrive souvent que les Tondeurs coupent le drap en ces endroits qui ne peuvent s'étendre bien uniment sur la table ; enfin ce défaut produit des inégalités dans la couleur. Mais il est important de faire remarquer qu'on peut faire, & qu'on fait en effet de beaux draps de chaîne dans chaîne, & ces draps reçoivent les apprêts ; ainsi les défauts dont nous venons de parler viennent principalement de l'inégalité du tors ; une chose des plus essentielles est que la trame soit filée également. Malgré ce que nous venons de dire des draps tissus chaîne dans chaîne, il est certain qu'une chaîne très-douce & très mollette, est toujours la meilleure.

Pag. 43, lig. 11 : *corsage.* Dans quelques Fabriques on emploie ce terme, mais il est plus ordinaire de dire *corps.*

Pag. 43, lig. 27. *Il paroît préférable, &c.* Le principe qu'on a établi en cet endroit est vrai ; mais la phrase n'est pas claire.

Car il est évident qu'un nombre de fils feront autant à l'aise dans un petit rot, qu'un plus grand nombre dans un rot plus large, si l'on garde des proportions entre la largeur du rot & le nombre des fils. Mais si l'on augmente le nombre des fils, sans augmenter la largeur du rot, le drap, au foulage, sera plutôt réduit à sa largeur; &, au contraire, si l'on augmente la largeur du rot, il faudra fouler le drap fort long-temps pour l'amener à son lez; mais alors il sera *surfoulé*.

Pag. 44 *lig.* 9. A Sédan, on dit *Riboture*, & non *Ribaudiere*.

Pag. 44, lig. 15; *lainage:* lisez, l'aunage.

Pag. 44, *lig.* 17. Je dis en cet endroit, qu'en général, pour avoir un drap mince, il faut, indépendamment de la finesse de la laine, augmenter le nombre des fils de la chaîne & diminuer la largeur du rot, pour qu'au foulage il revienne promptement en laize; & que pour avoir un drap fort, il faut diminuer le nombre des fils de la chaîne, ou augmenter le rot; 1°. afin qu'il y entre plus de trame; 2°. pour qu'il reste plus long-temps au foulage, afin de le ramener à la largeur qu'il doit avoir, &c. Cela n'est point absolument contraire au sentiment de M. Rousseau, qui dit, que pour faire un drap à double broche, on augmente le nombre des fils de la chaîne & la largeur du rot, selon la finesse qu'on veut lui donner; qu'il faut nécessairement le surfouler pour le ramener à la largeur ordinaire, & que c'est ce qui le rend double broche.

S'il se trouve quelque différence entre mon avis & celui de M. Rousseau, je me garderai bien de vouloir défendre mon sentiment: il me convient mieux de souscrire à celui d'un homme aussi habile & aussi expérimenté.

Au reste, s'il y a en cet endroit quelque obscurité sur la façon de conduire le foulage, j'espere qu'elle s'éclaircira dans la suite.

Pag. 44, lig. 20; *rentrer en laisse:* lisez, *en laize*.

Pag. 44, lig. 25. *A la quantité de ceux de la trame.* Il est bon de remarquer que cette quantité se regle par le poids. On ne compte point les fils de la trame.

Pag. 51, lig. 14. 3000 fils. Cela est bon pour les draps de couleur, parce que la laine qui a été teinte se foule moins aisément que celle qui ne l'a pas été; mais pour les draps fabriqués en blanc, il en faut davantage.

Pag. 51, *lig.* 17: 3800 *fils.* M. Rousseau trouve que la disproportion est trop considérable; parce que la finesse des chaînes ne peut varier beaucoup dans les draps d'une même qualité, puisqu'on les mesure sur le même aspe, & que ce n'est pas la chaîne qui fait la qualité du drap, mais la trame.

Pag. 52, lig. 6; *pour les rendre plus fournis en laine.* Cela conviendroit pour donner du corps à un drap qu'on voudroit fabriquer mince; mais, comme le remarque M. Rousseau, & comme je l'ai dit plus haut, l'effet de cette augmentation des fils de la chaîne est de rendre les draps plus déliés, parce qu'il doit y entrer moins de fil de de trame si la largeur est restée la même.

Pag. 52, lig. 29: *à travers un panier d'osier bien serré.* Un tamis vaut mieux, parce qu'il retient mieux le marc.

Pag. 53, lig. 12: *peut-être est-ce une prévention, &c.* M. Rousseau dit que le soleil fait éclater la colle, & qu'elle se leve par écailles lorsque le soleil est fort chaud.

Pag. 53, lig. 13; *le soir, après que la rosée est tombée.* Il faut dire: le matin, après que la rosée est tombée; & le soir, avant le serein: en un mot il faut éviter & la chaleur du soleil, & l'humidité de la nuit.

Pag. 53, lig. 21: *peut-être les couleurs, &c.* Ce n'est pas principalement la consommation du charbon qu'on cherche à épargner; mais le Fabricant n'emploie ce moyen que lorsqu'il y est forcé par les mauvais temps d'hiver; 1°, parce qu'il y a beaucoup à perdre sur la longueur de la chaîne lorsqu'elle n'a pas été étendue en plein air; 2°, le collage au feu devient mauvais; parce que pour peu que le feu n'ait pas été bien ménagé, la colle s'éclate, & tombe comme si elle avoit été exposée à un trop grand soleil.

Pag. 53, dans la note: *Je crois qu'en mettant de l'alun, &c.* M. Rousseau dit qu'on a essayé ce moyen sans beaucoup de succès; & qu'on s'est mieux trouvé d'employer du fromage mou. On pourroit encore tenter l'effet du tartre blanc, dont quelques Fabricants de papier se servent avec succès.

Pag. 57, lig. 3; *les tisseurs mettent derriere, &c.* L'usage de Sédan est plus commode. On ne se sert pas de cette barre; les quarterons sont marqués sur les lames & sur le rot par des lisses & des broches d'une couleur différente.

Pag. 61, lig. 23: *On a remarqué qu'il est superflu, &c.* Voici la méthode qu'on suit à Sédan; elle a l'avantage d'être plus simple. Lorsqu'un Lamier vend ou raccommode un rot ou une lame, il a soin de les *renfraire*; c'est-à-dire, de faire passer avec un crochet un fil de laine dans chaque anneau des lisses, tant du pas de devant que du pas de derriere; ensuite de les faire passer successivement deux à deux dans chaque entre-deux des broches du rot, en observant de mettre toujours ensemble un fil du pas de devant & un du pas de derriere: quand cela est fait, il noue tous ces fils en devant du rot

rot par paquets de 25 à 30, & ainsi de même derriere les lames; ensuite il livre la lame & le rot ensemble.

Quand le Tisseur a monté sa chaîne & qu'il ne lui reste plus qu'à nouer les fils, il dénoue les paquets que le Lamier a noués derriere les lames, ou bien il les coupe; il trouve tous les fils rangés dans l'ordre qu'il doit les nouer; & lorsqu'il veut commencer son travail, il passe en devant du rot une baguette à travers tous les paquets de fil, & il attache cette baguette avec des ficelles à la petite ensouple.

Lorsque la piece est finie & que le verdillon est rendu tout près des lames, le Tisseur pousse & soutient le rot en arriere; il coupe entiérement la chaîne à 6 doigts du rot; & il noue tous les fils par paquets comme avoit fait le Lamier: il tire ensuite le verdillon qui assujettit la queue de la chaîne derriere les lames: lorsqu'il veut nouer une autre chaîne du même compte de fils, il répete la même opération: si on lui en commande une d'un autre compte, on lui fournit une autre lame & un autre rot tout renforcés.

Pag. 62, lig. 3; *on met ensuite le rot dans la châsse, &c.* lisez: *on a mis aussi, &c.* Car comme le rot & les lames s'accompagnent toujours, il seroit impossible que le Tisseur mît après coup le rot * dans la châsse.

Pag. 62, lig. 23. La laine pour les lisieres qu'on nomme *Poil d'autruche*, se tire principalement de Hambourg: il y en a de noire, de grise & de blanche. La noire s'emploie pour les draps en écarlatte: on teint la blanche en toutes sortes de couleurs.

Pag. 63, lig. 6; *Avant de travailler les chaînes:* lisez, *Avant de travailler la chaîne des lisieres.*

Ibidem, lig. 30; *il rend sa trame lâche:* lisez, *il rend sa lisiere lâche.*

Pag. 65, lig. 6; *le drap perdroit de sa largeur:* lisez, *le drap perdroit de sa longueur.*

Pag. 66, lig. 9; *Lingat*: lisez, *Lingar.*

Pag. 66, lig. 21; *se joignent ensemble:* lisez, *se rompent ensemble.*

Pag. 66, lig. 27; *cinq à six aunes:* lisez, *une ou deux aunes.*

Pag. 67, lig. 31; *parce que cette trame:* lisez, *parce que la chaîne;* & mettez la virgule avant ces deux mots, *le fil, &c.*

Pag. 67, lig. 36; *si-tôt qu'ils sont suffisamment longs, &c.* lisez, *si-tôt qu'ils ont couru sept à huit aunes.* S'ils ne sont pas suffisamment longs, on les alonge avec du lingar.

Pag. 68, lig. 19; elles s'échauffent & communiquent, &c. *ajoutez:* Ce défaut vient souvent de ce que les lisieres sont mal conduites ou trop longues; car quoiqu'on ourdisse les lisieres bien plus long que la chaîne, parce qu'elles foulent davantage, il y a pourtant une proportion à garder pour qu'elles ne soient ni trop longues ni trop courtes: trop longues, il est certain que le drap sera plus fort dans le milieu, & que la partie qui touche aux lisieres sera flottante, & n'aura pas de qualité: trop courte, ce sera le contraire, le drap doit être plus mince dans le milieu que vers les bords; l'un & l'autre défaut empêche le chardon d'agir; la force du Tondeur ne peut couper facilement le poil & peut couper le drap; ils rendent encore les draps très-difficiles à être bien rangés sous la presse, sur-tout à chaud; & malheureusement on ne peut reprocher ce défaut à l'Ouvrier; cependant l'inconvénient augmente encore dans certaines saisons de l'année, où l'on remarque que les lisieres se retirent plus que dans d'autres.

Pag. 68, lig. 27. *quelquefois l'envers du Tisseur, &c.* C'est presque toujours l'envers du Tisseur qu'on apprête. Les métiers à draps doivent pour cette raison flotter par dessous, & ils sont montés pour cela; car la chaîne incline un peu du côté de l'encouloire, d'où il résulte que l'Ouvrier dont tout le mouvement doit être dans le poignet, en fatigue beaucoup moins.

Pag. 69, lig. 21; *après le dégraissage, &c.* lisez, *après le lavage.* Car le dégraissage fait le foulage; & le lavage le précede. On nope cependant une seconde fois les draps après le lavage; mais c'est légérement. On y fait la recherche des ordures qui n'avoient pu être apperçues lorsque le drap étoit sombre de graisse, mais qui deviennent sensibles lorsqu'il a été blanchi & qu'il est bien net.

Pag. 74, lig. 7. A Sédan, on lave le drap; ensuite on le foule, puis on le dégraisse: c'est assez la méthode que l'on suit pour les draps fins; cependant il y a des Fabricants qui foulent en gras, & qui dégraissent ensuite à l'urine.

Pag. 74, lig. 17; *dégraisser:* lisez, *laver.* Sur quoi il est bon d'observer que quand on fait les trois opérations dont on a parlé plus haut; la premiere s'appelle *laver*, quoiqu'elle emporte la graisse, la colle, &c; & il est d'usage que l'opération qu'on nomme *dégraissage*, n'emporte qu'un reste de graisse & de savon.

Pag. 77, lig. 25: 24 *heures sont plus que suffisantes, &c.* La durée du foulage varie de 10 heures à 24, suivant les saisons, selon la force des draps, le poids de leurs trames, leur largeur, le nombre des fils de la chaîne &c.

* *Nota.* Il y a à Sédan un très-bon *Lamier*, nommé Henry du Plessis le fils; son pere avoit inventé une Machine très-ingénieuse pour faire les Rots.

Pag. 77, lig. 28 : *Cependant ceux qui sont destinés à être teints en noir, &c.*

A Sédan tous les draps fins sont foulés au savon ; l'urine les rendroit durs & coriaces : le noir plus que tout autre a besoin d'un fond doux ; la teinture noire le rendant revêche.

Pag. 72, lig. 27 ; *Angora :* lisez, *Angola.*

Pag. 79, lig. 32 ; *sur la largeur :* lisez, *sur la longueur.*

Pag. 79, lig. 14 : *lorsqu'on le rempote.* A Sédan, on dit ; *lorsqu'on le remet dans la machine.* Car on entend par *pot* la cuvette où l'on foule ; & par *machine*, celle où on lave & où l'on dégorge & dégraisse les draps.

Pag. 79, (au Titre) *Autre lavage & dégraissage.* Comme on nomme *lavage* la premiere opération, quoiqu'elle dégraisse, & qu'on réserve le terme de *dégraissage* pour une opération qui se fait après que les draps ont été foulés, lainés & tondus une premiere fois, il seroit plus exact de retrancher là le mot *dégraissage.*

Pag. 80, lig. 15 : *On laisse battre le drap en terre, environ, &c.* Ordinairement le temps de cette opération ne dure que quatre heures ; ainsi il y a moitié à retrancher sur chacune des opérations.

Pag. 80, lig. 23 ; *achevé de le dégorger :* lisez, *achevé de le laver.* Car *dégorger* c'est mettre le drap dans la machine immédiatement en finissant le foulage, & lui lâcher de l'eau en abondance, pour lui faire rendre la plus grande partie de son savon.

FIN DE L'ART DU DRAPIER.

De l'Imprimerie de H. L. GUERIN & L. F. DELATOUR. Février 1765.

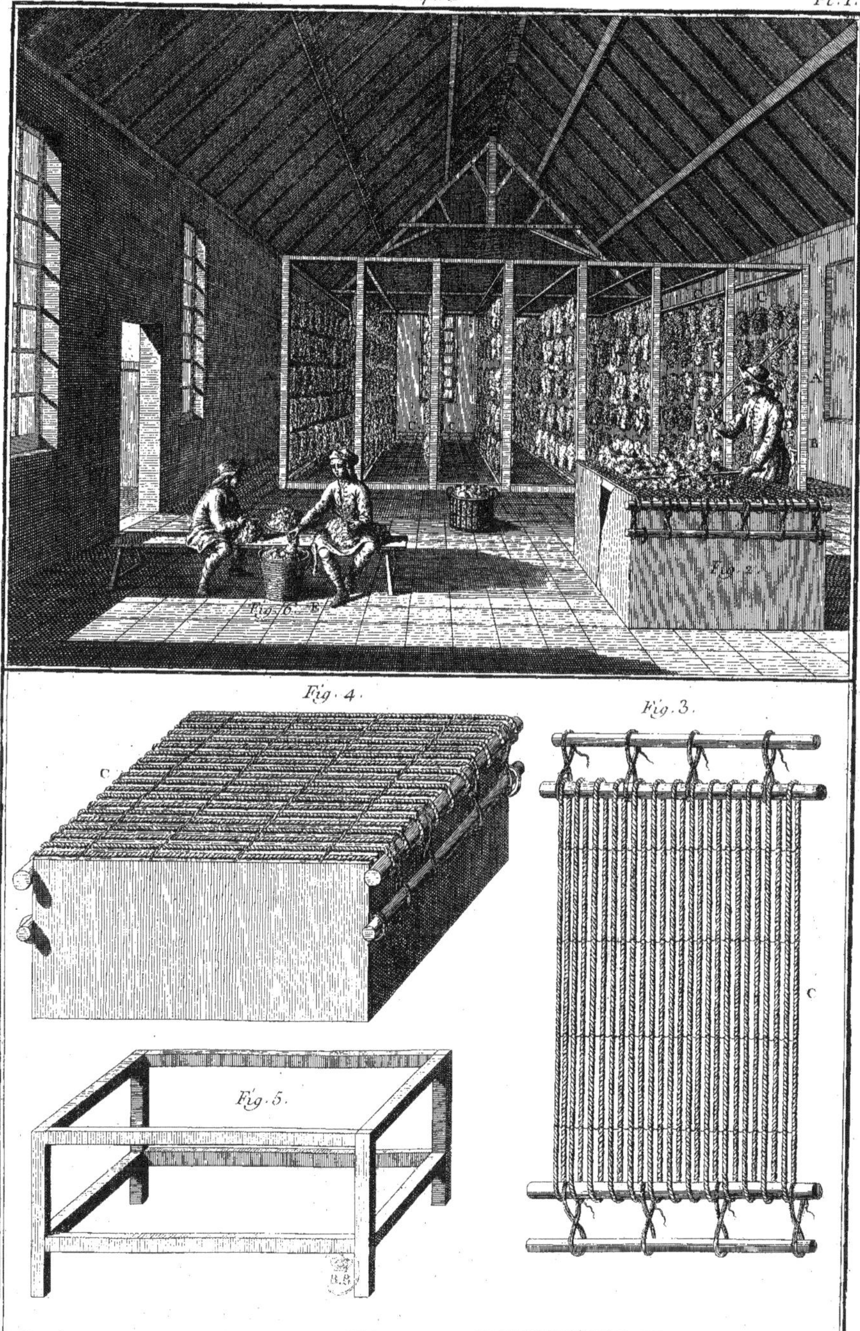
Fig. 2.
Fig. 6.
E
A
B
C
Fig. 4.
Fig. 3.
Fig. 5.

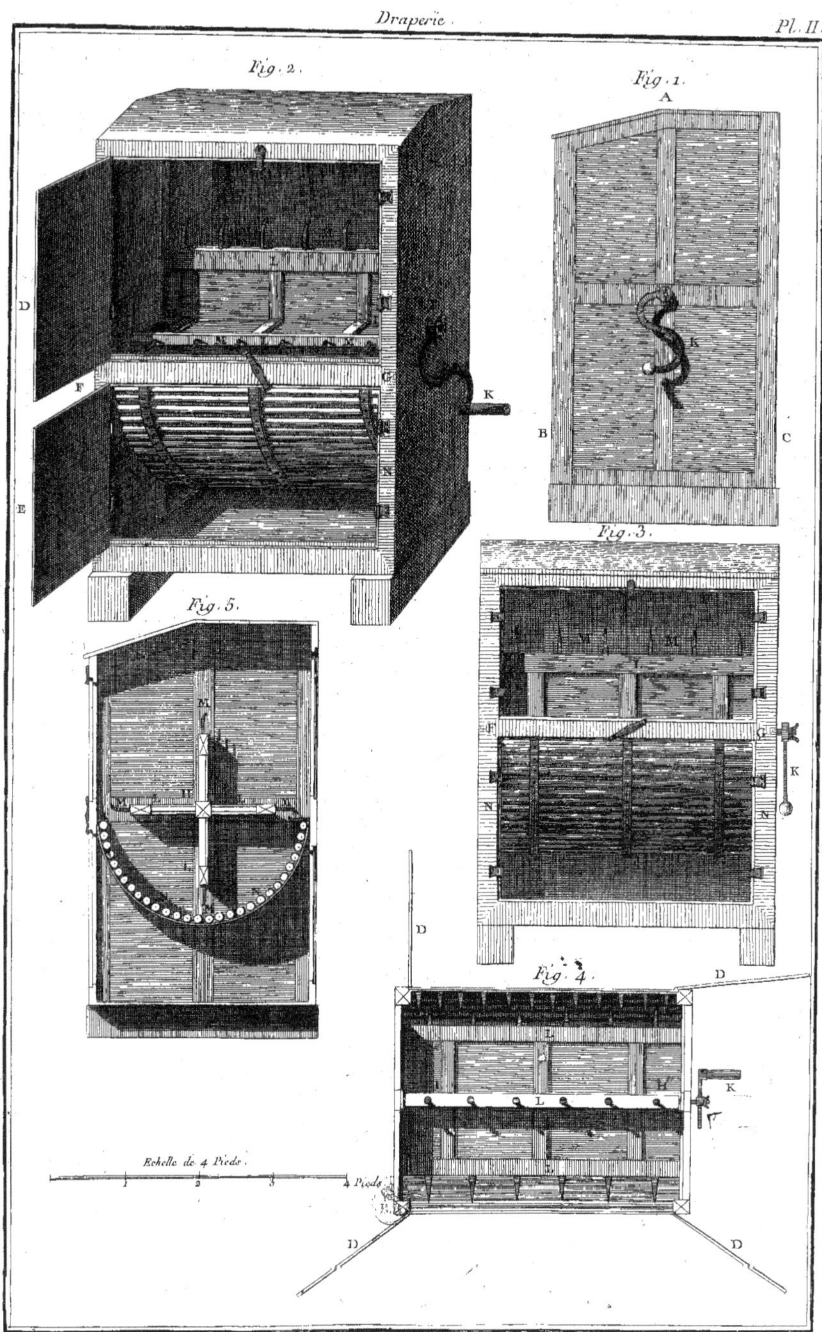
Fig. 2.
Fig. 1.
A
B
C
K
D
E
F
G
L
M
N
Fig. 3.
Fig. 5.
Fig. 4.
Echelle de 4 Pieds.
1
2
3
4 Pieds

Fig. 6.
B
A
A
Fig. 5.
E
D
Fig. 8.
D
B
A
A
A
Fig. 4
B
G
E
Fig. 7
D
B
A
A

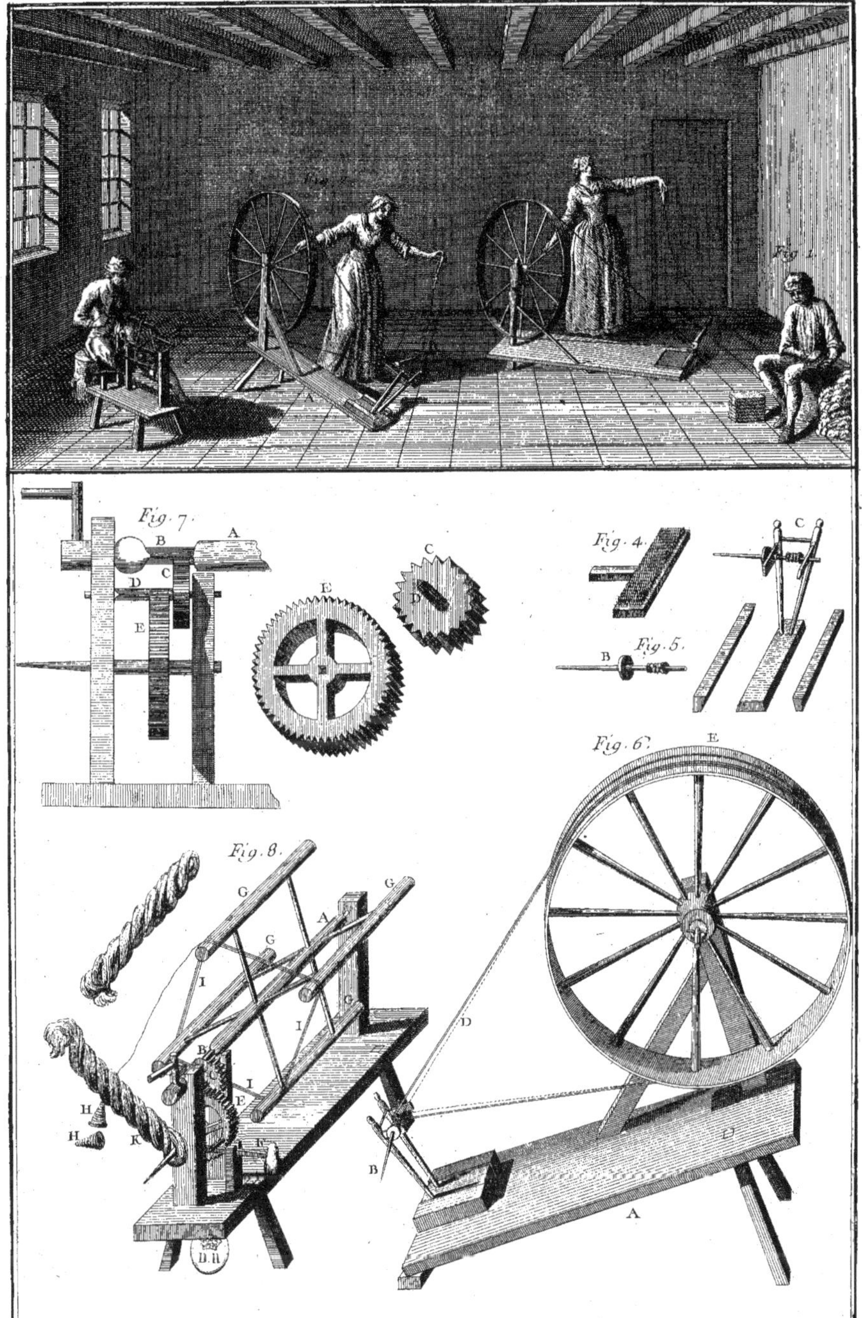
Fig. 1.
Fig. 7.
A
B
C
D
E
Fig. 4.
Fig. 5.
Fig. 6.
Fig. 8.
G
I
H
K
D.R

Elth Haussard Sculp.

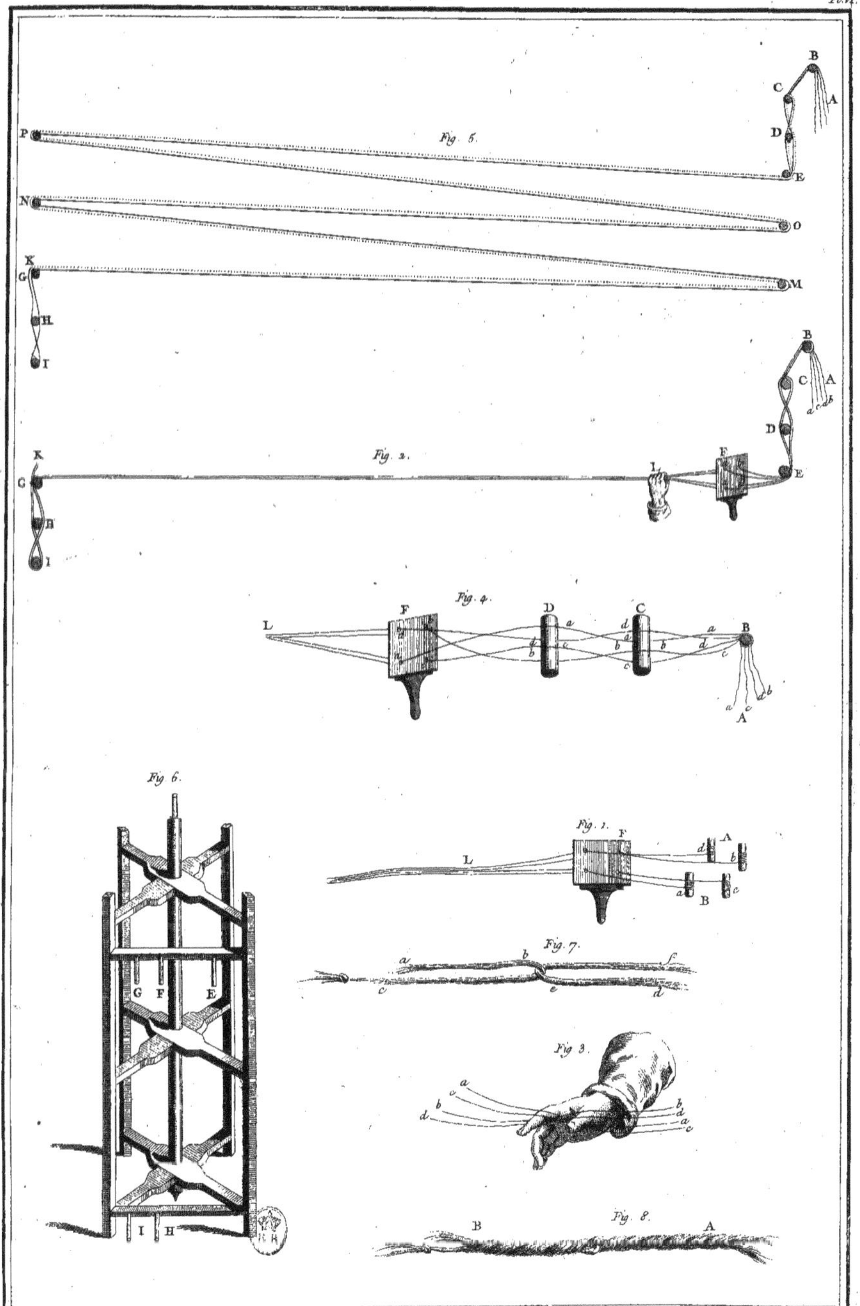

Cl. Haussard Sculp.

Draperie

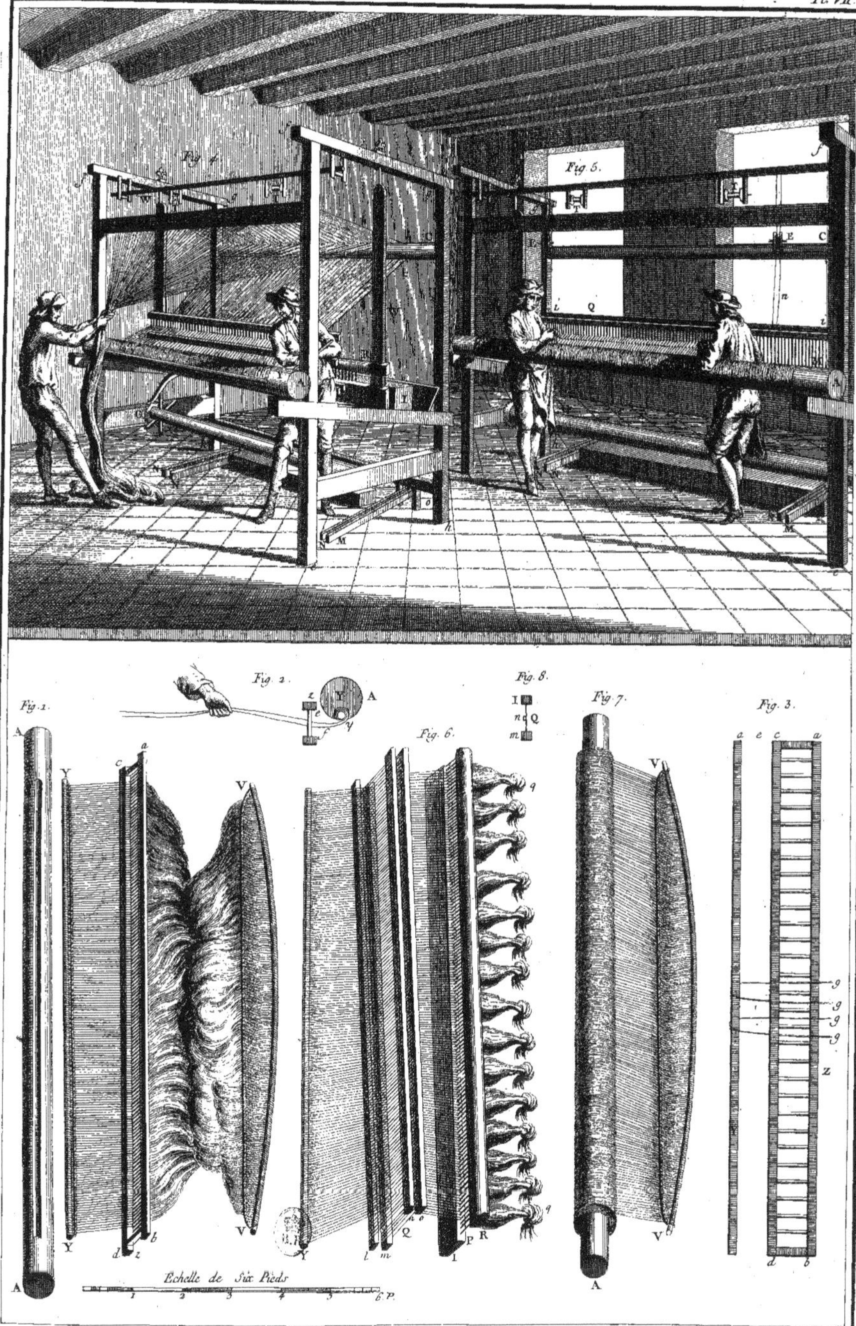

Cthe Haussard Sculp.

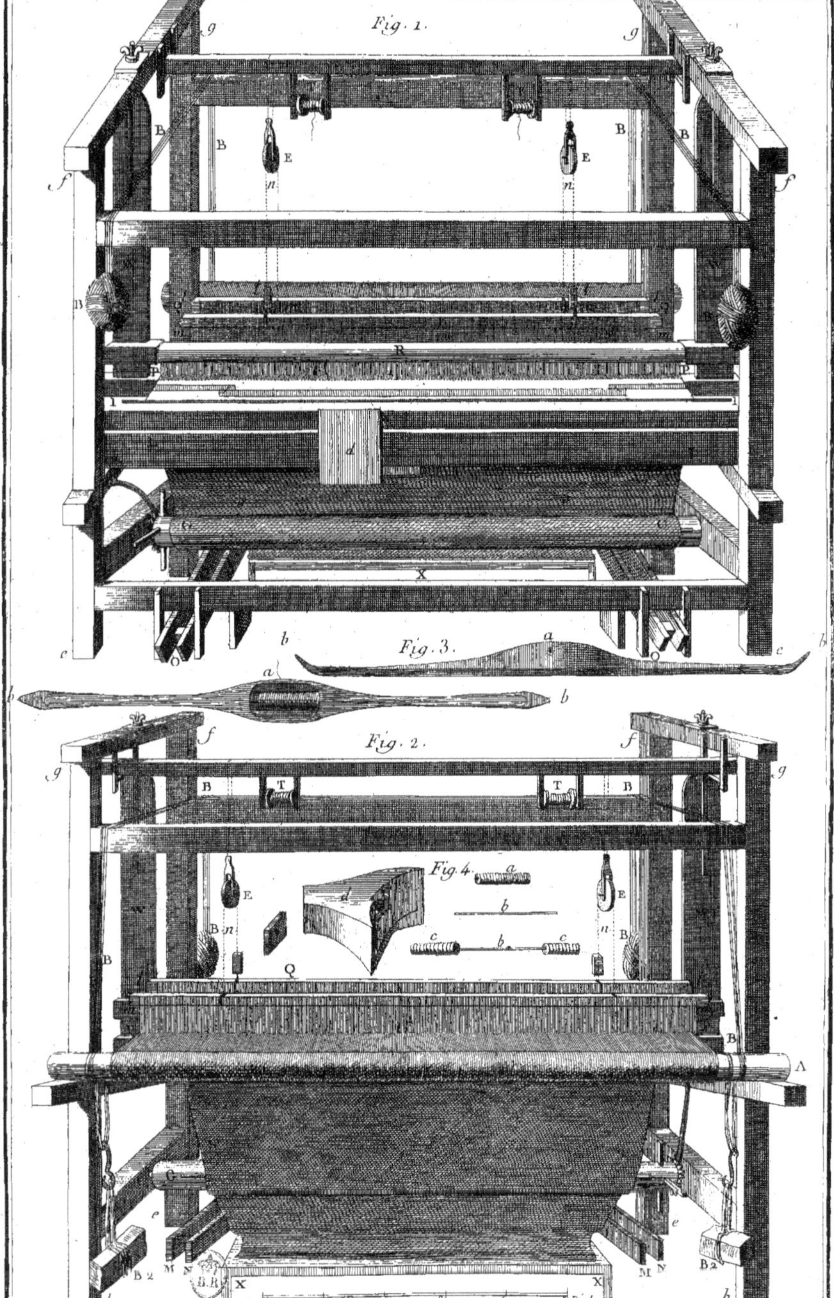
Fig. 1.
Fig. 2.
Fig. 3.
Fig. 4.
Echelle de 1 2 3 4 5 Pieds

W
R
d
I
W
C
C
h

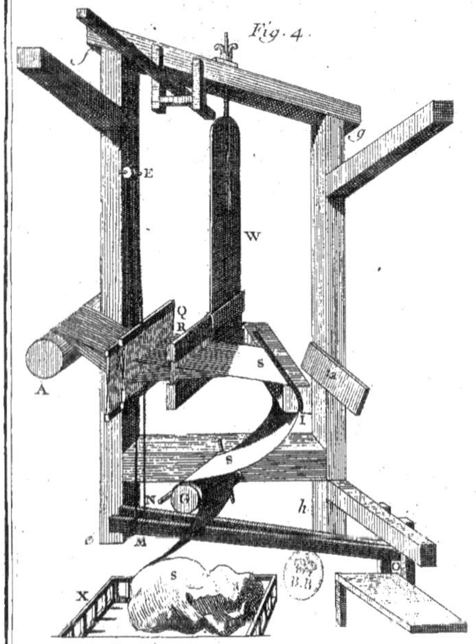
Fig. 4.
f
g
E
W
Q
R
A
S
I
S
N
G
h
M
O
S
X

Fig. 3.
g
f
W
Q
R
A
G
e
h

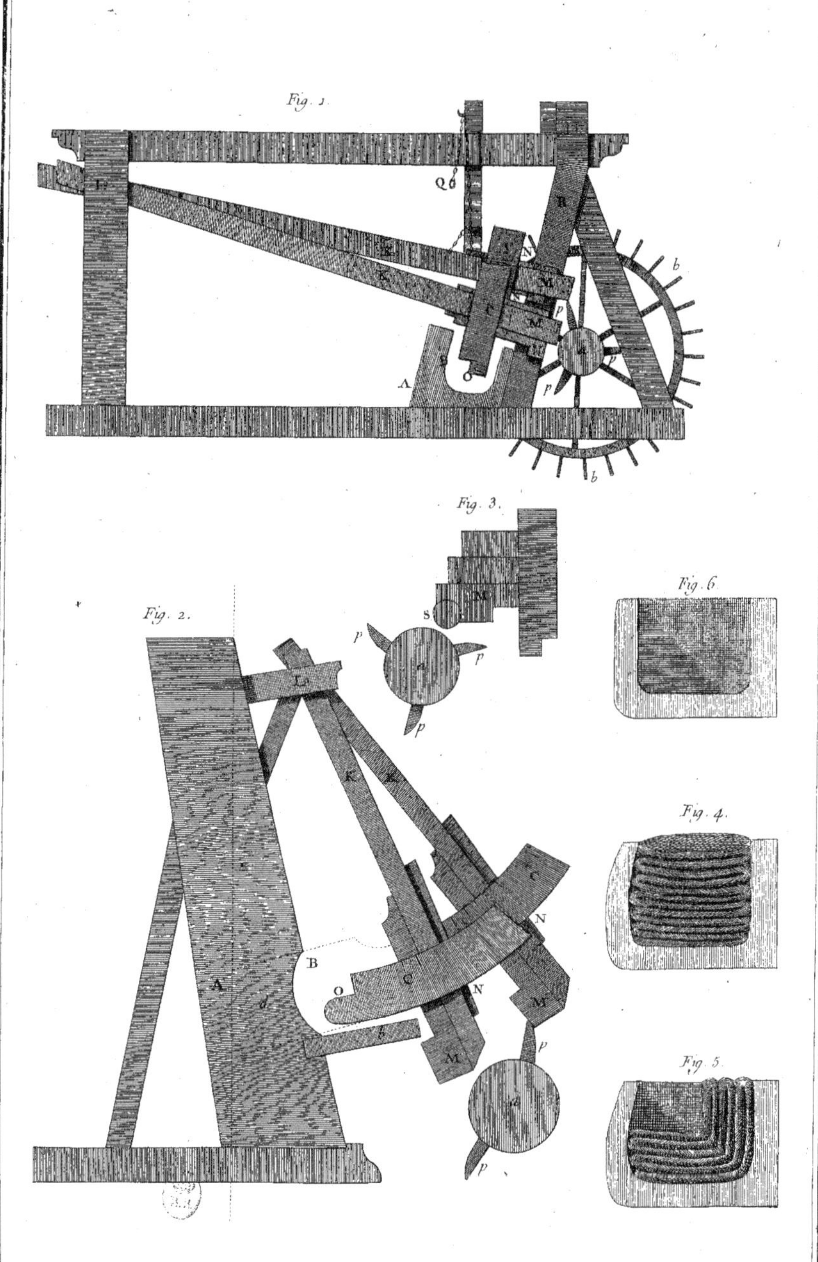
Fig. 1.
Fig. 2.
Fig. 3.
Fig. 4.
Fig. 5.
Fig. 6.

Fig. 1.

Fig. 2.

Fig. 3.

Fig. 4.

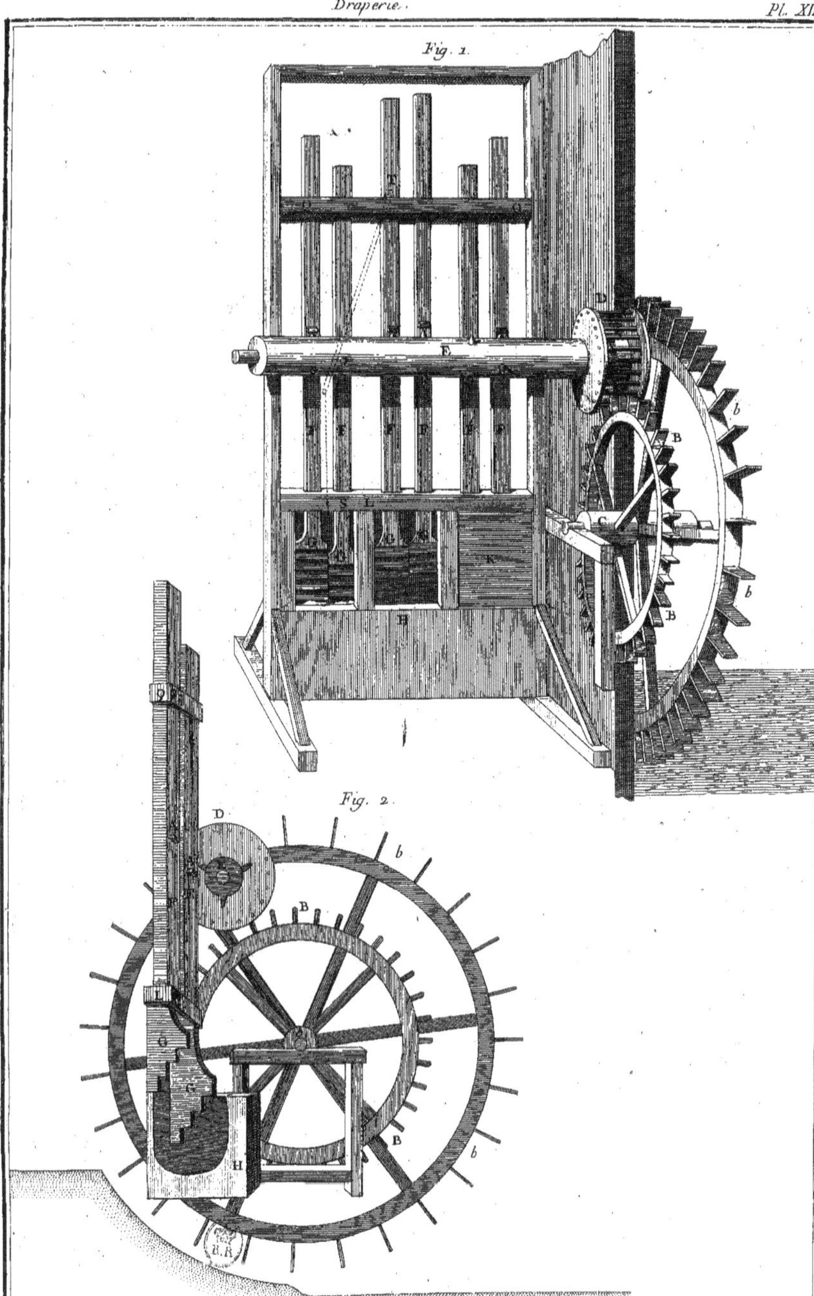
Fig. 1.
T
O
D
E
F
L
K
H
C
B
b
Fig. 2.
D
B
b
G
H
L

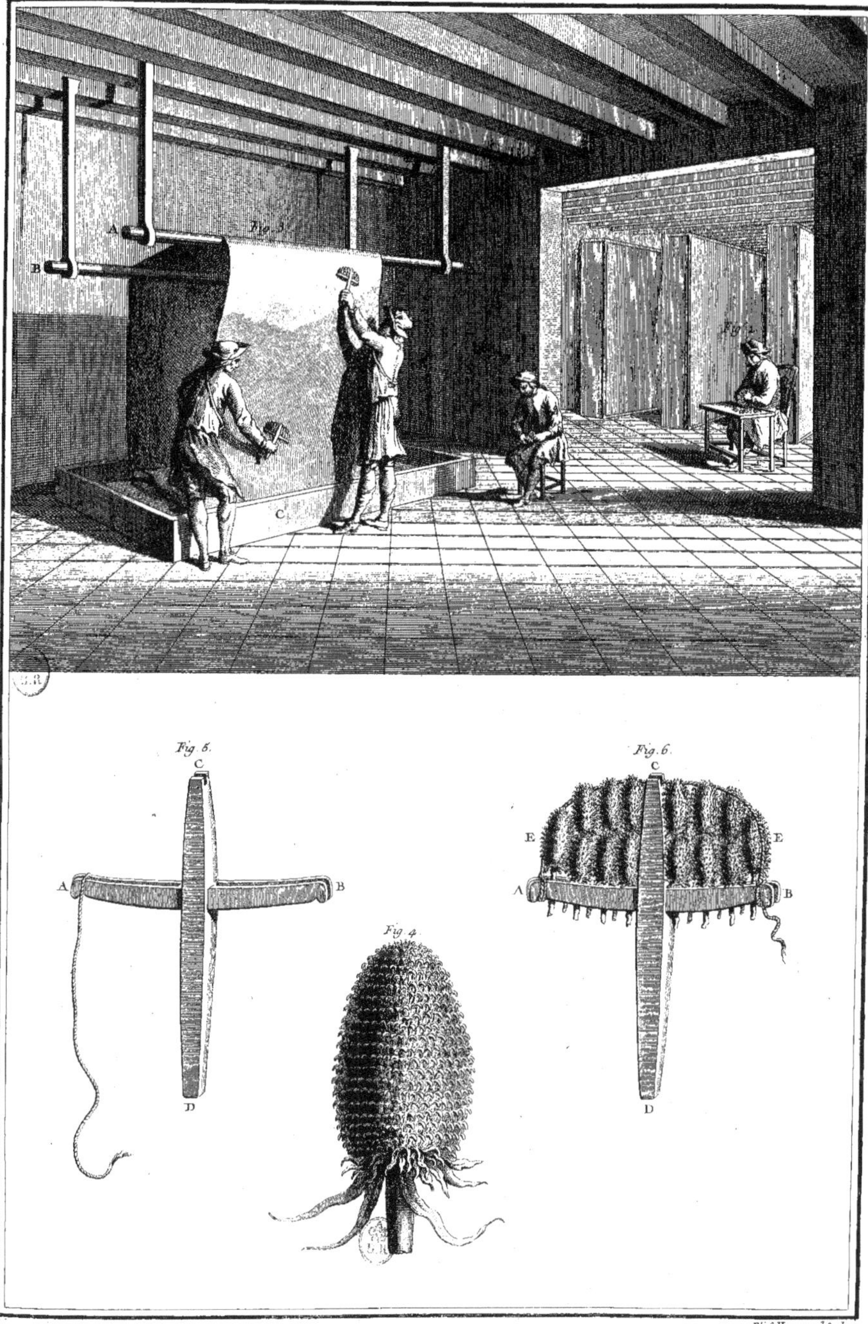

Elis.e Haussard Sculp.

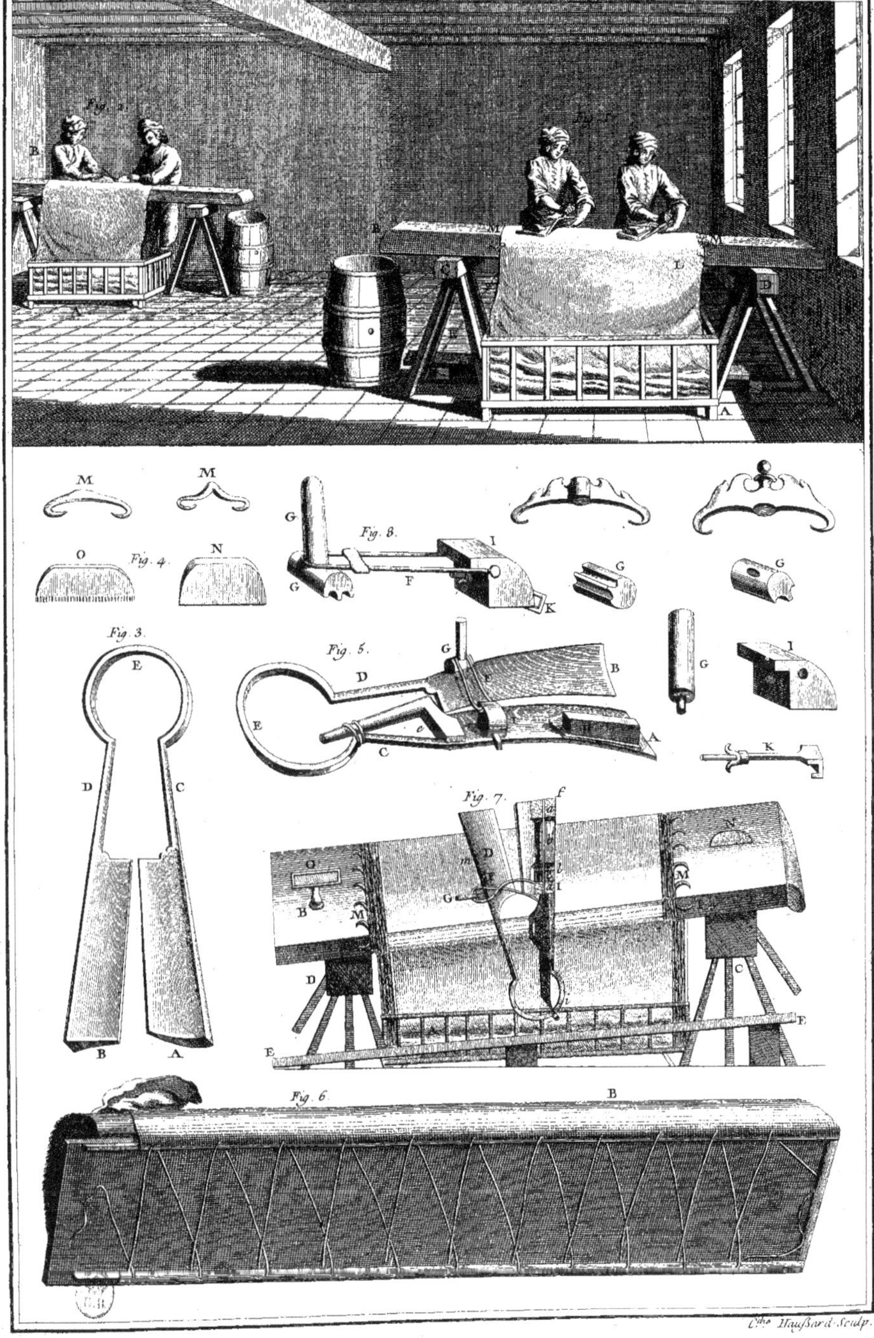

Cl.ne Haussard Sculp.

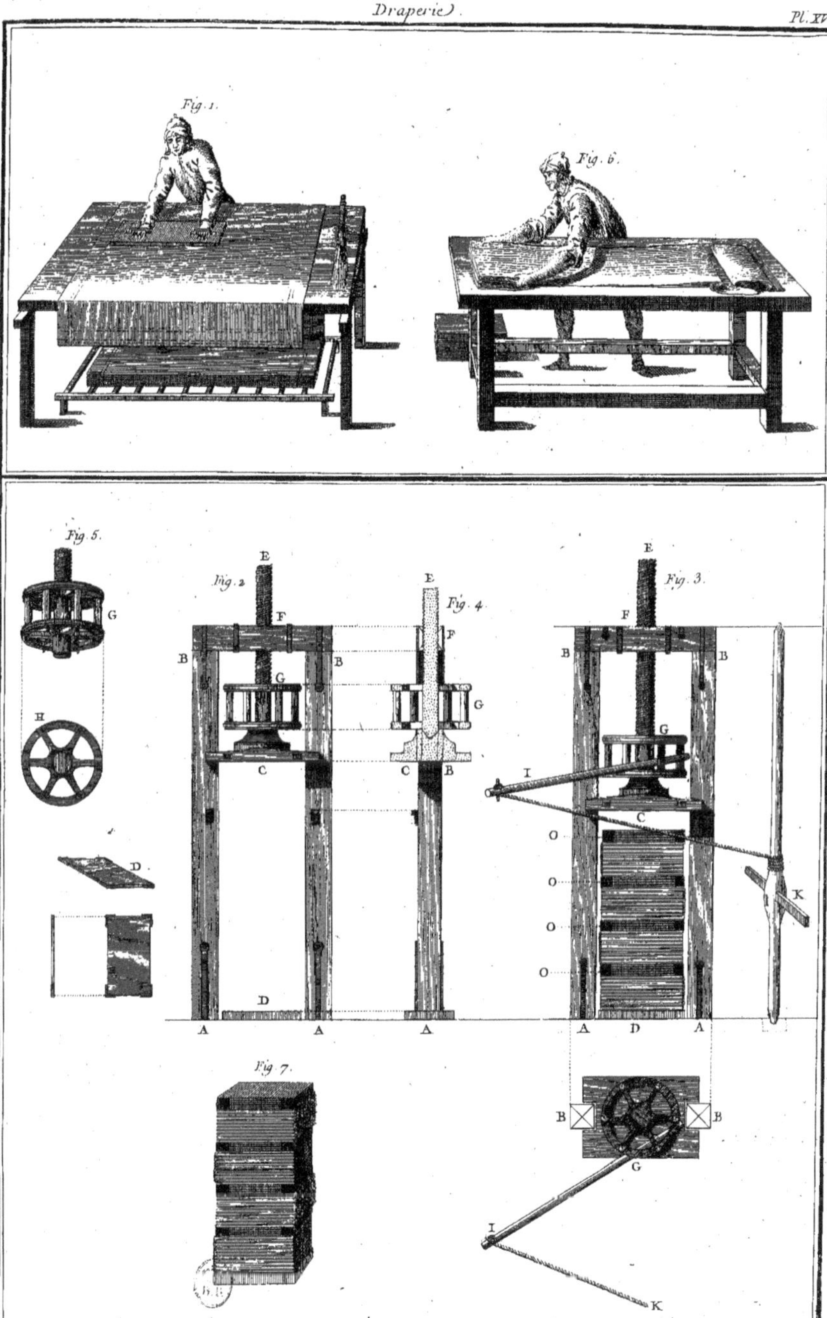
Fig. 1.
Fig. 6.
Fig. 5.
G
H
D
Fig. 2
E
F
B
B
G
C
D
A
A
E
Fig. 4.
F
G
C
B
A
E
Fig. 3.
F
B
B
G
I
C
O
O
O
O
K
A
D
A
Fig. 7.
B
B
G
I
K

www.ingramcontent.com/pod-product-compliance
Ingram Content Group UK Ltd.
Pitfield, Milton Keynes, MK11 3LW, UK
UKHW020125200726
13856UKWH00002B/749